# キリスト『生』く
## ～現実での相～

名木田 薫

朝日出版社

# 目　　次

序論　"キリスト「生」く"へ向けて
 （一）　広い視野にて　　　　　　　　5
 （二）　視野を狭く　　　　　　　　　9

第一部　宗教的次元
 第一章　エクレシア論
  第一節　神の受肉　　　　　　　　19
  第二節　受肉と人間　　　　　　　30
  第三節　個と教団　　　　　　　　40
  第四節　教団、世と個　　　　　　51
  第五節　教団内の実態　　　　　　62
  背景的状況　（a）教団と霊　　　77
  　　　　　　（b）教団と待望　　84
  　　　　　　（c）教団の構成　　90
  　　　　　　（d）個、教団、世　96
 第二章　「靖国神社」考　　　　　　114
 第三章　慰安婦問題　　　　　　　　126

第二部　世俗的次元
 第一章　不義との対峙
  第一節　世と教団　　　　　　　　139
  第二節　世と心の法則　　　　　　156
  第三節　世の法則　　　　　　　　173
  背景的状況　（a）罪との霊の抗い　191
  　　　　　　（b）抗いの様相例　　194
  　　　　　　（c）愛と甘え　　　　196
  　　　　　　（d）愛と自立阻害　　199
  　　　　　　（e）愛と主体性確立　201
 第二章　異和の立場から　　　　　　206

あとがき　　　　　　　　　　　　　　226

## 序　論

## "キリスト「生」く"へ向けて

## （一）広い視野にて

(a)

　仮に人格的判断のすべてが物質的過程へ還元できたとしよう。だがそういう事実全体が何のためにあるのかの解明は不可能である。この点こそが啓示の目的といえる。人が生きる意味の開示である。科学が解明するのはすべて過程である。その全体の意味は不明のままである。その限り人はニヒリズムに陥る。しかも科学が発達すればするほどこういう傾向が強まろう。それだけ益々人が人格として生きるに当たり、啓示が不可欠なのである。

　この状況では人は聖対俗の只中にあることとなろう。人、世に生きる限り、まったくの聖ともまったくの俗とも一にはなれぬからである。たとえ民主主義とキリスト教とが備わっていても、なおかつ十分ではない。このことは第二次大戦の最中に米国で日系人が強制収容されたという事実を考えてもすぐに分かる。人のすることは神の律法に照らせば十分ということはありえぬのである。

　こういう観点に立つと、個人的次元にまで一律の網をかぶせるのは全体主義であり、誤りであろう。かといって反対にまったくの自由放任主義も種々問題を起こす。両極端を排して中庸の道をとらねばならない。そうすることが個人としても民族全体としても最高度にその活力を発揮する道であろう。各人の置かれている社会的状況によってその程度は異なっているであろうが、一億総甘えの時代ではなくなった。そこで社会的規制や個人の自由の制限での極端を排すること。そして競争原理を働かすことが必要である。社会全体の活力のため社会的差別は廃止して、同時に個人の自由は最大限尊重すること。

　人種や性による差別など社会的には種々の差別が生じやすい。だが反対に個人的な次元の事柄においてはまったき自由が保障されていなくてはならない。両者の区別を明確にさせておかないとかえって社会的な差別が生じる結果となろう。社会的無差別と個人的自由とはいわば逆説的に統一されている。しかも社会の発展のためには競争原理の導入は不可欠である。こういう状況を前提として考えると、先のように考えるほかない。個人が各人各様の仕方でその主体性を確立することにより個人的次元での区別を克服していく以外に道はな

い。社会的差別は社会的に廃していくことが正しいことであろう。個人間に体力、能力の差異があり、しかも競争原理が働く限り社会階層が生じようが、これは避けえないことである。個人的次元では多様性を許容できてこそ、個の主体性が確立されているか否かの試金石となる。なぜなら多様性を社会的次元ではストレートに出しえぬからである。社・個両次元の別扱いを実行せねばならぬのである。かくて社会的次元での無差別は不可欠である。なくてはならぬといえる。このことは人の生存ある限り消えはしない。一方、個人的次元でどういう考えを持っていても各人のまったくの自由である。他の人々への愛の立場と例えば人の親としての立場というものとは直ちには一にはなれないであろう。後者の立場に立ったとき、親として子には世にあって生きるという観点に立って少しでも世にあってより好都合に生きられるような選択をさせてやりたく思うのは当然であろう。そしてそういう考えで言動することを誰一人として批判、非難できはしない。社会的な愛の立場に立つことと何ら矛盾するものではない。

　ダビデのように罪の懺悔において自由であって、人格的内容と自由とが一である。ここが人としての究極といえる。西洋的な自我による哲学と一体のキリスト「教」も東洋的な仏教もともに方向は反対だが、そこから離れている。罪の懺悔において人は人格的内容を有したままで無となっている。その内容の抜けた無は人（人格）たることまでも無化している。しかしそれは人間廃業である。ダビデの罪懺悔は神に対して直接にである。決して間に神父のような人を介してはいない。この点は大切である。直ということが自我の否定を含むからである。神父を介してのように間接では自我が救されているのみである。自我の崩壊ではない。不利を蒙る覚悟で良心的判断を貫く。その結果、不利を蒙らなかったとき初めて勝利といえる。信仰による、忍耐による勝利である。真実、義の尊重と個としての主体性確立とは真に一つの事柄である。前者の尊重は後者の事態を招き、また後者が存してこそ前者を達成しうるからである。後者は個人的次元のことであり、ごく小さい事柄のように感じられるかもしれないが、決してそうではない。この小さい問題こそ社会的大問題を引き起こすのである。かくて各人が各人の仕方で各々の主体性を確立して種々の社会的問題

を克服する以外にない。それが民族全体としても繁栄する道である。民族全体として没落しては個人の存在も当然同様の運命をたどることはいうに及ばないことである。このように考えるには個人の存在、尊厳、責任、自由などというものを最大限尊重するという考えに立たねばならぬのである。

　自己を少しでも人格的に高めようとしないのは、また思想、信教の自由を認めることをせず、考えの合わぬ人々を排除しようとするのは、人間としてそもそも間違いであるといわざるをえない。オープンな討論ができなくてはならない。自分の考えが正しいという自信が欠けているのである。そこで相手を権力、決して権威ではないが、によって排除しようとする結果になる。これは完全な間違いである。大学にしろ、他の職場にしろ自分らと考えが合わないという理由で本人が出て行く先まで探して、全体でいじめるのは思想・信教による差別である。憲法違反である。まして大学というところは多様性があってこそである。それがなくては独創的な研究は生まれえまい。正しくは相手の排斥ではなく、自己自身へ矛先を向けねばならない。そして自己の考えを根本的に再検討することである。なぜなら多くの場合、個人が個の主体性を欠落させており、従来の支配的考えと共通的であるから。

(b)

　世にあってはそこでキリスト者としてふさわしく生きることが不可欠である。だがパウロではないが、心は今すぐにも天にある神の許へ帰るのが最もよいといえる。だが世にある限りは天へ帰ることと世にあることとの間で迷いがあろう。自分を超えたところからの決定がない限りそうである。パウロは世を去ってキリストと共にいることと肉に留まって信者の役に立つこととの間で板挟みの状態であるという（フィリピ 1,22 以下）。どのような仕事にしても、そういう心境になったあとでは仕事のテーマは自己の中からではなく、他の人々が考えている課題の中から選ばれて（自分が選んで）出てくるのであるから、そういう仕事は自分のためにすることではない。他の人々のために役立つことであろう。かくてそういう仕事にいそしむことよりも、世から離れ一気に神の許にいる、至ることのほうが自己としては実は望ましいことであるといえ

る。ただそれでは他の人々のために役立つことはできない。そこで世に踏み留まって種々の事柄を取り上げ役立つことをすべきなのである。これまでは観点が自己自身のところにあった。そこで何かにつけ自分個人の利害得失という点から見てという傾向が強かった。今やっとそうではなくてより自由な、そういう世俗的観点を離れた、霊的な神から託された使命を果たすという点から転職、失職などを観察することができるようになったのであろう。その分自分の心が霊的になってきたことを意味する、反映しているといえる。今まではそういう考えへと翻ることができていなかったということであろう。この翻りは信仰的飛躍ということとも対応している。小さい飛躍をいくつも重ねることによって一回的な大きな転回がより現実的なものとして現れてくる。かくて人間の立つ立場としては世俗の仕事を行っている立場よりも、むしろそういう点を通り過ぎてそういう仕事をも越えている立場、卒業した立場、失業した立場、定年退職の立場などが信仰的にはより徹底した立場といえよう。そこでそれら二つを世俗に踏み留まっている立場と超越した立場と表現しよう。すると前者は自分が神と他の人々との間にあるいわば仲保者の立場にあることを示す。一方、後者はそういうところにあることを越えて、つまり他の人々のところにあって彼らとともに考え、苦しむというところを脱しているといえる。神とともにあるという神の許に帰ればもはや何も考えることはなくなるのは当然のことといえる。というのもたとえ人が何を考えようとも、人の現在の理、知性で考えていることは究極的価値を持ちえぬからである。人が罪の状況にあることを前提としているからである。考えるということは人が罪にあるということと神の許にあるということとを繋ぐということなので、人が神の許にあれば少なくともそういう観点に立っての思索は不要となることはいうまでもないことである。人が思索することは人が堕罪して以後のことといえる。つまり堕罪前においては善悪を知ることはなかったので、何もあえて思索する必要はなかったといえる。人は善悪を知って以後何が善かを問うことを余儀なくされることとなった。そうである限り人が何を考えていてもそれはすべていわば暫定的性格を持っており、究極的次元に属すことではないのである。人の考えていることが究極的ではないことは例えば創世記での創造物語について考えるだけでも分かる。人の

世での罪と死についての不可思議があのような形で明かされているのだが、あれはあくまで神話的表現であって、事実それ自体をいっているわけではない。この点を考えただけでも人の考えていることがいかに不十分かが分かる。神的世界と人間の世界とを人の思索で橋渡ししようとしてはいるが、それはあくまで事実それ自体をいっているわけではない。これによっても人の思索は結局これら二つの世界の間に橋渡しはできてはいないのである。

## （二）視野を狭く

### (a)

　種々の意味での社会的特別扱いは一般的にいって終わったとせねばなるまい。自ら特別扱いを求めてはならない。自ら社会的差別、正しくは区別を招いてしまう。そういうことを求めるのは甘えとなろう。甘えの続く限り差別、正しくは区別はなくなるまい。終わらない。また終わるべきではない。終わってはならない。異なるものを異なるものとして区別するのは当然であり正しいことである。人格的存在にとって不可欠の営みである。こういうことを明確にしておかないとかえって差別、正しくは区別を助長することを招くであろう。要は個人的次元のことで特定の場合にだけ社会的特別扱いすることが正しいのかという問題となろう。個人としてはすべての人について社会的には同様な扱いをせねばならぬであろう。そうでなく個々別々の対応をしていたら外国人および身体障害者、病気の人など何らかの心身のハンディキャップを抱えている人々もすべて個人的事柄では同様の扱いをせねばならぬであろう。現代では社会的甘えは許されない。それが存していると、そういう扱いを受けている人々を特別の目で見ることとなろう。そうなると自分たちが何等かの差別扱いを受けているとして反対している人々自身が一番にそれは困るといって反対することとなろう。個人としてである以上、いかなる理由であろうと選択の自由は許されねばなるまい。ただしこのことは社会的差別排除と個としての主体性確立などとの三者が一であることが前提である。各人は各々の欠陥を抱えて生きている。それにもかかわらず自分の抱える欠陥について個人的次元でも特別扱い

を求めるのは自分だけを特別視しており、そういう心のあり方を自らが問題とせねばならない。良心上の問題である。他人からいわれて初めて問題にするようであってはならない。まして他人からいわれるとそれを間違いだと判断するのはどのように考えてみても誤りだとしか思われない。自ら進んで自らの改革に取り組む必要があろう。自己改革が遅れれば遅れるほど、差別と感じられる事態も多く残ることとなろう。同時に日本の社会の発展を阻害する要因の一つとなっているのである。どこかで決断をすることが不可欠であろう。

　明治維新を考えてみても、日本は当時の世界の中では僻地であった。天は自ら助ける者を助けるということで努力してこそ世界に進出しえた。それと同じことがいえはしないのか。まっすぐ正しい方向を向いて努力していてこそ報われるのでなくてはならない。意図の程度は不明確だが、人をいわば引きずり下ろすことに日夜苦心惨憺していてはいかなる報いもあってはならぬのはいうまでもあるまい。たとえどのようなことであれ自分のことを特別視することは人の罪より由来しており、誤りであると判断せざるをえない。こういうところから宗教は社会改革のアヘンであるという考えも生まれたのであろう。しかし現在は民主主義社会であり、これ以上政体の社会的変革は必要あるまい。かえって改悪となろう。

　自分を少しでも高めていくよう全力を挙げねばならない。人を引きずり下ろすというような非生産的、否反生産的な後ろ向きな姿勢とは決別せねばなるまい。自らの人格を貶めているのである。そういうことをしていてどうして他の人々がそれを立派な行為と思うであろうか。自らの人間性を貶め、自らのイメージを悪くしているだけである。根本的に誤っているとしか考ええない。それと呼応するように、依存心を助長するような教育は、いささか不穏当な表現ではあるが、いわばくず人間の大量生産を結果するだけであろう。自らそうなることを望んでいるのである。まさに主体性欠損症である。いいかえれば欠格人間、資格喪失人間、失格人間、人間もどき、最低人間などのいい回しが当てはまるであろう。このことは頭がよいとか与えられた仕事をうまくこなすとかということとはまったく別次元のことである。それ自体としてくずというので

はないであろう。自らをくずにしてしまっているのである。甘やかされた反動としてそうなってしまっている。そうであるよう自発的に志願している。このことは他国との競争でも大きなマイナスとなる点を考えておかなくてはならない。主体性の欠けた人間をくず人間と定義すると、こういう人間が増えるほど民族全体としての活力が低下することはいうまでもない。かくてこういう人種は亡国的人種といってよい。まさに亡国的企てというほかない。主体性欠如では徒党を組まなくては何もできない。主体性あってこそ独自な、独創的な考え、行い、企画が生まれるからである。誰についてもいいうることだが、自分らの方策が通用しない人間が少しでも存在することを知ることは結果的には彼ら自身の良心の救いに役立つこととなろう。かくてこういう戦いへ直面させられることはもはや自分のためではない。周囲にいる人々のため、そういう人々の良心のためと考えられよう。

　個人的次元のことについては各人がどういう選択をしようとも自由である。いかなる規制をも加えてはならない。加えるべきではない。また自由なのであるからどういう選択をしても、そのことについて他人に対していかなる説明も弁明もまったく不要であることはいうまでもない。

(b)

　他の引きずり下ろしに費やすエネルギーを負ではなくて正の方向へ使えばどれほどのことができるかと思う。人を苦しめるための力の浪費以上に無駄なことはないであろう。何の生産性もそこには見出されない。無駄な炭酸ガスを排出しているようなものであろう。

　戦前の扱いの反動としての甘やかし放題が招いた結果でもあろう。だがそれを逆手にとって我欲を押し通すことは厳に慎むべきであろう。それでは今度は自らの人格を貶めることとなるからである。

　そういう行為の背景には未だに被差別意識があるのであろう。それでは未だにそういう意識から開放されていないのであろう。こういう行為を行っていては差別、正しくは区別を招いて当然である。人としてせねばならない区別といえる。そうしなくては倫理も何もかもなくなってしまう。甘やかされて来た

結果であろう。

　もはや現在では就職のような社会的次元においては差別は行われてはいないであろう。したがっていわばホモ・インシピエンスへの退化を伺わせる行いは直ちに止めねばかえって逆に差別、正しくは区別を自ら招くであろう。個人的次元のことについては、社会的差別なしを前提しての区別というものを各個人の判断として尊重する限り、区別は生じざるをえまい。そういう区別については各個人が各々の主体性を確立することを通してそれを克服する以外に道はないであろう。ただ克服してもまったく別のものが生まれるので、人の生存ある限り消えることはないであろう。

　ところで、個々人の主体性欠落という事態が解決せぬ限り、人の行動はその現実と一体であり、それが関わる状況の解消もまたありえないであろう。例えばそのことに関連しての諸要求に対して不適切な譲歩をしていることなども。このような場合、小さい問題は大きい問題と結びついていることもあり、たとえ小さいことでも看過しえぬのである。前者の看過は後者の看過となるからである。

　たとえ人は利害得失で攻められても、自分は何が正しいか否かで動かねばならない。そこで打算が勝つか義が勝つかの戦いとなろう。さらにいえば世を支配する原理が勝つか神へ通じる原理が勝つかである。所詮サタンは神には勝ってはいない。またそのことを我々は実証せねばならない。これこそ真正のキリスト者の務めとなってこよう。そういう状況に立たされれば、人はいわば統計学的には三シグマの外側に置かれるようなこととともなろう。世俗とは方向が反対なので、協力、反対双方の面で難しい対応を迫られよう。もっともそれによって人は信仰的に成長することともなろう。そういう面をも否定できないであろう。そうあってこそ、「だれでも持っている人は更に与えられて豊かになるが、持っていない人は持っているものまでも取り上げられる。」（マタイ25,29）という事態が実現しているといえる。したがって人としては二重の態度を採るのがふさわしい。つまり感謝する面ともう一つはそういう対応へ現れてくる人間性はまさに主体性欠落のくず的人間性だという批判をせざるをえぬという面の二面である。ただし感謝の対象は相手の人間ではない。神に対して

はないであろう。自らをくずにしてしまっているのである。甘やかされた反動としてそうなってしまっている。そうであるよう自発的に志願している。このことは他国との競争でも大きなマイナスとなる点を考えておかなくてはならない。主体性の欠けた人間をくず人間と定義すると、こういう人間が増えるほど民族全体としての活力が低下することはいうまでもない。かくてこういう人種は亡国的人種といってよい。まさに亡国的企てというほかない。主体性欠如では徒党を組まなくては何もできない。主体性あってこそ独自な、独創的な考え、行い、企画が生まれるからである。誰についてもいいうることだが、自分らの方策が通用しない人間が少しでも存在することを知ることは結果的には彼ら自身の良心の救いに役立つこととなろう。かくてこういう戦いへ直面させられることはもはや自分のためではない。周囲にいる人々のため、そういう人々の良心のためと考えられよう。

個人的次元のことについては各人がどういう選択をしようとも自由である。いかなる規制をも加えてはならない。加えるべきではない。また自由なのであるからどういう選択をしても、そのことについて他人に対していかなる説明も弁明もまったく不要であることはいうまでもない。

(b)

他の引きずり下ろしに費やすエネルギーを負ではなくて正の方向へ使えばどれほどのことができるかと思う。人を苦しめるための力の浪費以上に無駄なことはないであろう。何の生産性もそこには見出されない。無駄な炭酸ガスを排出しているようなものであろう。

戦前の扱いの反動としての甘やかし放題が招いた結果でもあろう。だがそれを逆手にとって我欲を押し通すことは厳に慎むべきであろう。それでは今度は自らの人格を貶めることとなるからである。

そういう行為の背景には未だに被差別意識があるのであろう。それでは未だにそういう意識から開放されていないのであろう。こういう行為を行っていては差別、正しくは区別を招いて当然である。人としてせねばならない区別といえる。そうしなくては倫理も何もかもなくなってしまう。甘やかされて来た

結果であろう。

　もはや現在では就職のような社会的次元においては差別は行われてはいないであろう。したがっていわばホモ・インシピエンスへの退化を伺わせる行いは直ちに止めねばかえって逆に差別、正しくは区別を自ら招くであろう。個人的次元のことについては、社会的差別なしを前提しての区別というものを各個人の判断として尊重する限り、区別は生じざるをえまい。そういう区別については各個人が各々の主体性を確立することを通してそれを克服する以外に道はないであろう。ただ克服してもまったく別のものが生まれるので、人の生存ある限り消えることはないであろう。

　ところで、個々人の主体性欠落という事態が解決せぬ限り、人の行動はその現実と一体であり、それが関わる状況の解消もまたありえないであろう。例えばそのことに関連しての諸要求に対して不適切な譲歩をしていることなども。このような場合、小さい問題は大きい問題と結びついていることもあり、たとえ小さいことでも看過しえぬのである。前者の看過は後者の看過となるからである。

　たとえ人は利害得失で攻められても、自分は何が正しいか否かで動かねばならない。そこで打算が勝つか義が勝つかの戦いとなろう。さらにいえば世を支配する原理が勝つか神へ通じる原理が勝つかである。所詮サタンは神には勝ってはいない。またそのことを我々は実証せねばならない。これこそ真正のキリスト者の務めとなってこよう。そういう状況に立たされれば、人はいわば統計学的には三シグマの外側に置かれるようなことともなろう。世俗とは方向が反対なので、協力、反対双方の面で難しい対応を迫られよう。もっともそれによって人は信仰的に成長することともなろう。そういう面をも否定できないであろう。そうあってこそ、「だれでも持っている人は更に与えられて豊かになるが、持っていない人は持っているものまでも取り上げられる。」（マタイ25,29）という事態が実現しているといえる。したがって人としては二重の態度を採るのがふさわしい。つまり感謝する面ともう一つはそういう対応へ現れてくる人間性はまさに主体性欠落のくず的人間性だという批判をせざるをえぬという面の二面である。ただし感謝の対象は相手の人間ではない。神に対して

である。当人は単なるエイジェントに過ぎない。例えばネブカドネザルのようなものであろう。またアウグスティヌスが正しい信仰の推進のためには時と場合によっては当時のことゆえ軍隊利用をも辞さなかったという話を聞かされたことがあるが、そういうことをしてもよいのかと思う。バンダル族によって居住地が包囲された状況の中で彼が亡くなったことを考えると理解しうることである。今現在に引き当てて考えると、これが正しい信仰のあり方だという確信さえあれば、それ自体が誤りでない限りあらゆる手段を講じてよいという判断になろうと思われる。

（c）

　当方の考えすぎでなければと祈るのだが、ただあらゆるもの、このうちにはキリスト教さえも入る、をいわば我欲追求のために使っているのではないかとも思われる事態も起こりうる。例えば人の健康状態に干渉して担当医師に何かをいってもらったり、何か健康に関する数値に関わったりすることは厳に慎まねばならない。恣意的に利用するなどはもってのほかである。例を挙げれば血圧である。確かに少々上がっても下がってもそれで直ぐどうのこうのということはない。だがしかしその数値を意図的に操作して、またさせて自分たちに好都合に利用するのはどのように考えてみても医療道徳に反している。万人の反感を買って当然である。血圧一つにしても時には偶然そういうこともあろうが、それほどたびたび思惑に一致はせぬであろう。大層にいえば、これもいわば信仰を賭けた、背後にいるサタンとの戦いであると思えばそれなりに納得はいくのだが・・・。だがしかしそれ自体として見れば、人の健康状態を恣意的に利用することであり、きわめて悪質であり、許されざることである。良心さえ働いていれば、このような事態へ絡みこまれることを回避できるであろう。
　いかなる人にとっても自分が正しいことをしているか否かが最後のよりどころである。自分はどこまでも義に基づいて判断をしているという気持ちが人としての支えである。人の世界には言葉という客観的に判定されうる便利なものが存している。したがって言葉で明確にいわずに他の事柄になぞらえるような、いわばいつでも逃げが打てるようなやり方は廃止すべきである。こういう

仕方では自分のいうことに責任を持たないでいつでも逃げうる。きわめて卑怯な行動方式である。自己をそこの場へと入れ込んでいない。よくあることだが、口先三寸で人を動かそうとしている。先の書でホモ・インシピエンスへ退化したということを書いたが、まさにそのことを象徴しているといえよう。ホモ・サピエンス固有な言葉を自ら捨てているのであるから。

　就職その他でも個人について種々の調査を行うことはごく普通のことである。こういう事柄を廃止する必要はないであろう。個人としての知る権利を制限する必要はない。許されもしない。こういう類の調査が社会的差別を招くという考え方も誤りである。そういう考えは個としての主体性の欠如を前提としているからである。ここのところこそが問題なのである。ここをこそ変革せねばならない。ここが最大の問題なのである。このことは良心が真に生きていることと一体である。これを避けてはそれより下位に位置する多くの問題は気付かれぬままであろう。かくて密かに促すという対応をせねばならない。このことはパウロがちょうど、神殿で働く人たちは神殿から下がる物を食べるように、福音を宣伝する人たちは福音によって生活の資を得るよう主から指示されたが、その権利をわたしが使用しないのは、弱い人を得るためです（1コリント 9,13 以下）といっているのと同様の消息ではないかと思う。だがしかし良心の弱い状態にいつまでもまどろんでいてはならないのである。

　ところで、社会内には種々の組織が存している。それらがその自己主張のためにそれに属す個人へ指示を出すことが起きる。かくてこういう場合には当個人の意思の判断で何かを欲しているとは限らない。組織の差し金である場合もあろう。つまり組織は本来ならそうならずに済む個人へ誤った行為をするよう指図している。かくていわば率先して人間を貶めている。これはひとえに組織の上層部の人間の我欲、権力欲追求の犠牲といえるのではあるまいか。だからといって個人が責任を免れうるわけではない。どこまでも個人には心に書かれた律法（2コリント 3,2）があることを思い起こさねばならない。これは良心に呼応するものである。社会的組織は全般に世俗的性格が強いものほど現代における「竜」のようなものである。特にヨハネ黙示録の中に見られる。キリスト者から見れば、サタンの手先と見えることはやむをえぬであろう。たとえ

神からそれ相応の裁きを受けることとなろうとも、こういう戦いは途中止めにはできないのである。最後までやりぬくほかない。そうすることは神の意にも沿うことではないかと思われる。さらにまたそういう組織に属す人々のためにもなることであろう。

# 第一部

# 宗教的次元

# 第一章　エクレシア論

### 第一節　神の受肉

（一）

　新約聖書は二千年近く前に書かれており現代人へ訴えるには分かり易くする「翻訳」を要す。結果、福音が明確となり、それ自身が受容する人とそうしない人とを区分する力を有し、与えられる。そうなると受容しようとする人にはそうし易くなる、そういう決断のない人にはかえって受容し難くなろう。福音がそうなるか否かは真に信じようとする人がいるか否かにかかる。明確なら聞く人を受容か否かの決断へますます立たせる。明確だと逃げが打てなくなるから。そこで誰も逃げられぬほど明確にせねばならない。そうしてますます人を決断へと追い込まねばならない。追い込まれねば人は自分から自主的には受容への決断へ進めまい。

　人格というより霊格とでもいうべきであろう。啓示を信じて初めて生まれる存在だから。人も信じてないとモノでしかない。明確にはできても、それ自体として受容し易くはできない。それは各人の決断によるので、受容し易くも し難くもできはしない。多くの信者は伝統的なものを受容して自分は信じていると思う。正確には受容した心境にある。だがそもそも自己の実存にとり外的、他的なものの受容での自己化の「化」は伝統的なものの単なる受容では成り立ちえまい。受容という言葉自体がそうする主体と客体が別たるを示す。信仰が真に主体に即していれば受容という表現は生まれまい。関係が深くなるほど相違も顕になる。なぜなら人の生のある場に当人は固執せざるをえぬが、それを許さぬところが信仰にはあるから。さらに余りにも関係が緊密となれば、かえって一方が他方について来られなくなりその関係は切れざるをえなくなるから。信仰では絶対的なものが問題なのでなおさらこうなり易い。信仰者は仏教よりキリスト教での方がより孤独であろう。「この世を去って、キリストと共

にいたいと熱望しており」（フィリピ 1,23）とは彼が実践の果てに達した告白である。彼の人格の成就が前提である。これ以上生きていてもキリストの役には立つぬという気持ちも背後にあろう。同時に自己の人格と世との相違という感覚もあろう。信仰上の使命を感じ、その実行と考える事柄の実践の中に永遠の命、復活の生命を実感していよう。その生命は永遠のかなたではなく今ここにある。さもなくばどこにもない。

　神の受肉について人は判断する客観的資料も能力も授けられていない。復活信仰からの帰結かあるいは反対かどっちにしろ受肉と復活とは連動する。一方なしに他方はない。復活は自然科学的考えとも矛盾し人の注意がそこへ向き易い。だが受肉もその不思議さでは復活に劣らない。もっとも神の霊を有する存在として特定の人間が受け取られることはどこの世界でもあり珍しくない。その分人の注意が向き難い。だからこそ一挙手、一投足、一発言などすべてに対してより深い注意を要す。「あなたがたはわたしを見る。・・・あなたがたも生きることになる。」（ヨハネ 14,19）とは神の霊を受けているとの自己認識ある人こその発言であろう。だが決して固有ではない。むしろ「心の清い人々は、・・・神を見る。」（マタイ 5,8）という発言こそ神の体現者たる証であろう。人格中心主義的に考えればそうなる。だがこの点では人がどういう点に関心を持つかで異なる。人格的事象に強い関心があればそのようにもなろう。さもないとそういう事態は生じまい。かくて受肉信仰では人の関心が優先しよう。その点を突破して人に受肉受容を迫る要因は欠ける。どこまでも見えるのは通常と変わらぬ人だから。言動が通常より特異ぐらいでそういう存在を神の受肉とは信じえまい。神とは文字通り人間界を超越した存在だから。すると復活抜きでは受肉もありえぬのか。逆に考えて受肉かと予感さす要因のまったくない人が復活したと聞かされてもまさかありえまいという反応しか人にはできまい。やはり復活信仰には生前の当人の生活が大きく関わる。そういう面が人の心を復活信仰へ向け地ならしする。これなしには復活も受容されまい。かくて広く考えれば旧約の歴史全体がイエス復活への歴史的地ならしだった。単に個人的意味でのそれでなくて民族としてのそれだった。少なくともあからさまにイエスが神の化身だと分かる仕方でではない。そうかもと予感させる以上ではない。

人がそう予感するのは第一に人が人格だからである。さもないとそういう予感の根拠がない。人格の内には無限、永遠、完全の追求が内蔵される。そういう性格の欠けた半端な状況には留まりえない。ただこのことはよい方向だけでなく、悪い方向へ向けても事情は同じである。一旦そちらへ行きだすと歯止めが効かなくなる事態が現われる。無限とは目に見えぬとの意である。見えている範囲では心は満たされない。換言すれば人は無の領域へまで踏み込まぬ限り満たされない。無（限）の域は人には見えない。人格はそのように有を超えた無の域へ足がかりを求める。人はこうしてよきにつけ、悪しきにつけ無へと、また無から何かを創造せねば生きえぬ存在である。願わくばよきものを創造するように。無として何か、自己の人格に合致したものを見出しえぬときは有たる何かに無限的性格を持たせようとする。これは例えば学校の校歌で「・・・よ、永遠に」とかの語句が見られることにも現れる。人はそのように有限でしかありえぬものをでも永遠的に発想せざるをえぬ生き物である。そういうことが不要ならそういう事態は生じまい。

　なぜそうまでして無限を求むのか。究極的次元抜きでは自己の生き方を決めえぬからである。そこから出てそこへ帰る場が不可欠である。そういう主体的生き方へ定められている。一般の動物は無から生まれ無へ帰るにしろそれを自覚的に実行しなくてよい。だが人は自覚的であるほかない。生き方がいわば平面的でなく立体的である。生物学的次元で生きてはいない。自己が自己の主である生き方である。だがこういう生き方では人は真には永遠的次元へは繋がりえない。存在全体としては有へ堕す以外ない。自己の存在が有限なので自己内からのものはすべて無限ではありえない。やはり人の世界外からのものが不可欠である。それの示唆する永遠こそ真にそうである。ここで啓示が出現する。これは人の人格的要求に応じるとともに人に依存しない。そういう二重性を要す。後者に応じるには人の世に現れつつそこを越えていなくてはならない。人でないのなら人以上か人以下だ。前者ならシナイ山上で人に板に書かれたものを渡したように神自身として現れるほかない。これではしかし不十分である。それがそういう性格だとの確証はないから。ここでは神は自己のあり方を変えず教えのみ示す。自己を全的に啓示へと使用し尽くしてはいない。自己保存の

ままである。これでは人は自己の全存在を賭けて対応すまい。神が例えば五十パーセントを賭けているのなら人もそうしよう。あるいはそれ以下であろう。神の丸ごと自己顕示が必要である。だが文字通りそうでは人はそれに耐ええない。そこで顕でなく隠れた姿でとなる。人になるのが最適である。人以上の存在になったら、何をいっても示しても人の心を捕らえまい。あいつは我々より上だからで終わる。人たることが絶対条件である。ここに受肉の不可欠性が顕になる。ここで初めて人は当存在のいうことを聞こう。聞かざるをえまい。耳障りなことを聞かさざるをえぬからこそこういう手続きを要す。これも人の自己のあり方への固執からである。これさえなくば神が人になることはない。板に書いて渡せば十分である。人は人のいうことしか聞かない。聞けない。人への通路はきわめて狭い。だが一旦そこを通れば逆に人には通じ易くなる。人は逃げ道をふさがれる。そういう仕方を神は選び人を追い込む。人が人格的たろうとすれば受容以外道はない。人格的たることを徹底追求しないのなら別である。だが人格的たろうとするほど、良心に則って生きようとするほど、不徹底ではすまない。自己を内から押し出してくれる何かが必要である。もっとも自力でそうしれば不要である。実現不可に終わる自力による徹底か徹底放棄かである。これらはともに人格的たることの中止だ。どこまでもそうあろうとしてこそ人である。さもなくば日常的なことでも努力しないであろう。人格とはどこまでも問い続けるとの契機と切り離しえない。日常的なこと、有限とどこまでも問う、無限とは二即一である。後者への思いなしでは前者へもいい加減となる。前者追求のうちに後者追求がいわば受肉するから。前者半端の後者のみ徹底はありえまい。そこで前者徹底のため後者徹底を要す。無限を人は直接知りえない。それが人の世界に現れて初めて知る。だがそこへ何が現れてもそれが無限存在たることを人は知りえない。例えば山上の垂訓のように人の考えとは思えぬ内容の発言だと、人側での何かを打破する要素を持つ。これが人の心の扉を押し開く。心の中の基準に合う程度ではそういう結果はあるまい。同じ領域にありつつ人の限界、制約を超えた発言にして初めてそういう効果をもたらそう。余りにも人の水準を超えつつもすれ違いには終わらない。「自分らには所詮無縁」とはならない。心の扉を押し開いて教えが中へ入ってくるから。

区別が必要である。双方一体化はその後のことである。かくて復活は神側でのいわば一人芝居でもある。もっとも死が人の堕罪の罰なら、復活は罪の否定、贖いの意味を持つ。だが堕罪、罰としての死、罪の贖いとしての復活―これらは神の立場からの事柄として人の救いとは別扱いがよい。

　人格神が存し、宇宙、人を造り、人は現状のようである。そういう人の救いへ向けてのイエスの受肉と考えても不都合はない。人としての救いはそれで必要十分である。先の神の立場からの三事象は神側での人の救いに属す。二種救いがあり、二重である。神側の方が啓示である。人の救いに属す方はあえて啓示という必要はない。前者の方で一番の問題点は人の堕罪だ。人の現状は創造のままではなく人の罪への罰の死という理解が難点だ。その死は現実の死へのそういう特定理解の付与だからイエス復活以上に信じ難い。一方、復活は信じるか否かだ。二重の救いはイエスで一となる。神の立場からの救いの真実性が人の救いのそれで保証されるのなら、神的次元が人間的次元で保証の本末転倒である。本来的にでなく非本来的に人への意味づけでそうならば、そういうことはない。神側での面は客観的に証明されえぬから人間的発想の次元では受容され難い。罪の罰の死は大きな問題である。イエス復活信仰と一体の反面としてではない。イエスの出来事のはるか以前に創造物語は書かれているから。人の罪の現実への反省から生まれたとしか考えられない。ここをどう解するかが第一の関門である。人の意識は既に罪に染まり、そういう性格を帯びた働きしかせぬから、今現在の人の意識の中の事実としては無理であろう。復活を自然的過程を通じて証明しえぬのと同様、純粋に啓示と信じるほかない。その点旧約に堕罪のあの物語があるのは堕罪を信じるにはかえって障害になろう。ただ信じるほかないのなら具体的プロセスは何も示されぬ方が受容し易い。言表の周りをついてまわり反省する事態が生じるから。その点復活自体の現場、プロセスについては何も記述はない。そこで言表についてまわりもしない。信じるか否かの一点にかかる。堕罪から罰、死へは過程を書いている。そこでついてまわる。復活同様堕罪や死も基本的に自然科学的次元ではない。そうして初めて釣り合う。現実の死、復活とは次元が異なる。自然科学的次元でのこれらはあって差し支えない。当時のユダヤ人が現実的考え方をしていたことは時代

ここで初めて人は人格的無限を知りうる。内容を重視すれば単なる常軌逸脱ではない。特定方向へのそれである。無方向へのそれではない。つまり同じ方へ向きながらはるか先の地点を示す。かくて人はそれへ心の扉を開く。そうせざるをえない。人の心は元来そちらへ進みたいと願っているから。意識するしない、また表立ってか否かも別として万人が心底ではそう願う。だから受肉者は人の心をひきつける。心をそこへ留めつけ生きるために人の方こそ捕らえられることを望んでいる。以上のような事態は良心の場においてである。ここを舞台として種々の要因が出会い、別れを演じる。良心は無色、透明ではない。一定の内容をそれ自体有する。義へ向けての内容なればこそ人の思いのさらに先を示すので心を動かしうる。良心というベースでの先の地点と人の常軌とを結合する。さもないと同じ方向にあっても緊密に結びつきえまい。ゆるい結合では人の心をそちらへ向けて動かしえまい。強力に両者一体化へと働く。人の心はそちらへ引き付けられる。抵抗もできない。磁石のように強力である。人格界にも磁場がある。磁力なので一方的に他方を引き付けるのではない。相互引き合いである。さもないと結びつきは強力たりえまい。良心が磁場として機能する。堅い結合なら自己の人格は受肉者の人格と一体化し吸収される。その点無碍の契機も実現する。自己の行くべき先を示され、そこへ自己を留め付けえて、自我を捨てる。そういう仕方で自己は無である。受肉者さえ生きれば自己は死に無に帰すもよい。受肉者の元、受肉起因者さえ存すれば他の一切は無視しうる。その存在と自己の人格とは人格性で一である。かくてもはや自己として何ら危惧する要因はない。救いの実現である。復活を待たずとも既実現である。イエスの受肉を信じうれば必要十分である。仮にイエス復活なしでも救いは揺るがない。人へ神的真実を伝えるための受肉なら、死も人たることのうちに入る。仮に死ななかったら人ではなくなる。真実を伝ええなくなる。誕生から死まで人とまったく同じことが不可欠である。復活は罪の贖いの点で不可欠である。死が罪の贖いだが、それの報知に必要だった。罪の贖いと人の救いとではこういう相違が生じる。人の人としての救いでは復活は必ずしも必要ない。神の立場からは復活させイエスの死を贖いと認めた、またそう信じる人を救うことの人への報知が不可欠だった。人の人としての救いと神の前でのそれとの

的、民族的制約としておけばよい。現代において世界規模で考えるとき当時のユダヤ人同様に考えるのは正しくない。一般人の復活は当時のユダヤ世界のみでなく他の民族でも考えられていたかもしれない。そこで復活は一般的ともいうる。だが現代では人の生を有限な範囲を超えて考えるのは一般的ではない。そういう時代背景の根本的相違がある。時代錯誤に陥ってはならない。そこで先での神的次元を人の救いとは別次元と考えてはどうか。だがイエスが埋葬されてそのままでは彼を神の受肉と信じえず、たといかに言動が超人的であれ特異な人とされて終わりであろう。そこで復活は不可欠で、なしでは人を超えた存在との証はなくなる。するとそこから人の罪、罰としての死を見る。それらは復活同様人のロゴスを超える。そこでそれらへは人のロゴスを入れ込みえない。かくて神的次元と人間的次元とは相即する。

（二）

　山上の垂訓（マタイ5,3以下）から自己反省し今現在の自己の罪への自覚、深い反省からさらに原罪へ心が及んでもそれを人類の祖へまで及ぼすと、祖はいかにして堕罪したかの難問に出会う。祖から現代人までの罪の伝播、さらにそれで果たして個の主体性維持可能かという問題も生じる。罪なき状況は人類の記憶から消えており、祖の堕罪の仕方、具体的様相などは今では知りようがない。また堕罪による死のため第二世代以降は死を避けえない。そこからまったく罪なしの生き方は不可となった。そういう制約下での生しかなくなった。ここでは第一世代と同等の主体性はなくなった。というより主体性云々などはここで初めて生じた。堕罪前では主体性など問題外だった。第二世代以降の罪と死との伝播の下での主体性ではイエスの教えの下で良心に則った生活を追求することとなった。堕罪前では主体性も良心も問題外だった。第一世代の堕罪で死が入ったのも推測である。第二世代、第十世代でも支障はない。第何世代が堕罪してもそれでよい。その事態が真にあったか否かも分からぬまま信仰上不可避なのでそう考えること自体妥当性が問題となる。

　人類の第一世代である必要はない。代替わりしていた過程の中での神の決

定による第一世代でよい。最初の霊の人、その対象に選ばれた人がそのことを自覚していたか否かは分からない。あえてその必要はない。罪なしの何世代か後の世代でもよい。そこを境に罪と死が蔓延したとすればよい。いずれにしろ推測でしかない。結局、イエスの復活同様信じて初めて存することである。自然的発生プラス何かで罪なし第一世代が誕生したのなら、今の自分から第一世代が始まってもよい。だがそれは神の意思なしでは起こりえない。堕罪で再び死もある自然発生的状況へ舞い戻ったとも考えうる。これはイエス復活が神の特別意思なしでは起こりえぬことと並行する。逆戻りは種々考えられよう。あるところでそうなったので別の場所を選んで神は改めてそういうことを始めたとも考えうる。だが最終的には人類は神の意向に添えなかった。神の特別意思とは自然発生的人間に真の生命を与えることだった。これは最初の霊的人間、イエス復活で象徴される霊的存在の生成双方にいえる。両者ともに自然的人間のあり方を超えた新たなあり方を示す。神は忍耐強く幾度も人の罪に目をつぶる。この点からは一度の堕罪で最初の霊の人の生成をあきらめたとは思えない。霊の授与は何度も試みる、哀れみに満ちている。それに対し霊の人の十字架は一回限りである。この点にも哀れみ深さが現れる。霊の人とは神と一の人の意である。そういう人物をあえて十字架につけて罪の清算を行わせたのだから。

　罪の清算は人側より神側から不可欠といえる。罪なき神が罪ある人の世界をいつまでも見逃してはおけぬから。人からはたとえ清算がなされても人の世界が急に変わるわけでなし、それほどの意味があるのかと思う。否、変わらねばこそ神側からそういう手続きを要す。罪に穢れた世で囚われず良心に則って生きるためそういう段取りが不可欠である。なしでは人の世界は今以上に悲惨な情況を呈したであろう。単に争いの有無の反省だけでは不十分である。真剣に生きようとの観点中心に考えねばならない。そう生きねば何があってもなくても同じである。その点イエスの啓示は大変意義深い。良心に則って生きるとき先達の有無で状況は異なろう。啓示あるゆえの争い自体は度外視しておけばよい。霊につく人とそうでない人との間に争いあるは当然だから。ないとそれこそ不可思議で霊が本物でないことを顕す。イエス自身「わたしが来たのは地上に平和をもたらすためだ、と思ってはならない。」（マタイ10,34）という。

霊肉間に平和はない。争いは避け難い。罪の一元支配の中へ義が舞い降りたのだから。神の義が全面的に地上に舞い降りれば地上のすべては滅びる。イエスの一点舞い降りだけなので罪の世界にはまだしも救いがある。世には二種の争いがある。一は霊肉間の争い。二は肉の中同士の争い。これら二基本型の間に種々の性格の争いがあろう。二種の争いの原則は異なる。前者では霊主導である。これはイエスが十字架につけられたように常に霊が優位たるを意味しない。最終的結末はまだ示されていない。人の生きている限り中間段階でしかない。また霊的領域が次第に前進して広がり、その分肉的領域が狭くなるという単純なものでもない。霊肉まだら模様であろう。
　神が裁いて地獄へ落とすため人を復活さすとは考ええぬ理由の一つはイエスでの罪の清めがある。全世界が彼の血で清められたのに人を裁くため地獄を用意とは考ええない。個人が自己の十字架を負い救われるように教団もそうして救われる。洗礼など儀式で自己を他から救いの教団として区別するのは十字架を負う道ではない。そういう状況は救いの滅びとなろう。イエスが受肉で神の脱自態であるのに比せば、教団について同様にはいえない。たとえ教団がキリストのからだとはいえても特に脱自態とはいえまい。もっとも神を信じその自然的あり方を脱自している点ではいえなくもない。だがその現実的あり方は可視的世界の方にあるというほかない。いかに天に国籍を持つとはいえ元来そこにいて脱自して可視的世界に出てきたのではないから。この点イエスは元来神の許にいて脱自してそこへ出てきたので全然方向が違う。パウロが教団をキリストのからだとする（ローマ 12,4 以下）のはある人は自分を目と考え手は要らぬなどと考える人（1 コリント 12,12 以下）を諌めるためである。それをまるで実体的にそうだと考える根拠にしてはならない。
　"主よ、とく来たりませ"という祈りなどは自己への囚われの残滓を感じさす。それにより自己が助けられるのだから。かくてこういう祈りは自己忘却の信者にはふさわしくない。助けは不要であろう。一方、「神の御心がなりますように」との祈りはふさわしい。神の意思の成就のみを祈るから。祈りも神中心を要す。人中心では祈りではない。祈りとは先の一つしかない。イエスも十字架直前にそう祈る。もっとも十字架上でラマ、ラマ、サバクタニと祈る。だ

第一部　宗教的次元

がこれは自分が助かりたいからではない。自分がなぜ十字架につけられるのか分からぬから。たとえそうでも神の意に従うときフィリピ書のいうキリスト賛歌となる。かくて「神の御心がなりますように」が最後の、究極的なものであろう。フィリピ書の賛歌にもこういう姿勢があろう。神の意思に一切を委ねて自己を放ち忘れれば神の意思に全服している。ここでは祈りの対象である神の中に自己が置かれている。自己の中に神がその支配を確立している。もはや他者としての神はない。人への裁きも含めて神の意思がなるよう祈るときもはやそれは単に神の意思ではない。同時に人たる自己の意思でもある。神以外の意思なら自己の意思たりえぬが、神の意思で占領された自己の意思には神の意思は人の意思でもある。シャロームとは神との平和を意味し神の意思がなるようにとの祈りであろう。単なる地上の平和ではない。そういう言葉が常なる挨拶にまでなっている。

　罪に堕ちた結果善悪を知ったが、それを通して罪の世界から反対の世界へ帰って行きうるのも皮肉である。善悪を知るのは人が望んだことではなく、神が人に課した事柄である。罪への堕落が自動的にその結果を招いたのではない。神がいわば罰としてそう定めた。明確に神の意思が入る。罪の結果人は善悪で苦しむよう定めた。これはエデンの園から追放され額に汗して生活の資を得るようにという定めと並行する。同時にその苦しみを通して神の許に帰るように。善悪を知ることは善悪から離れるのではない。反対にそこにいるままでもない。離れつつ離れないという状況である。善悪問題は人格的存在にはいわば故郷である。神という絶対的、人格的存在が抜けて善悪という事柄が禅では家舎という非人格的、無内容的なものに変わった。信仰では善悪は人がそこへそのままのあり方で安住しえぬが、一方、家舎とは本来的あり方をいうのだからそこへ安住しうるのであろう。安住せねばなるまい。一方、イエスが息絶えたとき百人隊長が「本当に、この人は神の子だった」（マタイ27,54）という。これも罪なき人は不死たることを予感させる。隊長のこういう反応は神によって与えられた感受性を表し、予定説的考えへ通じよう。

　一人の義人の血で神は世界を赦す。多くの義人のいるはずもなく、信じる人も多くはない。義人として生きようとすることが直接他の人々の役に立たな

くてよい。義人が一滴血を流せば世界のどこかで誰かが神の前で救われる。多くの血が流されるほど多くの人が救われる。かくて血を流すことは神との関係でのみいえる。多くの人には流された血は見えない。誰のための贖いかは決められていない。神に一任である。その血で誰を救うかは神の自由である。血を流す人自身異議を申し立てない。自分の命たる血の扱いを神に任す。流された血は他の人の命として復活する。かくて血は特定個人のものでありつつそうではない。命自体が神からなので自分のものでありつつ自分のものではない。神は与えようと思う人に与え、奪おうと思う人から奪う。人の血は流されるためにある。自分の血として固執すべきではない。旧約時代祭壇に動物の血を流して清めた。血を注がれた場所が清くなる。人の贖いの血の掛けられた場所だけが無から生かされる。その血を飲み生を与えられる。飲んで初めて流しもできる。飲流一如である。一滴の血を飲むと無数滴の血として再生産され、流される。かくてこの一滴はただの一滴ではない。無限の力を内に秘めた一滴である。自己内の血が飲んだ血と同質へ変えられ、他の人々のための血として流される。飲まれた血は人の中の血を自己へ同化する力を持つ。少量の方が多量の方を同化とは妙だが、現世とは逆法則の支配が信仰の世界である。論理も逆転する。ここでの血とは可視の血ではない。不可視のそれである。かくて色は赤でもない。人の心次第で赤くも黒くも透明にも見えよう。また同じ人でも時々の心境で異なって見えよう。

　天国で何を与えられても現世で失ったものを償いえまい。失ったものは一回限りのものだから。このことは天国への復活は別問題であることの背景となる。血を流すとは天国さえ償いえぬほどの代物である。一瞬一瞬は余りに貴重で神さえ償いえない。だからこそ慰めを求めもしない。復活をも。もとよりあえて否定もしないが。もっとも失ったものを償うのでなく、新しいものの授与という仕方で慰められよう。ただ失われたものは永久に失われ、新しいものの授与とは別次元である。自己が究極的次元を生きることと失ったものの償いえぬこととは平行しており、真実を生きたことで償われる。否、償うという表現は使用すべきではない。その生自体の内に失うことも償われることも入るから。生きることが即失うことであり、即償われることである。別別のものがあり、

何らかの条件満了の場合のみ償い成立という間延びした関係ではない。生が失うことに徹しそれと一なら何をも失ってはいない。そうしか生きえぬとき何かを失っているとはもはやいえない。得ているともいえる。得失の一切がもはやない。失のないところには得もなく、逆も真だ。翻って考えるとここにこそ真の償いがある。否、こういうところにしか償いはない。他では失った何割かは償われよう。だが全部は償われまい。完全な償いなどありはしない。そういうものがあれば償いの範囲を超えよう。十二分に償われるという言葉はあるが現実にはありえない。特に血を流す場合失ったものは掛替えなきものであり何物もその一パーセントさえをも償いえまい。神さえ償いえまい。だからこそイエスは神から賜った生の一瞬一瞬を真剣に生きた。神さえ償いえぬものなればこそ神への贖いの意味も持とう。また神を信じて生きた人の生がどんなに苦渋に満ちていても償いはない。人はもはや償いを求めず神はそうする必要もあるまい。償いを求むのは律法による義と軌を一にする。捨てることで何かを得るを期待しているから。一方、信仰の世界では償うという言葉は不要である。そういう事柄自体がないのだから。またあってはならない。天国での新しいものの授与は神の自由な決断により、失ったものを基準にはしない。

## 第二節　受肉と人間

### （一）

　信仰が主体的であるにはその媒体は、人であれ他の何であれ、信じる人の目に入らぬ方が信仰自体へ直接関わりうるし、よりよい。媒介者に依存した信仰はイエス自身でなく媒介者を信じておりキリスト信仰とはいえない。媒介者はできるだけ無名たるがよい。無碍であることでイエス復活が信じられるが、これに連続しうる。同心円構造の信仰成立である。

　イエスは復活後何度か弟子たちに現れたが、その後はない。仮に復活後まったく現れなかったら弟子たちは失望して去っていこう。かくて十字架、埋葬後なので余計に現れることを要した。復活だけでは神側でのことで、人には関わりえない。現れて初めて復活も人にとりリアルになる。即ち人には復活より

現れることだ。何度か現れ自己の復活を知らせた。後は弟子たちによる伝道をよしとした。もっとも現れたとの聖書の記事を信じてのことだが。現れたのがイエス当人たるの確認は復活ありとの一般的前提なしには不可であろう。十字架の釘のあとを見て信じたなどの記事（ヨハネ 20,11 以下）は人々の側での復活期待の希望の反映ともいえ、復活も現れも人間的現象となろう。人とは独立の主体的意義は消えよう。むしろ期待に反しての実現こそ神側の出来事である。もっとも十字架で人は一度失望したので、あからさまに復活、現われを期待してはいまい。だが失望は救い主への期待あればこそだった。十字架で一旦心の奥底へ仕舞い込まれた期待が再び顔をもたげたのは人側でのイニシアティブにはよらない。神の働きかけだっだ。これなしには"もたげ"はなかった。イエス復活同様神による復活である。一旦死んだ期待が神主体で蘇った。かくて人間主義的ではない。ただ復活自体は人には分からぬ事象である。単なる生き返りではないから。現実的、可視的世界の中へではないから。人の理、知性によるそういう世界への探求自体が誤りである。復活とはどこまでもエイス・アロ・ゲノス（他の種類）へである。人としては手も足も出ない領域へである。復活と聞くと元のところへ生き返ったというイメージが湧く。復とはまたとの意であり、活とは生きるとの意である。だが復ではなくまったく新しい命へ移った。現象的側面に注意する自然観察の目で見るので先の発想となろう。真相はそうではない。そうであってはならない。神の命へと生まれ変わった。復という要因などどこにもない。そう理解しなくてはならない。イエスが復活後何度か弟子たちへ現れたが、その後はないことも少しは理解し易くなろう。それ以後は文字通り別世界に居る。神が望まぬ限り来たくても来られない。神の意に反しては何ごとも起こらない。現れぬのが人のためという判断である。際限なしの現われは人間社会混乱を招く。ユーフォーさえ問題になる。人々は半信半疑であろう。キリストが現れれば世界中が大騒ぎとなる。現われを直接体験した人々とそうでない人々との間で争いが生じる。殺し合いさえ起きかねない。両者間に少なくとも軋轢は生まれる。前者は自己を特別の目で見、そう理解し、後者を一段低く見ようから。イエス存命中に彼に接した人々の間ではさすがそういう事態はなかった。人の罪あればこそそうなりうる。当時はイエスが直接

弟子として招いた。そこで人々もそういう人の特別視に抵抗はない。だが現代ではそうはいかない。イエス直結の人々はいない。にもかかわらず特定者に直に現れたら、他の人々は直ちには認めえまい。その点信仰は決して民主主義ではない。イエスによって選ばれたペテロなどと一般人との関係は平等ではない。格差がある。だがこういう格差は信仰での働きのそれを直ちに意味しない。パウロは自己を月足らずに生まれたようなものという（1 コリント 15,8）が働きは群を抜く。だがイエス生前には一面識もなかった。今では直接現れる恵みに与れなかった人々は被差別感を持とう。だがイエス自身にそのつもりはないであろう。結果、現れはイエスの意向にもそぐわない。やはり人間世界のことは人自身に任せるのが適切との判断であろう。現れない事態は人にとりそれが有益とのイエス、神側での判断による。人間社会の状況が変わり、現れるのが人に有益とイエスが判断すれば現れもあろう。決してなくなったのではない。そう思うのはイエス、神を殺すことである。イエスを再度十字架につけることだ。今回は木のそれでなく心の中の十字架につけることだ。その意味では"主よ、とく来たりませ"という当時の人々の心境は終末まで続く。人は自力で天国を地上に実現しえぬ以上待つ大切さは永久に変わらぬ価値を持つ。

　待つ心と心の世からの離れとが一である。イエスがその後現れぬのは人への待つ心でおれとの指示と解しうる。何かを待つのは対象が自己より大きいから。問題はどういう意味で大きいかである。この点に各人の人格が現れる。大金が入るのを待つ人もいる。まったく世俗のことを待っている。直ちに悪くはない。それを施設へ寄付する場合もあろうから。だがそういう待ち方では心が世俗次元から自由ではあるまい。ここがいささか気に懸かる。そこで待つ場合対象がより精神的次元のことであるのが好ましい。その方が心の世からの自由を示唆する。待つことと自由との呼応がここにはある。もっとも待つ以上世のさまの変化を待つ場合もあろう。だが信仰ではこれも世のことへの執着あってではない。神の意に沿う状態への展開を期してである。人の心は常に神の許へ届いている。さもないと待ち続けえない。待つのは心がすでにそこへ届き、そこの何かが時に先回りしてすでに自己化されているから。換言すれば人の心は自己自身の到来を待っている。決して他なるものを待つのではない。自己のも

のでないものを待てはしない。来るか来ないか不明のものを待てるほど人の心に余裕はない。かくて心底よりイエス到来を待つのは真には大変難しい心のあり方である。イエスに関しては待つしかない。待てど暮らせどとなるかもしれない。ここ二千年間到来はなかったのだから。人間的世界の中のことならその状況につき見当はつく。この際それはない。待ちうることで信仰の真実が試される。信じていてこそ待ちうる。だがここでは現われの確約はない。どこまでも信じられた事柄である。しかもこの待ちは自分個人への現われをではない。社会全体へである。その最終的役目の達成のためにである。そのための現われとのイエス自身による宣言はない。それでも人は待つ。そういう契機が信仰の内にあるから。今の世界がイエスの言葉に応じた世界であるとは思われぬから。もしそうならば待つ契機は意義を失う。この点はユダヤ民族が主の到来を待っていたのと同様であろう。イエス信仰も待つ姿勢と切り離してはありえまい。人の現状は決して満足すべき状況でない。心での待つ体制は不可欠だ。イエスの受肉自体人の待つ姿勢あればこそ実現した。神がそれに応えた。自力による実現か、またはそれ以上を期してなら待ちが最も基本的である。基本中の基本である。待つには信じることが、それには自我克服を要す。待つにしろ、信じるにしろ自我が問題となる。自我健在では双方ともできまい。逆もいえる。双方は自我克服を求め心がそうなる、と。かくて時間的順序は二通りある。どちらでもよい。信じ、待つのが先ならその間に自我克服されそれらが本物になる。予備的性格のものが真実のものへと資質変更する。

　現われは復活と一体である。さもないと現われはイエスの出来事と一に受け取られない。それ自体が特別の宗教的現象となろう。そうならぬには現われは必要最小限で、しかも真に必要なときに限られよう。神は不必要なことはされない。復活保証のための現われであった。信じようとする人々の心が定かなら現れはあえて必要なかった。たとえ現れても信じえぬ人々は信じえまい。いずれにしろ復活を信じさすための現われだった。弟子たちにそう信じさせれば必要十分だった。それ以上は不必要だった。生前弟子でなかった人々へ現れても相応に受容されなかったであろう。唯一の例外はパウロだった。彼はキリスト者を迫害していた。いわばマイナスの仕方でイエスに深く関わっていた。そ

こで現れれば正しく受容されると考えられた。生前の弟子では現れねば逆に正しくイエスを理解しえなかったであろう。復活はあくまで神側でのことだから現れなしでは復活もなしとなったであろう。人には現れこそ復活である。もとより生前面識あったればこそ現われで復活したと信じえた。面識なしではいきなり現れても当人をイエスとは認識しえまい。たとえ面識あっても精神的に深い関わりなしではそうはいえまい。ただ単に会って知っているだけでは真の面識ありとはいえない。その点「面」識という語は自己矛盾である。面による識では真の識といえない。面識に留まらず「心」識でなくてはならない。人が人たる以上当然である。心で心を知るとは相手の人生観、倫理観、価値観などを知ることを意味する。その点で初めて人は人を知りうる。人とイエスとの関係でも同様である。そうあって初めて当人をイエスの復活した姿と認識できる。そこで生前面識なしの人々への信仰宣伝が問題の以後の時代ではイエスの現われなしは十分理解しうる。現われさえすればよいのではない。イエス自身現れたくても現われえぬ状況にある。イエス再来を待つのは人側で決めたことであり、イエスがそう命じたのでもない。「世の終わりまで、いつもあなたがたと共にいる」（マタイ 28,20）とはいうが。イエスの人間性から、もし天に帰り地は放置では矛盾しよう。必然的に待つ行いとなる。イエス、人双方に待ちは有意味となる。ただ「待てば海路の日和あり。」とは事情が異なる。海路とは何か特別のことを期してではない。晴れて海が凪ぐのを待っているのみ。一方、イエスを待つのは人の世界の大変化を期してである。ここには特別の思い入れがある。ここに自然の変化を待つのと人格的世界の中で何かを待つのとの相違がある。前者では変化があっても人の世界自体は少しも変わらない。一方、後者ではそこが根本から変わる。それに応じ自然界もまた変わる。人間界の変化が主導する。自然界は従属的要因でしかないが、前者ではこういう主従関係は逆である。自然界はそこで人間界での出来事が行われる場であるに過ぎない。そういう場は形状がどうであれ有意差はない。これは信仰が可視のことへ囚われぬ点に呼応する。最終的には可視的世界の超越を期待させる。物質界は人格的世界を不完全にする可能性が高い。そういう世界はないにしくはなし。人が霊充実へ変えられれば物質界の有無はそれ自体有意差を失う。イエスの復活、

現われなどからそれが妥当と思われる。これは霊的存在の神により物質界が創造されたことに対応する。イエスの多くの奇跡も霊が物質界を上回ることを現す。そもそも物質界は神の恵みを現す。それが唯一の目的であろう。

　イエスはいう「わたしを見た者は、父を見たのだ。」（ヨハネ14,9）と。問題は二つ。一は自己を神と同等にするのはいかにして可能か。他はそういうイエスを真にそう信じうるのか。最初の方から。もしイエスという存在なくば絶対、神と認識しうる存在はまったく欠ける。そういう状況から人が無碍へ帰着すると、人格的内容が脱落しよう。だが究極的次元へ人格を想定しようにも人は自力でそうなしえない。だから仏教国では無碍止まりとなろう。神秘主義、体験主義となり究極的と想定されるものと一になる事態は生じうる。だが体験主義とは別個の純粋な人格的究極者の想定は困難である。迷信的仕方での特定人間の神の化身化は除外の必要があろう。かくてイエスの啓示なしでは無碍に留まるしかない。どこまでも人格的存在たるの追求は困難となる。自己自身の内に究極まで追求しうる要因を欠くから。自己存在有限ゆえ自己内に永遠的要因の想定は困難だから。たとえ無限を思考しえてもそれに呼応した存在を想定しえない。ただ思うだけに過ぎない。それ以上は自力で進みえない。そういう存在を信じて自己の生き方を律しえない。その限りたとえ究極的次元へ人格的存在を想定しても単なる空念仏であり、何の役にも立たない。机上の空論であろう。人は自己を留めつける場を一切持たない。これは人の生に大きく影響する。右往左往が不可避となる。人間相互の争いへも通じる。こういう事態阻止には啓示が不可欠である。ここで初めて人は自己位置づけの場を得る。そこから積極的な生が可能となる。

（二）

　次に先のイエスの言葉をそのまま信じうるのか。福音書を見れば通常の人でないことはすぐ分かる。だがそれが直ちにイエスイコール神の化身となるのか。復活という結果からそう信じるのなら自然科学的次元に依拠し化身を信じることとなろう。本末転倒となろう。人格的次元よりそういう次元優先だから。

ただ復活を人格的次元と解すればそうではなくなる。だが復活で化身を信じる態度は復活を自然科学的次元で受け取ることを含もう。復活を人格的次元で受け取ればそう発想はしない。復活をそれら両次元で分けた場合の人格的な方の意味を考えよう。科学的次元では問題にさえならぬ復活しつつある現場を見た人はいない。そこで十字架へ架けられた当人が復活したと証明はされない。どこまでもそうだとの信仰に則って記している。科学的次元で問題にしようにもなしえない。人格的次元での記述である。十字架のイエスと復活のキリストとは連続しない。信仰自体が結合する。両者はまったく別存在かもしれない。そういう危険を押してあえて両者一と信じる。それは人に自己放棄を要求する。これは同時に人の新たな誕生を意味する。ここではイエス復活を科学的次元で問題にすることは凌駕される。こういう復活の信じ方とイエスの先の言葉をその通り信じることとは並行する。一方肯定、他方否定は生じえまい。二即一、一即二である。イエスを全的な神の化身と信じる。イエスと人の心との信じる事態での後先、優劣、大小、長短、広狭、遠近などはつけえない。一方なしには他方もないから。全体と全体の対決折衝である。人が可視的世界を越えた人格的存在たることを思うと文字通り全対全の対決である。人格同士の対決はこういう性格である。部分対全あるいは全対部分にはならない。人格とは全的性格であるほかないから。さもないとそういう人格は十全な意味では人格ではない。全的対決では人格に直接属さぬ事柄はすべて度外視される。それ以外の要素が絡むと人格的対決でなくなる。人格自らが他要因を排除する方向へ働く。さもないと十全に人格でありえぬから。人格は人間界で義に基づく生を選びその領域を広げるよう作用する。義に基づかぬことも多い世でそう生きるので"世の光"である。義と世の光とが呼応する。光とは人格的義がその内容であり単に自然的光ではない。元来人格的内容を含む。それなしでは人格にとり光とはなりえない。自然的光、明るさからはたとえ闇でも人格的に光が差せば大きな明るさである。明るい、暗いとの判断自体人格的次元からである。この事態と自然界自体は人格には独立した意義を持たぬこととが対応する。義を欠く世が混沌なら、そこへ義を創り出すのは創造である。神の宇宙創造に匹敵した人の行為はその世界に義を打ち出すことである。人による創造ともいえる出来

事である。イエス信仰はこのことをも同時に意味する。イエスの生命が人に乗り移る。これが先に書いた第二の点の要点といえる。

　イエス信仰は彼とその生の根源で一である。内容の根幹は義である。彼は義を貫いて十字架へつけられた。復活も義を顕すためだった。神が人となったイエスは義を体現した存在だった。我々人間にはイエスを通り越し神自身へ遡るのは不可能である。超越的次元へ関わりうる資質を人は持たない。それ以上は不問に付す以外ない。そういう次元への注意とこの世での義実現努力とは二律背反である。不問に付すべきことへの関心は人が関心を持つべきものへの無関心と一である。それは不可である。知的興味本位は捨てねばならない。人格とはまったく無関係だから。約三十億年か先でアンドロメダ星雲と銀河系とが衝突するとの予測が今現在の生を義に則って形成するのに何の関わりがあろうか。後者的生き方は避けたい気持ちが暗に働いて前者的方向へ関心が向くのであろう。現代は科学発達でそういう関心から種々雑多な事柄が宣伝され関心を持たされよう。これは人が義に生きようとする場合好ましい状況ではない。人の世界が全体としてはそういう生き方を第一にしていないことを顕す。だが人はそう生きねばならない。そこでその分余計に大変だ。現代はどの国も宗教主導ではない。政治、経済など世俗主導である。だからこそ逆に良心に則って生きることを大いに唱道せねばならない。良心主導は宗教度外視でも宣伝しうる。各宗教の内実の相違を超えて認められるから。万人、万国共通の契機として大いに宣伝すべきである。これは義に則った生き方の具体的内容である。ただ義は人の心の外（上）にあり、良心は心自体である。こういう内外という相違はある。義と良心とは共鳴し合う。良心は義に背いて決断はしない。義という契機は良心の内へ深く埋め込まれているから。かくて良心は邪魔さえなければ義の方以外へ決断はしない。だが現実には反良心的決断が社会のあちこちでなされるので、義が光たるのである。世俗的利害優先で物事決定しても人は心底より満足はしない。お互いの利害一致があるのみ。さもなくば争いがあるのみ。世俗的利害がすべての事柄の決定要因である。そういう社会が望ましいはずはない。そこで全世界で良心（義）に則っての決断を幼少より教育せねばならない。良心への義の埋め込みが完全なら人は常に良心で義による判断をし言動し

よう。かくて埋め込みは不完全である。あるいはそれが深すぎて人は気付かない場合もあるのか。神が存在するのならそういう状況は神の失政なのか。そうなら人に責任はないのか。否、それはない。人の自覚次第である。他の事への思いで義への思いが塞がる。やはり人をこそ表舞台に出さねばならない。そう考えてこそ自己をそういう存在へ高めうる。人は自己を自己規定しうるよう造られている。そこで自己を最高位へ位置づけたい。決して低く見定めてはならない。ここで教育の重要性が浮上する。人は良心的判断に従うのが正しいと納得しうるよう幼少より教育されねばならない。上から教えるより自分でそのことに気付く仕方で理解しうるよう導くことを要す。全世界でそう教育されれば世界の様相は変わろう。人類全体としては福祉のためなしうることをまだ十分に行っていない。個々の国が自国に好都合な教育を行うので争いが絶えない。国連主導でそういう教育を行うよう各国へ勧告してはどうか。先の教育は不可避的に国際的問題を引き起こす。しかもそれの平和的解決策は示さぬままである。各国任せの教育は後で矛盾が噴出す。EU 中の各国が各々独自の財政、金融政策をやってそうなったように。人類全体として平和前提の統一政策実施を要す。人類統括組織がないから先のようになる。自国に好都合な主張は良心と一ではない。良心的判断が後回しなので各国の主張は相互対立する。というより後回し競争になっている始末である。いかにうまくそうするかと各国が知恵を絞る情けない有様である。ホモ・「サピエンス」の名が泣く。良心、義とかは忘却のかなたである。国連憲章の最初で最高の規範として全加盟国は義に従い、良心的判断を最優先することを誓わねばならない。ところが国連も戦勝国中心の組織であり、世界中の国々を平等、公平に見てすべてを義に基づいて決定する組織とはなっていない。そこで国連は真の世界平和の政策を採りえない。個々の国の利害の前では無力である。だからこそ逆に国際的次元でも義に則った政策が必要である。義による政策は直ちにすべての国々の賛同はえまいが、内心では確かにそうだと感じざるをえまい。そこで長期でみれば決して無駄ではない。時の経過とともに政策への賛同が広がる可能性もあろう。それへの努力が人の務めである。国際的次元でのこういう努力は個人、国内での良心、義に則って生きるとの方針と一である。別々とはいかない。一人の人である以上

当然で三位一体である。国連にしても平和はいっても義、良心とかは唱えてはいない。だが平和はあくまでそれらに基づくことを要す。そうでないと長続きしない。たとえ続いてもそこの住民は幸せではない。

　本当に来るべき世を信じぬ限り実践はできまい。信じえても人がそれへどう関係するかが不明確では同様であろう。これは霊の到来と関係する。「むさぼりを知らなかったでしょう。」(ローマ 7,7) というように、霊到来で「むさぼり」が顕になる。心の中で霊はそういう働きを行う。一方、制度面では霊到来ですでにあるそれとの間で抗いが生じる。前者では心の中に新しい状況が生まれる。ここではゼロからである。一方、後者では制度を変革するよう働く。
　世、教団、自己の三者がある。自己からは前二者の相違はあるともないともいえる。神の言葉の呼びかけという点では二者の差はない。だがそれに応じて一方は信じ、他方は信じない。たとえ神の民として分けられても罪解脱は未完である。数が増えるほど真にそうとは受け取れない。パウロはユダヤ人も最後は救われる（ローマ 11,25 以下）という。かくて信じない人も最後は救われると考えうる。この点からは洗礼での区別も絶対的意味はない。信じても後で疑いも生じよう。しかるに洗礼で分かつと必要以上に差別意識を生む。誰が洗礼を施した者かで派閥さえ生じる（1 コリント 1,10 以下）。人の心の中の罪からは洗礼はやめるがよい。自分が選ばれた者という特権意識を生むから。特に自我克服なき場合そういう結果となろう。もっとも集団形成なしでは信者と未信者間に線引きできぬという問題がある。だが線引きは無言のうちに人を裁くことですべきでない。それは神のみ手に委ぬべきである。自我克服なしの受洗はそれと反対、自意識強化へ人を推し進めよう。受洗は可視的しるしで一種の安心感を与えるから。不信仰な者は特にそうなる。神への恐れが根底にある信仰ではそういう安心感の与え方はふさわしい。弱い信仰者には可視的しるしが必要でもあろうが、たとえあっても支えられはすまい。それを支えにすること自体信仰の行いであり、弱い信仰にはそれはできまい。信仰はそれ自体によって支えられるほかない。信仰の自己支持構造である。それ自身を内から生み出す。常にそうする。聖餐も同様であろう。弱い信仰を支えるためなら南無阿

弥陀仏というのと同様、"イエス・キリストアーメン"と唱える方がまだましであろう。言葉は不可視であり純粋であろう。可視的な何かがあるとそれ自体へ何らかの価値、意味を置かざるをえぬ要因が生まれようから。称名の場合、人はそれに心を留め集中せねばならない。洗礼などはその後はしるしとなりそれ自体がポジティブな機能を果たす。称名はその都度人が唱えぬ限りそれ自身働き出しはしない。どこまでも人の自主性が大切である。自己以外に依存した信仰になるのを避けうる。信仰自体の強弱と信仰者の心の強弱とは別である。可視的なものの求めは後者の弱さに対応する。だから信仰するほど恐れも強くなるので心の弱さも大きくなる。その分可視的しるしを要す。神を恐れる信仰でなければ信仰強化は心強化を結果する。前者では強さが弱さを結果し、後者では強さが強さを結果する。「弱いときにこそ強い」(2コリント12,10)という場合、弱さとは人としての弱さであり、信仰の弱さではない。そのとき信仰は強い。それは人の弱さを除く。強い信仰が人を恐れ慄かしめて人を弱くするとはパウロ的ではない。恐れの場合、信じるほど人の強さは奪われる。弱さの奈落へ落とされる。そこからキリストを見上げるときだけ救われる。強さではあろうが、弱さの脱落とはいえてもよりポジティブに強さとまではいえまい。常に弱さの影に怯えているから。強さという以上何物にも依存せず、囚われもないものであらねばならない。キリストが自己の内で生きるというときキリストが弱い自分を支えているのではない。弱くも強くもない自己がキリストの働きをいわば代行している。

## 第三節　個と教団

### (一)

「なぜ、わたしを迫害するのか。」(使徒言行録9,4) はキリストとメンバーとの一体を現す。個々人、全体、代表者らはユダヤ的発想でも元来一体と観念される。ヨハネ21,15-17、1ヨハネ5,1以下もそうである。ヤコブ、アブラハムらも死に際し淡々としている。これは自己、民一体で、自己が死んでも民の中に生きると信じることによろう。同様に今現在人々のため信仰的観点から

活動するのは自己がその人々の中に生き続けることだ。こういう考えが死に際し淡々である効果をもたらす要因である。

　個人として問い抜くのは心の中においてが基本である。次は心から外へ、教団の中へ、世の中へと問う。方向転換が生じる。無限の働きの場がそこに用意されている。霊の力と世の力の衝突が根本問題である。具体的問題も結局そこへ還元される。自己に関わることでの問題解決の努力がその後の信仰成長の鍵である。無数の問題は無限の成長の泉が湧く場所である。それが心から教団へ移った。心の中への掘り進みが今後は教団の中へのそれとなる。そこに神の召命がある。自己実存的に考え抜くため離れた教団内の煩わしい雑多な問題が今度はいわば金の卵に変身する。そこから無限の、世俗的価値を超えた生命が湧く。孤立して孤独か、集団の中での孤独か。同時成立である。各人の状況によりどちらかではあろう。同一人でもその置かれた状況で前者であったり、後者であったりしよう。すべて神の決定による。例えば仙人のように単なる孤立では孤独ではない。やはり孤独は集団の中でこそある。少なくとも本人が集団を意識している事実があろう。これは信仰を人々に伝えようとの当人の使命感ゆえである。使命感と孤独とは一体である。「人の子には枕する所もない。」(マタイ 8,20) とイエスはいう。個はそこまで脱大衆的になって初めて民の行くべき方向を示しうる。「世の光である。」(マタイ 5,14) もそのことが条件であろう。

　教団内の個人は世の人でもある。必然的に当人は両性格を持つ。ここに心の中に葛藤が生じる。両者のいう内容が異なるときどっちに従うかで、「苦難は忍耐を、忍耐は練達を、練達は希望を生む」(ローマ 5,3) となる。この場合いつも信仰的良心に耳を傾けねばならない。世の方へ聞いてはならない。葛藤は信仰をより高く、深くする跳躍板でもある。このためにこそ人は教団の内に居ることを要す。内にいる他の人々から助けを受けうるから。信仰的良心が弱い場合、教団の内に居ることが不可欠である。それなしの信仰全うは多くの人にとり不可能であろう。

　アウグスティヌス、ルター両者の時代では世と教団という二つの国という区別はできていた。一方、パウロの頃にはまだ教団はできていなかった。そこ

で双方に関わる形で伝道した。今の日本は少なくとも先の両者による二元的世界にはほど遠い。キリスト教にそれほどの社会的勢力はない。先の両者よりパウロでの状況に近い。仏教がはるかに大きい宗教的勢力である。こういう状況では仏教との関わりを考慮しつつの信仰理解が大切である。このことの推進が彼ら三者との信仰同価値的な行いとなろう。他に対し一歩も譲らぬことは自己を信仰の先達として神に捧げることである。これは世を出て、教団へ入るが、さらにそこから教団をも出ることを不可避とさせる。教団という場が先達をそのまま受容するような場ではないから。教団とはいえ現実には世を構成する人々による構成だから。そこで世を出ることは教団をも出ることを要す。世と教団とは水平的、二次元的に区別しえない。世の一部の上に重層的に重なる。そこで根は世にある。ただそこは霊という上からのものが世の罪と抗う可能性のある領域である。どれだけ抗いが生じるかは各教団の置かれた時所位によって異なる。一時的には悪の霊で支配される場合すら生じよう。その場合でも原初へ立ち返り霊へ再び戻る可能性がある。これぞ宗教改革である。かくて罪の完全支配から霊の完全支配まで幅の広い状況が教団にはある。たとえそうでも先達たる場合、世はもとより重層的たる教団からも出ることが避け難い。その内の罪とも戦うのだから。「人の子には枕する所もない。」（マタイ 8,20）。イエス自身当時のイスラエル社会（これは教団に当たる）から遊離するほかなかった。「自分の十字架を担ってわたしに従わない者は、わたしにふさわしくない。」（マタイ 10,38）とは自己の置かれた社会からの離反の覚悟を意味する。ユダヤ民衆はイエスを十字架につけろと叫んだ（マタイ 27,22）。この出来事は上記の先達の立場を象徴的に現す。これは自己の置かれた世界を世へ変える。否、その世俗性を顕にする。それが世であれ教団であれ所詮同じである。かくてルターにしても教団の世俗性、罪性を顕にする結果になった。世俗という固定的世界がありはしない。教団さえ先の先達の前ではその世俗性を暴露する。そこで二者の区別があるかに感じられるのは当人が先達のような人間になれていないし、なろうともしていないから。霊の一滴は教団をこそ世俗界へ変える。教団はこうあってほしいという霊の立場から外れているから。世俗界は元来そうなので問題外だ。このことと「外部の人々を裁くことは、わたしの務めでし

ょうか。」（1 コリント 5,12）とは無関係ではない。

　キェルケゴールの例外者とはあくまで教団に視点があってであろう。だから一般に対して例外という判断が生まれる。だが本来からはそういう例外者の方が先在する。モーセ、パウロともにしかり。ここから伝道での一般が形成される。見る順は個―教団―世という方向で見なくてはならない。霊はまず特別の個の中に宿るから。霊が宿った個は個でありつつもはや単なる個ではない。超個という個である。教団全体に匹敵する個である。モーセ、イエス、パウロなどである。教団の内の特定の個人がいなくてもさほど問題はない。だが超個の個なしでは教団自体が成立しない。前者は後者を創造する。無からの創造ではないが世を材料にして教団を形成する。見方を変えるとそうもいえる。世自体滅亡への定めにあるから。そこから霊的存在を造るから。世は今すでに無なる存在でしかない。どれほど華やかに飾られていても行く末は滅びである。過去のローマ帝国を考えればすぐ分かる。

　個と教団は元来同じ土俵上に立つ。そこで両者は基本的には同調しうるはずである。だがそうとばかりいかない。教団が信仰から乖離するから。教団の世への近接が問題となる。ここで両者間に初めて悪い意味での境界ができる。民は個による説得にも応じず世の楽しみにふける。いずれは国が内部から崩壊するか、外敵に対処できなくなる。神の裁きを招く。個は当人の資質、才能で選ばれたのではない。世から教団が、教団から個が選ばれる。世と教団の間でのように個と教団の間に神が割って入る。分ける、聖別では神が積極的に介入する。これは信仰が究極的には神による賜物たることに応じる。個と教団との境目に神自体が介在する。そこでこの境目は動かしえない。個は神を背に有しており、地では神の代理である。境目を移しえぬのは地境を移しえない（箴言 23,10）のと同様である。個は神による選考で今すでに神側に勝ち取られている。教団のメンバーはそうされるのを待っている状況にある。「もはや・・・ない」と「まだ・・・ない」との相違がここにはある。その限り個の方は待つ必要はない。ただひたすら神からの務めに専念しているから。教団内のメンバーは世に携わっており大概心が二つに分かれる。相反する二方向へ引かれる。個にはすでに終末は来たようでさえある。ここでこそ真に現在的終末といえる。

その点メンバーではまだである。二という契機があるから。神は一で全である。神には二はない。個と教団との神による分断は神由来ゆえ絶対的である。世から教団が、教団から個がなので個は二重選考による。二重の恵みを受ける。選びは恵みの最たるものである。世俗のものについてさえ恵みをいうのだから。こういう選びでは自己の存在全体が丸ごと対象となる。殊のほか大きい恵みである。人たる以上種々問題を抱えていても存在全体が選ばれるのだから。選びの内で諸問題封印の契機も自ずから生じる。さもないと神からの務めを果たしえぬから。当人が双方比較して務め重視を決断する。間に神が割って入っており個は教団の方へ渡りえない。教団も個の方へ渡りえない。間に神が居るから。渡るには神の無視を要すから。此岸から彼岸へのようにはいかない。神が間に居ますのは両者仲介のためではない。むしろ反対である。聖別とは分かつことだから。個はかくて二重に聖とされる。それでもまだ神と直接の対面は叶わないのではないか。モーセが主の御前で主と語るとき顔覆いを外していた（出エジプト34,34以下）としても。人はいくら聖別されても無限に聖なる神には届かない。聖なる神からの聖別とはいえ神と同じ聖にはなりえない。かくてこの聖とは暫定的な聖という性格を持つ。聖自体の付与ではない。それと堕罪した人とはどこまでもそぐわない。たとえ神が付与したいと思っても人の罪がそれを跳ね返そう。人は受け取りえない。受け取れば自己の全存在が崩壊するので不可能である。かくて別ということは事実だが聖は事実的に現成してはいない。分けられるのを聖と考えればそれは妥当である。だが聖を内容としても考えれば聖と別とは別に考えねばならない。個と教団の間に神がある以上、人が限界を超えて個であろうとすれば神を侵すこととなる。神から裁きを受けよう。冒涜的行為だから。神に代わって自己を絶対化することだから。個を教団から分けたのは後者が十分神の意に沿いえぬとの心配からであろう。さもないと個を教団から自己の方へ分けることはなかった。かくてこれは教団に対しての神の配慮による事柄である。そういう仕方で民を思う。

　個を立てるのは民の中での個につく者とそうでない人々との間の分派の可能性を覚悟してであろう。個選び自体が民全体を一人の人かのように導くのは困難との予測の下にであったであろう。選ばれた個を地上の基地として自己の

言葉を民へ向かって発信する。個は選ばれる際は神へ向いているが、一旦選ばれたら民の方へ向く。両方へ向く。全身が神の言の器だから。「主の霊のおられるところに自由があります。」（2コリント3,17）とあるが、まさに自由である。神、民双方へ向く。民へ向くときこそ神の方へ向かなくてはならない。さもないと誤った言葉を民へ語ってしまう。一般の教団員では二方向は別々である。だが個では二者は一である。相違がある。民が個を個と認識して例えば預言者の言葉も残る。すぐ実現しない預言も残るので実現だけがメルクマールではない。もっともずっと先での実現でもよいので実現がメルクマールの一つとはいえよう。神の言葉たる以上実現不可はない。世界は神の創造たる以上、そういうことはない。だから言葉の実現せぬ預言者は偽となる。預言が民に苦いとき民は大抵堕落状態にある。そこで悔い改めよと警告される。にもかかわらず民はそうしない。そこでついに予告どおり外敵襲来となる。反対に民が神の言葉を守っていれば国は安泰である。そこで民へ苦い言葉は語られない。つまり民には苦い言葉の方が預言として残り易い。個はこうして神と民との結節点である。区別とは差し当たり断であるが、断絶して初めて結合もまた可能になる。最初から半端な結合では真のそれへは至らない。一度の断絶が不可欠である。民から切り離されて初めて神の立場に立ち民と結合しうる。個は神の方へ勝ち取られ、神の立場に立って語る。この際、教団内の民に言葉がどう受け取られるか、どう影響するか、どう民が反発するかなど余分の配慮は一切ない。そういう配慮はすべて人間的思惑であり、自己への配慮と無関係ではないから。全面的に神へ帰一した個にはそういう配慮は過去のものである。それは神の言葉の伝達を疎かにさせる。「神のことを思わず、人間のことを思っている。」（マタイ16,23）となる。これは神より人のことの優先を意味する。アダムが神の言葉を無視して木の実を食べたのと同様である。民の反応など考えず語ることが不可欠である。そうしてこそそれは人の語る神の言葉である。さもなくば単なる人の言葉へ転落しよう。話者は人だが作者は神である。神が個に語らせる。言葉を授ける。授けなしでは個は何もなしえない。それほどに人としては無である。個には「私」はもはやない。全生活が神からの務めを果たすためだから。全体が「公」という性格を持つ。無私―全公である。生死をも超える。神の言

葉を受けることは死の彼岸で初めて可能である。此岸では人の心は無の器たりえぬから。世の思い患いが入るから。少なくともそういう可能性を否定しえぬから。それの断ち切りには死の彼岸への到達を要す。かくて個はいつもすでにそこにある。そこから民の元へ降りる。個の本来の場所とは別のところへ出張る。たとえ死の彼岸にあってもそこへ留まりはしない。教団内の民へ語るためそこにあるのだから。向上の死漢はだめだということと類似する。信仰では個を神側が捕らえる。そこで神のために働くとの目的が最初から存在する。無目的にそうなるのではない。そこで先の死漢たる可能性自体最初からない。そういう一種の余裕はない。人は人自身のことを詰め込まれているか、個のように神のことでそうであるかである。空っぽということはない。

(二)

個と教団とが同調的たりえている場合、神中心の信仰体制が民の中に浸透し個はここでは暇である。民へ向かって叱咤勉励することもない。両者間への神の割り込みをさほど感じもせず、その必要もない。まさにシャロームの世界である。民が主へ忠実なので神は個を民のところへ返す。民から聖別された個を民の忠実が自己の許へ取り戻した。逆にいえば個のところまで主に向かい自己を高めた。その分個と民の距離は縮まった。民のメンバーは自己内に個の指導で個を写しとった。結果、自己を高めた。個の高みへ近づこうと民の多くは努力しよう。その限り個は民の中で孤独ではあるまい。一方、民が個に反すると個は孤独である。距離が大きくあくから。個は民の注目を一身に集める。一挙手一投足に民は注意を払う。結果、個の意思、即ち神の意思は民の隅々まで行渡る。民の中には個の指示を超えた働きをする者さえ現れよう。そこで初めて民は個の意思に沿って生きる。凌駕してこそその基準をクリアしたから。その点、神による個は特別でありつつそうでなくなる。民の中に埋もれている様子も生まれよう。神の意思を民へ伝えるのが役目なので民が忠実であるほど個の特殊性は薄れ、普遍的となろう。民の各メンバーが個と同じレベルに達するほどになれば—現実には難しい—民全体が一つの個となる。特別任務の個は無用となる。もっともそのときにはより積極的意味で神の意思を伝えるため新た

に個が立てられよう。いずれにしろ両者間の距離が縮り近くなり、最後に一本化する。個は民の中に埋もれどこにいるか分からない。これが最も理想的である。例えば預言者が際立つのは民の堕落を反映する。民は引き立て役を図らずも演じる。かくて個は警察、消防のごときだ。暇なほどシャロームである。この場合教団が質的に拡大、個を飲み込む。個は行方不明ぐらいが理想的である。ここでは民が真に自立、自律して、同時に神律的である。かくて民は良好な状態と個から非難される堕落状態の間を行きつ戻りつする。民全体としても各メンバーとしても。

　偉大な個が教団の中に同時に複数いるとは考えにくい。神は唯一絶対の主で一で全なる方だから。自己の意思を伝う役目の人を同時、同一場所に二人以上立てるとは考えにくい。神の本性と矛盾しよう。二以上は混乱を意味するから。アブラハム、モーセ、ヨシュア、エレミアなども一人である。複数の民指導者は不要である。多々ますます弁ずではない。これは人間的世界での話である。個は地にあって神を代理する。本来的にいって複数たりえない。神から一者が出てそこから世界が展開するのと類似であろう。ただこれを逆にたどっても神の許には至りえない。ここでは上から下へ、神から個を経て民への方向である。下から上へは禁止である。人が勝手にそうしてはならない。それと平行して神と個、個と民の間は一旦切れている。神の意思とその言葉を媒介として繋がる。個は独占的位置を占める。当人の代替はない。神の代理の代理はない。個はいつも具体的、現実的状況の中で立つ。それに関連した神の意思を民へ伝える。個は時代の変化で別の個に代わる。人の命は有限だから。先の人の言葉が後の個へ伝えられはしよう。もとより当人は自己の状況の中で神から直に言葉を受領するが、補助的にそういうこともあろう。伝播する。一つの生命が伝わる。神が唯一なので各個への言葉は全体として一統一体である。その点が不可思議でもある。同一意思がその都度の状況下で生命の発露として伝えられ、伝播の統括者として絶対的な神がいます。個と個の間の時間的隔たりがどれほどあっても問題はない。神の目には「一日は千日にまさる恵みです。」（詩編84,11）だから。神には永遠と一日との差はない。だからこそすべての個の言葉は統一的たりうる。神の本質の統一を反映する。時間的隔たりが大きいほ

どその統一的性格に人は感嘆するほかない。こうして一から一へと伝播される。どこにも二の入る余地はない。だが例外的に同時に二人の個が立ちえよう。この場合一という性格が保持されていよう。一つの民が相互連絡もなく別々の場所に引き離されているとかであろう。かくて原則的には民への神の意思伝達は各々が一、一、・・・である。一が縦横に連鎖している。一しかないことは一もないことである。多があって初めて一もあるから。一であってしかも一ではない。全である。一方、人のすることはすべて部分である。部分があるので全もあることとなる。だが全ではありえない。人のすることすべてを合計しても全には届かない。神の言葉は一言で以てすべてを尽くす。「光あれ。」（創世記1,3）というごとく。人は逆に饒舌である。だがそれに見合う力を欠く。人の言葉は見掛け倒しである。神の言葉はいわば餅網のように一が縦横に連なる。歴史を貫いて神の意思は貫通する。各個は餅網のイメージからは網の結び目のところに位置する。歴史的には後の個は先の個を自己内に含む。そこで内容的にはその分増殖している。豊かになる。だがどの個も同じ仕方でそうではない。ある特定の個はある点でそうだが、別の個は別の点でそうである。新しい状況に適応して再生産され新たなものが生まれる。特に時間的乖離があると先の個の言葉は状況が余りに異なり、そこから信仰同価値的なものの読み出しが困難な場合も生じる。こういうときこそ神の直接的指示、言葉が大切である。それなしでは活動できまい。これを受けるとすべての個に共通だが脱自する。神の一に対応するには人間的多を脱却せねばならぬから。

　時間的隔たりはあっても同一神への信仰が根本にある限り個と個の対立はない。どんな状況へも神の言葉を第一に立てるのは共通だから。そうでも具体的状況への対応では相違の可能性がある。その場合でも民指導の個は一人なので当人の言葉を民は尊重する。そこで対立は生じない。あるのは偽預言者的存在との対立である。だが新約時代以降預言者的人物はいない。これは神の定めによる。そこで同時代でも前後の時代間でも個の間で争いが生じよう。各個の人間性で福音理解が異なる。そこで旧約時代のように神の言葉が一義的に民へ伝えられぬから。そこでは人による解釈は入れる必要も余地もなかった。かくて分裂、争いは個と個の間ではなかった。神は個を原則的に一ケース一人とし

たから。新約以来状況が変わった。神はそういう人を立てるのを中止した。これは信仰がヨーロッパに入りキリスト「教」となっての解釈の余地拡大[1]と無関係ではない。そこで個相互間での対立がたびたび生じた。信仰なので当然実存的である。そこで各人の人間性が大きく影響する。神第一とはいえその立て方が相違する。結果、争いが生まれる。しかも神、絶対者を巡る対立は深刻となる。半端な妥協はできぬから。不寛容の問題が生じる。これは新約自体へ立ち帰って解決するほかない。パウロの信仰を誰も半端とはいうまい。新約にない制度、文物を教団が後から造りそれらを新約へ読み込んで合法化する企てはすべて止めることを要す。そうすれば自ずから対立も解消しよう。ヨーロッパ化された状況をそのままにして対立解消を試みても無駄である。相対的なものに絶対的に関わってはならない。旧約時代では個が神の言葉を民に具体的に伝える。民はそのまま信じ実行した。だが新約時代ではそういう神への直接的信じ方に代わりイエスへの信仰となる。神への信仰としては間接的となる。イエスへの対応が問題である。これは律法遵守、具体的規律遵守とは異なる。その分人側での自主的、自律的要素が増大する。ここに争い発生の理由がある。発生したら常に新約時代へ立ち帰って考え直すことである。自己側での相対的事情からのものを絶対的と考えていないか反省すれば解決の兆しも見えよう。新約自体に複雑な思想体系はないのに、それを構築し争うのは本末転倒である。新約外での争いであり無駄である。新約へ立ち返れば争いの種自体がないのに気付こう。自由意思、奴隷意思の問題でも新約自体の中にどっちかに決めねばならぬ言説があるのか。各解釈前提で読むのでそう読みうるのではないか。そもそも旧約はもとより新約も抽象的議論に関心はなくはないのか。人の神への正しい対応を伝える。かくて人自身の側の事情に特別な関心を示さない。一方、ヨーロッパ化されたキリスト教は神への対応で聖書に比し文化たる宗教の性格を強くする。その分人側の事情が重要となる。そこで先のようなことが問題化する。神、イエスへの対応が第一ならそうはなるまい。どっちかに決めることもない。イエス信仰は本来そうである。そういう点で争いが生じること自体が問題だ。信仰自体の次元がずれている。これの修正が不可欠である。ずれたままでの解決探求は根本的解決にならない。新約自体への立ち帰り以外解決策は

ない。これは文化となった宗教を信仰へと再び引き戻す。そこから今問題の事柄を反省する。それでも実践上では争いは生じうる。アンティオキアでパウロがペテロをなじった（ガラテア 2,11~15）ように。これは良心の弱い人々についてだった。こういう問題は十分解決しよう。目的が明確だから。抽象的議論不要だから。実践的次元のことは誰の目にも見える。そこで意見の一致へ至り易い。抽象的なことは見えていない。理論的構成という性格が強く人間性により意見が分かれ争論となる。実践的方向へ考えれば相違を克服しうるが、実践から離れ背後へ遡ると抽象的となる。不可視の領域であり客観的に正しい方を決めえない。争論となり収拾がつかない。信仰は元来そういうものではない。抽象的世界は人間自身の世界である。神秘主義の信仰背馳と並行する。信じるに際し抽象的世界は無関係である。抽象から具体へ、背後の世界から現実の世界へ―が信仰である。かくて抽象的次元で対立、争うのは信仰の世界に人間的世界を持ち込み混乱さすことだ。信仰へ自己脱自的に出て行くのでなく、自己の世界へ信仰を取り込み自己化を計る。信仰を自己に応じて脱自させる。僕が主となる。例えば自由意志、奴隷意思、どちらとも正しいと思われる根拠的要素は聖書にあろうが、一方が専一的に正しいとは決めえまい。だが新約時代の人々はそれで不便を感じていたわけでもない。抽象的議論不要を示す。そういう次元で信仰を問題にすること自体正しくない。人は新約での信仰の上にいわば十二単を着せる。これらを一枚一枚剥ぎ取らねばならない。裸の信仰自体への接近を要す。新約に各人に好都合、不都合な部分があっても矛盾は感じていない。各文書が選ばれ編集されたときはそうであったであろう。後の人は最大公約数的信仰の核心に目が届いていない。信仰には相対的次元の周辺部分は多様であって差し支えない。キリストの復活は信じなくてはならぬが、可視的世界のことではない。意見が分かれる。たとえ不可視的次元のこととはいえこの点には一致を要す。霊のからだと肉のからだとは異なる。イエスは前者へ復活したのだから後者が墓にそのままあっても矛盾はない。信仰は自己実存的であろうが、余りにその点に固執すると抽象から具体へという局面と矛盾する。実存的とは不可避的に内面へ向かって問うことが不可欠だから。実存的にとは近代的概念であり、新約時代にそういう考えはなかった。当時としては伝道事項

の受容が問われる。その過程で実存的あり方を問題にはしない。だが近代以降ではそういう問い方に暗黙の了解がある。中世以前に比べ個の自覚の高まりを反映する。かくて実存的たることを要すが、単にそうではいけない。実存的地平を超えた一面を要請される。しかもこれと伝道内容受容との直結が要求される。実存的たることは超実存的たることを経てそれと一である。それはかくて受容と結合してその終点、目標へ達する。その後は福音から生きるので実存という次元ではなくなる。福音実践的ともいえる。自己の実存側に支点はなく実践を主導する福音側に中心がある。それにより動かされる。ここで初めて福音が主となり人は従となる。実存的たることを重視のままではそのことが主で福音は従で奉仕する。本末転倒である。福音的とは実存的に実存的たることを超えることである。

## 第四節　教団、世と個

### （一）

　教団と世との間で個への対応に相違があって不思議はない。ない場合は教団の教団性の衰退を意味する。教団は基本的には個を指導者として受容し、その言葉に従う。だが全員一致でそうではない。濃から淡までであろう。それは対応の相違を招く。言葉に忠実な人、ほどほどに聞く人、聞いてはいても世のことに現を抜かす人、ほとんど形式的に聞くだけの人まで。こういう状況での有益な面。後の人が先になり、その反対もある。これがないと人は惰眠を貪る。ここでは信仰を巡ってのことなので世事一般とは異なる様相がある。後者では世俗の何かの達成での競争ゆえそういう次元での争いとなる。一方、信仰ではイエスへの近さでの争いである。言葉への忠実度で判定される。見せびらかしの断食はすでに報いを受けている（マタイ6,16）。かくて人は見ずとも神は見ている仕方で何事もなされることを要す。人への奉仕も単にそれだけのことではなく神への奉仕である。むしろこちらが中心である。これは人の行いは究極的には神への行いであり、善悪すべて最後の審判があることに呼応する。隠れた場での行いも世の法則遵守と異なるから世の光たりうる。寄る辺なき者への

助けは世の法則と異なる。この点では木はその実によって見分けられる（マタイ 7,16）ことが大切である。実のならないイチジクは切られる。こういう考えは現実的発想を行うイスラエルに合致する。この意味では見て分かる実での競争が促進される。神への奉仕競争である。教団の内ではこの法則が働く。先の報いをすでに受けているとは神から見てのこと。世の光とは人の目で見てのこと。光であれば人に見られよう。先の例では実行の側に人に見させようとの意識が働くのが問題である。信仰で心が清ければそういう気持ちはない。ここでは報いを受けている事態もない。かくて信仰での競争は現実には実による競争となる。競争機能中はよかろう。だが教団内で考え方の相違が生じると統一を欠く。結果、競争は機能しない。その点教団の統一は重要である。信仰理解の相違が表面化するとある人が神奉仕とすることが他の人にはかえって神否定とか、さらに偶像崇拝に陥ることとなりかねない。結果、統一的競争原理は不発となる。そこで教団の活力は低下する。これは不統一の必然的結果である。神は絶対なので神への奉仕が正しいか否かは大変重要である。不寛容発生もこれとも関係する。たとえ同じ奉仕活動をしても新、旧両教からともに評価されなくても実がなる点では両者から評価もありえよう。このことが逆に統一を促す方向へ教団を動かす一面もあろう。特に寄る辺なき者への助けではどの分派も評価しよう。少なくとも可能性としては実践的次元での一致が理論的争いの再検討を生みもしよう。ここでは実践から理論へである。逆の理論偏重は西洋化されたキリスト信仰の欠点である。聖書自体の中にない理論を教義的に作り上げての喧々がくがくは正しくない。聖書自体から離れるから。聖書から体系構築するとそれが独り歩きを始める。結果、それが聖書に取って代わり規制原則として機能し始める。聖書はかえって権威喪失する。権威は人側に移る。体系とは人が自分のため自分がそこへ逃げ込むのに作る。その必要なしなら作りもすまい。人にとっての避難所である。厄介なことにはこの場合当人に最重要な神からの避難所である。そこから独自な生を築き上げる。神との間にバリアーを自ら作る。それがそうと認識されない点が特に問題である。

　人の目には曖昧な点が聖書には多い。だが信仰は曖昧ではありえない。曖昧なものへ曖昧でない仕方で関わるほかない矛盾がここにはある。そこで自己

事である。他の場合との比較など一切できない。だからこそ固有である。これは神が一で全たることと呼応する。神の行いはすべて一回的である。二回同じことの繰り返しはない。それは神の完全と一致しない。ただ人は共通性を持つ。その点からは何らかのそういう性格はあろう。一つだけいえることは心が世から離れること。これなしでは天に居るイエスの許へは届きえぬから。ただこれは必要条件である。十分条件ではない。後者については各場合で異なる。これを神は備える。こちらは一般化しえない。十人十色である。各人、各場合につき何が十分条件かは人には分からない。本人でさえ認識しえまい。神、完全存在にして初めて十分を思い計りうる。人にはそもそも"十分"は無理である。人の所業は常に不十分だ。だからこそ人である。そこを克服するのは神以外ない。人が自己で認識しえぬ不十分さをも神は熟知する。その点が満たされるよう導く。ここに神の独特の使命がある。人の力に余ることだから。不十分から十分へ神は架橋する。我々人間が世から別世界へ渡りうるよう図る。彼岸への架け橋である。その後はこの橋で此岸と彼岸とを自由に往来しうる。両世界はいわば一つの世界となった。橋がないと両者は別々である。そこで此岸に生きる人にとり安らぎはない。自由往来が確保されてこそ人はその都度心の赴くまま彼岸へ渡りうる。彼岸から此岸へ出向くのも可能となる。此岸に基地があるままでは此岸への出撃も真実のものとはならない。いつ何時その基地自体が消えるかも知れぬから。消えることなき、虫も食わぬ、錆もつかぬ永遠の基地が不可欠である。さもなくば基地とはいえまい。どんなに敵に攻撃されても持ちこたえるのが基地の前提だから。世事でのサタンの攻撃で崩れては基地とは呼べない。磐石を要す。蟻一匹入れないほどでなくてはならない。

　教団は福音が語られる場である点では一体的である。それ以外で多様なのはやむをえまい。人により考え方も違うし、社会的にも種々の立場、利害があろうから。世俗事で対立関係にある人々が同じ教団内に集うことは難しかろう。ここに世俗的観点から教団が種々に分かれる現実に突き当たる。そういう一面のあることは否定しえまい。世俗事による教団の分断という事実である。キリストに結ばれれば男も女もない（ガラテア3,28）のならそうはなるまい。だが現実にはこういう面が不可避的に生じる。これを否定すると福音伝達自体が

困難となろう。すると男女の相違より例えば民族的相違はより大きい意味を持つのか。もっとも食物の違いで話が合わぬような民族的相違は重要ではない。そういう理由で別の教団に属すのは何ら問題はない。だが同一民族内で社会階層の相違で別の教団に属すのは問題となる。世俗的利害対立が福音の世界に侵入、分断的働きをしているから。互いに思いやりが欠けるからであろう。たとえそれがあっても、同じ階層に属す人々が集まるのは避け難い。それが一番気楽だから。他人の思いやりの対象にされされそこの教団に行くより互いに気楽に話し合える人々のいるところが本人にも有意義であろう。教団が別でなければその内に社会階層による分派が生まれるのも不可避であろう。終末まではどうすることもできまい。教団も世の影を引きずる。

（二）

　さらに、教団での活動がサークル活動である一面がある。福音が人の集合の単なる契機である。もとよりそれでも教団がないよりはるかによい。だがそれでは世の一部が教団として分けられる性格はその分低くなる。たとえそうでも核心部分では福音が主要な位置を占める事情は変わるまい。教団にとり危機が迫るときその本性が顕になる。迫害が来ても耐えてこそ信仰全うである。それは教団内の雑草除去の効果を持つ。世が世性を現すほど教団もその本性を現す。「持っていない人は持っているものまで取り上げられる。」（マタイ13,12）。核心的部分以外の人々は去っていこう。教団としても、個人としても篩いが待つ。教団内掃除には迫害も必要であろう。あって初めて新人加入もあろう。自己改革は大変難しい。外からの力が働くのは結果的には好ましい。内からの改革は分裂を生むし、事実そうなった。何百年経っても統一はできない。世のため教団を利用する人々が迫害で除去される。文字通りの雑草であり、本末転倒の人々である。教団がある程度社会的信用を得ると、今度は逆に世俗のためそれを利用する人々も加入する。こうして雑草が生い茂る。迫害はこれを除く。"福音を世へ"という本来の道に教団、また内の人々を引き戻す。一方、内からの改革では教義の解釈から争いが生じる。意図は福音を本来の理解へである。これは迫害の場合と違い核心部分自体での争いである。かくて迫害

などより深刻な事態である。教団内部自体での争いである。だがこれも人側での要因による分裂という色彩がある。教団が先か福音が先かの問題でも各人の考え方により一方が誤りとは決めえぬ局面もある。ここに教団が分裂する。これが直ちに悪いともいえまい。不可避的ともいえる。こういう経過で福音の本質が明らかになる一面もある。ただ雑草除去の効果はない。かくて改革は内外二重の要因でなされる。加入時は教団の社会的信用利用が目的だったが、迫害で福音の本質に目覚め雑草たるを脱する人々もいよう。むしろ彼らの方が迫害にも耐ええよう。自覚的に福音に接しているから。幼少以来の自動、その他動的キリスト者では自覚が欠け、いざというとき動揺の発生もあろうから。信仰とは本来主体的であり、この点はきわめて大切である。そこで加入の動機は何でもよく、ともかく加入してもらい以後本来の福音理解へ徐々に進んでもらうとの考えもあろう。ただ教団の社会的信用利用のための加入、日本ではまずなかろうが、でよいのかとの疑問は残る。最初そうだといつまでもそのままの場合も多いから。結果、教団としてはかえって信用を失いもしよう。やはり福音理解自体のためであらねばなるまい。だが先のような観点からの加入の人を見分けえまい。教団は受け入れざるをえまい。そこで教団の俗化は不可避であろう。そういう加入は一般の世以上に教団を世的にしよう。当人の心は世にあるままでからだのみ教団に入る。世にある心をそのまま教団へ持ち込むこととなる。神の冒涜である。ただ加入時はそういう認識はあるまい。だがそういう仕方での信仰告白、受洗などは神の裁きを自らの上に引き寄せせぬか。本当はイエスの犠牲を理解してないのにそう告白する。これは正しくない。待つなどすべきであろう。それすらしない。利用が目的だから。これは教団に限らない。何であれ社会的信用あるところへ甘い汁を吸おうと多くの虫が集まる。確かに福音が説教される点、世と異なるがそれ以外では世と変わらない。世以上に世的でもある。世の組織は世での働き目的なので、その信用のための人の集合は当然である。だがそれが目的でない教団にそういう目的で集まるのは間違いである。本来の目的以外での集合だから。その上、世から利用されうる教団による社会的信用の保持自体が問題である。それは教団自体が"世"化しているからであろう。真に福音に忠実ならそういう結果は招くまい。世に心を置く

人に利用価値ある社会的信用など教団は捨てねばなるまい。教団が不純なのでそういう目で見られる。教団が福音伝道の本来の使命に徹していれば俗世間から特別の信用を得もすまい。原始教団ではそういう現象はなかった。もっとも内のあるメンバーが信仰の熱心さで世からも尊ばれることはあろう。だがその結果教団へ加入しようとは人々は思うまい。福音徹底は諸刃の剣であろうから。福音に忠実すぎると人々の尊敬は得ても人に自分もそこへ加入したいとは思わせまい。もしそう思えば当人が福音自体のためそう思っていると解釈してよい。福音は徹底されて人々を篩い分ける副作用を持つ。徹底するほど、単に感心して近づこうとせぬ人、感嘆して自分もそうなれればと思う人、その組織に自分も加入し、その信用を世俗的に利用しようとする人などに種別化する効果を持つ。かくて教団が福音伝道者として不明確たることが雑草繁茂を招く[2]。使命に徹すれば雑草の入り込む余地はない。教団が世から社会的信用を得ていること自体が不可解である。元来命の在所が異なるはずである。務めに忠実ならそういう事態では終わるまい。雑草繁茂でそうなる。境目が不分明となる。世からの信用以上のことをしているはずである。以上というより以外というべきだ。以上とは同じ基準を前提とするから。以外とは別次元からの事柄闖入を予想させるから。伝道活動も世から信用を得るごときものではない。かえって奇異の目で見られよう。世間の人がそう見るものに社会的信用はついてくまい。またそう見られることはすでに福音伝達機能を失っている。かくて内の人々がどういう点から信仰に関心を持っているかが問題である。殆んどの人がその本質へ正しく関わりえていない実情がある。加入動機は千差万別であろう。ただ加入後礼拝などに出ているとそこでの問題に自分が真に関係していると思わされても、一人で自己反省するとき本当に分かっているか疑問を感じよう。これは禅で印可を受けても自分として納得いかぬ場合と類似する。卒業信者に比しいわば誕生信者である。雰囲気として分かり加入以来何の疑問をも持たず当然として信じてきた。だが真の自己参与には一度自己から突き放しての反省を要す。入るとき反省があってもその後は世俗の忙しさにかまけて反省が消えいわば誕生信者へ転落する。内に留まるには反省中止も要す。さもないと出て行くこととなるから。一般の教団では福音を自分は分かっていると思い込んでいるのが

実態である。そこで実存的に疑問が深く食い込まない。一体系として全体的に頭の中にある。その意味では体系的理解はかえって真の理解の障害である。それは人の理、知性の作品である。むしろ福音への妨害である。裸の福音に人の衣を着せ生のままの福音を見えなくする。それを剥ぎ取り生きたイエスに出会うには人側でもそういう衣の剥ぎ取りを要す。お互いに裸になって初めてストレートに出会いうる。複雑な体系があるほどイエス自身は遠くへ霞む。ついには見えなくなる。イエスの持つ不可視の神という面が特に見えなくなる。世での生活時は世の法則によって生き、教団に来たときはそこでの法則で判断する―こういう二極分裂的生き方はいけない。一種の二重人格である。日本人は特にそうなり易い。教団では知的理解たる教義に生き、実生活では伝統的価値判断、従来のものの考え方で生きる。二者統一は容易でない。二重人格的と感じぬことが問題である。キリスト教国では基本的にはこういう二重構造はあるまい。日本には東洋的、仏教的思想があり、信仰はその上にいわば接木されるから根の方の木から養分が上がってくる。その限り上の方の木にもそれは入る。かくて不可避的に双方が入る。これの打破には接木ではなく神が蒔く種から実生で育てなくてはならない。ここで初めて自前の信仰となる。二重構造も解消される。これがあると現実には根に近い方が優勢となる。上に属す方はそれ固有の力も働きもなしえない。土着化しない。かつての経済の二重構造とも並行する。経済でも文化でもそうである。これでは信仰としての働きも活力を欠く。真の実存的把握でないから上滑りである。宗教での社会的二重構造は頭の中のそれと呼応する。だが後者は二重というより一・五重構造ともいうべき状況である。実際には根に近い方の考えが支配的だから。上の方の考え、キリスト信仰は精々零・五ぐらいの力しか発揮しない。一般に一神教は不明瞭な受容では留まれぬ性格であり基本的にあれかこれかである。双方ともとはいかない。根の方にあるのが多神教的なので信仰もその内の一つとして受容されよう。その点ヨーロッパへキリスト教が入ったときは状況が異なる。元来一神教なので神を別の神に入れ替える。日本での接木という現象は生じない。以前のものは消える。神が代わって人も変わる。禅とは異なる意味だが、まったく同じだがまったく変わる。

教団の本来の位置からの転落は旧約の歴史でもすぐ分かる。その分世に近づく。だがまったくの世に戻りはしない。どんなに堕ちてもそこでは福音が語られるから。かくて教団か世かはそれで判定される。民自体のあり様でではない。語られてさえいれば民は神へ立ち帰るよう呼びかけられている。重要なのは神が存在感を維持しているかである。それは福音が語られるか否かで分かる。正しい語り方が重要である。歪められた語り方は由々しい問題である。正しく語られてこそそこが教団であるから。常にそうあるよう教団は自己点検を要す。間違って語れば誤った神の意思を伝えることで謝ってすむ問題ではない。内外の多くの人々へ虚偽を宣伝したのだから。彼らを堕落させたこととなろう。責任は計り知れない。ここが真の教団か否かの唯一のメルクマールである。聖書の啓示が各々の地所位でふさわしく翻訳され語られることが大切である。同価値的なことを語らねばならない。自己実存を通し理解したうえで語ることを要す。そうでない語り方は直ちに誤りではないが、余計に厄介である。大体本人がそう認識してはいまいから。そうでないからこそ福音からの乖離が生じる。自己実存的ならそうはなるまい。かくて乖離の原因は自己自身の側にある。それ自体が直ちに反福音ではないが非実存的とはそこへ通じる可能性を孕む。そこでは福音が実存の中へ真には織り込まれていない。両者は分離を起こし易い。結合必然性を欠くから。何らかの偶然による結合、または結合の幻想が生じるに過ぎない。人格対人格の対応でない。福音の核心へは関わりえない。周辺的要因へに過ぎない。にもかかわらず真の信仰かのように思いなす点が問題である。絶対的なものに相対的に関わり、相対的なものに絶対的に関わる本末転倒である。目覚めには外からの刺激を要す。とりあえず安定状況にあれば自己内発の変革は生じまい。生じるには不安定な状況を要す。明確な堕落とは別の隠れたそれに気付くと、こちらの方が厄介である。魂は安定へと動かざるをえぬから。曲がりなりにも安定があれば人の心は他所、世のことなどへ向かう。教団の内へ世が入る。真の福音を問いつつ求めつつでなくなる。忍耐強い姿勢が消える。これの維持は容易でない。人は世事で煩わされて生きているから。だからこそ真の福音を問う態度を維持せねばならない。一時忘れても教団内にあれば互いに刺激し合い助け合いそうあるよう促されよう。さもないと世を生き

るに際しての救いの港の働きを教団は失う。教団がいかに堕ちても世と同化はしない。福音宣伝を止めぬから。堕ちるほど逆に福音が強力に語られよう。そうでなくてはならない。世とは根本的に異なる。教団は自己を世から分かつ現実を有す。その点福音が語られ、届いている範囲が教団である。教会の建物があり人々の集合の場合のみではない。無教会主義も理解しうる。イエスを救い主と説かぬのは明確な誤りだが、他をそうだと説くとは考えられない。かくて誤りとはイエスを救い主と説きつつも説き方に問題ありの場合である。例えば行い重視の場合である。新、旧約でもそうだが、本来の意図を人の恣意で歪める。これも結局自己実存的に問い求めぬ結果である。もっともそうあっても常に正しい理解へ至りはせぬが、それが最低限の条件であろう。歪める場合、図らずの場合と意図的の場合とがあろう。前者は自己に誠実でいつかは正しい理解へ導かれようが、後者はサタン的であろう。ユダがイエスを裏切ったときでも福音自体ゆえではなかろう。自分が仲間外れである、グループ内で望む地位におれないなど福音自体と無関係なことゆえであろう。他の事柄ゆえ一般の集団内で生じるのと同じ構造であろう。自己実存的に問い求めながらも福音自体へ至っていないことが根本にあろう。それゆえグループ内での自己の地位など付随的なことで動かされる。真の意味で教団内に入れていない。本性は世にあるままである。真に福音へ目が届いていれば自己より神中心となろう。こういう仕方で裏切りは生じまい。ペテロの裏切りは自己捕縛の心配からであった。ユダとは異なる。神優先だが神以外の自己に関わる何かへの恐れからである。同じ要素はあるがまったく同じではない。神優先の心構えはあるままだから。一方はそれ自体を失っている。前者ではそうではなく一時的に意識下に埋もれる。これは後の悔いで分かる。ユダに悔いはない。悔いは魂が神の許にあることを示す。神の懐に抱かれている。そこから自己の姿への悔いが生じる。自己分裂はない。前者が優位である。統一がある。内に分裂を含みうる。反対、異質のものを内に包みえてこそ真の統一ができる。悔いとは誤った過去の否定を含む。同時に正しい方向への向き直り、新しい出発を意味する。以上は個人。

## 第五節　教団内の実態

（一）

　次に、教団内の集団。これが背く場合も個人の場合同様であろう。福音自体より集団たる自己優先である。教団内で自分らの立場がなくなると教団から出て別教団形成ともなる。互いに原点に帰る勇気があればそうはなるまい。理解内容の相違ゆえこうなり易い。互いに自己が正しいと考えるから。結局、相対的なものへ絶対的に関わる。しかも前者の中身が異なる。これが同じなら争いはない。異なるのは人側での相違ゆえであろう。そういう要因が福音による統一を乱す。福音はすべてを統一する性格を持つ。一で全なる神に由来するから。教団内の人々が「神のことを思わず、人間のことを思っている。」（マタイ16,23）のでそうなる。神ゆえに神を思うことの難しさである。神の前では男も女もない（ガラテア3,28）となり難い。相対的次元のことが同じ人々が集まり易いのが人間社会の実態であろうから。「信仰と、希望と、愛、・・・その中で最も大いなるものは、愛である。」（1コリント13,13）ことが現実であればそういう分派も生じまい。現実は残念ながらそうでない。分派は福音理解が同じでも生じよう。だがこれは福音自体の理解の相違からの分派に比し低次元のことであろう。端から世的次元からのそれだから。分派に二種ありうる。重なったのもあろう。神に関わることでの相違と個人、グループたる人間に関わることでの相違、各々からの分派である。前者は本来の福音に関わるが、本質的に自己への固執あることは共通である。根本的に差はない。福音の原点に達していない。神に関わっての分派は悪い面だけではない。福音理解を正面から取り上げるから。これなしでは改革的前進はない。相互批判が真の福音へ導くこともある。一方、人間的次元での分派は相互批判で向上でなく悪い面のさらけ出しとなる。これも教団内での展開ならいずれ収束しよう。際限ない進行には福音自体が制約となるから。前者での分派でも統一不能は相対的なものに絶対的に関わるからである。聖書自体に立ち返り、そこにないものはないとせねばならない。教団が福音自体より自己を上に置いてはならない。下なのだから。教団についても「その家に集まる教会の人々」（1コリント16,19）とい

う。コロサイ 4,15、フィレモン 2 節なども。全体としてはキリストのからだ
であるが、比ゆ的である。実体的ではない。洗礼でもあまり細かい教義はない
のがよい。余りに細かく作るとそれらが包んで元の福音が見えなくなる。原点
回帰はそれらの篩い落としを要す。絶対的なものに相対的にとは結局人が神で
なく人たる自己に固執するのが原因である。相対への固執と自己固執は一であ
る。これはまさに罪そのものである。見えないものより見えるものの優先であ
る。これは本来は教団でなく世での事態である。それだけ教団が堕している。
種々の派生的問題も生じる。人間生活の最上位にある宗教での不統一は以下の
全生活面に現れる。政治、経済にも。政治体制、経済システムの構築、維持で
の意思統一もできまい。ここでの不協和音の発生源ともなる。政治的には民主
主義とは反対のシステムに賛同の人も現れよう。政治、経済ともに効率的運用
が阻害されよう。かえって戦後の日本のように宗教的次元欠如の社会の方がよ
いかもしれない。多次元的見方排除の考えによる世的なこと自体を目的とした
統一も可能性があるから。有限世界をそれとして見る事での一致もあろう。教
団堕落とはいえあくまで何割かの人であろう。そこでまずは両グループ間で軋
轢があろう。信仰から堕ちた側では相手の殺害狙いの事態さえ起きよう。これ
は神への反抗である。赦されない。人への攻撃は直ちに神へのそれである。信
じるグループは神以外の何をも恐れてはならない。信仰固着である。そうして
初めて世の光たりうる。攻撃されるほど霊の火を燃やし輝く。このグループは
平穏時には愛の実践でそうあろうとする。攻撃されれば何を捨てても信仰固着
の練達でそうありえよう。二種の意味で教団全体が本来の道へ立ち帰るよう促
そう。世の光たる先の二つの道は別ではない。その集団の同一性を顕す。違う
のは周囲の状況である。その変化で違う対応が生じる。本質は同じである。同
一物の表裏両面である。どちらをも自由に駆使しうる点が独特である。双方と
も心の律法を持つ人々を引き付けよう。愛実践、迫害忍耐いずれでも各実行者
はレベルの高低差を有する。低レベルの人々は高レベルの人々の有様を見て自
分もそうあるよう希望を持ったり、強められるよう先達に従う勇気を与えられ
よう。のろし火のようにもなろう。こういう点は愛実践より迫害忍耐でより強
力であろう。ローマ帝国時代の迫害が示す。迫害にもかかわらず信者層は拡大

した。迫害忍耐は命を捨てても信仰は捨てないことを示す。これほどの信仰はない。愛実践は自己の持つものの何パーセントかは捧げるが、それは一つしかないものではない。そこでアッピール度は低い。命代償ほど強いそれは他にない。これは犯罪を疑われた人が死で無実を訴える場合にも現される。信者としては常時そういう覚悟を要す。それにより常時世を出て自己を出る。脱自である。迫害の場合、前以てそう予想し心構えありでなく、そのとき初めての覚悟の芽生えの場合もあろう。例えば衆人環視の中で信仰告白の者は銃殺と宣言されたのち、誰一人告白しないとしよう。その場合誰かが名乗らないと信仰の火は消えよう。そこで一人が名乗り出て告白後銃殺され死ぬ。この場合前以て心の用意をしていない。その場で天啓として与えられる。心の律法自体は前以てあるが、そういう宣言がそれを銃殺刑をあえて受けるまでに浮上させる。刑の一瞬は世から永遠へのタイムスリップの一瞬である。生が死へ、死が生へと逆転する。この覚悟により当人は今直ちに天に生まれる。この一瞬は天に属すすべてを自己化する。否、天に属すものが自己を天化する一瞬である。神、天が先行する。さもないと人は命を捨てて信仰告白しえまい。これはローマ帝国時代でも同様であったであろう。人はそこでは無化される。反対に神は全化され、一化される。全は一、一は全である。この一瞬は全宇宙と自己とが一になる時である。一という語もここではもはや不要である。一切の語を超えた一である。神秘的とか神秘主義的とかの一ではない。そこでは一切の有的語で表されるすべてが消える。何もなしもまたない。何かがあることもない。何かが充満しており、人の魂がそこへ引き込まれるような感慨を覚えよう。

　神が全体たる教団を見れば意向に沿うとき、また外れたときがあろう。沿えば神との関係は良好であり、地で神代行の存在たりうる。沿うとは神の意思へ従い具体的指示の律法を守ること。人の勝手な思惑なしの実行である。異民族との戦争では危急存亡が懸かりそういうときこそ思惑なしで指示へ従う。沿うとはかくて自己存在の神への委ねである。これが世での神とともにあることを顕す。自己存在を神から受領することである。危急存亡ではその都度新たに神により創造される。年毎、月毎、日毎そういう出来事に出会うたび新存在を

授与される。一度受けたら以後一貫して所有なのではない。部分的に失うこともある。民の一部の滅亡で分かる。沿った場合一瞬一瞬が神の授与である。これは民が何かを自己のものとして持続的に所有せぬことと呼応する。一瞬一瞬与えられつつ奪われつつ生きる。授与とは次の一瞬との関係では奪われることでもある。かくて神は与えつつ奪いつつ、民から見れば与えられつつ奪われつつが実態である。民は無の上に差しかけられた存在である。神によってのみ支えらたとは無の上に漂う存在である。地の上、世に固定的地盤はない。そこには何をも所有しない。所有していても所有しない。そうして初めて神の意思に沿える。そういう地盤があるほど民は反対に神から離れる。天に属すと地に属すとは一でない。背馳する。天地は互いにそうだから。天に属す状況にあれば神は民を恵む。恵みとは地にあっての栄えだがこれは単に地の享楽のためではない。誤解してはならない。栄えとはそういう誤解が生じ易い。指示に沿った結果を自力で得たかのよう思いなす。自己理解を誤る。これは神誤解を含む。神の無償の授与を自己の行いに応じた授与と誤解する。これは功徳という考えに連なる。恵みより行い先行である。一切は神からの授与だから、どれほど多くを持っていても実は持っていない。感謝しての受領では自分が持つとの意識はない。受けたものは元来神に属し自己のものと考える意識は生じない。そういう考えは対象物の自己所有化を意味する。だが受ける場合神からであり自己でなく他己のものとして受ける。民の中のグループや個人に属す専有化は神から受ける正しいやり方ではない。あくまで民全体へ神は与える。ここから古い時代には持ち物の共有という発想もありえた。もっともこれには生産力が低く集団生活が必要との事情もあったであろう。かくて民は地にあって地にない。地にあって天にある。天にあって地にある。さらに天にあって地にはない。あるいは天地同時にあって、またない。ただひたすら神の許にのみある。そうでなくてはならない。見えざる神の許にあり、見える地にはない。

　心のための港が神以外にあるとそこへ心は係留され神へは届かない。意に沿わぬと神は自己以外の係留地を破壊し神は民を自己へと導く。それに対し世での係留地を失い民は嘆いたり、悲しんだりする。天にある真の港へ目と心が届かぬから。民の中で争いも生じよう。世のものを失いたくない人々と真のも

のへ向かおうとする人々との間に。だがそれは民として幸せではない。神の民の中へ地の神の侵入があるから。民全体が神に背きはすまい。民の心の核心は神信仰にあるから。万が一これが消えたら神の民とはいえない。この核心から民は堕落状態から立ち直る。無に差しかけられた存在から堕落し地に固着するほど神から離反する。結果、民の心も神から地へ堕ちる。これがきっかけで種々の問題が民自体の中にも他の民との関係でも生じる。さもないと民としての存在自体が根本的に危うくなる。地からの民の消滅は神代表の地からの消滅である。これは地から神が消えることである。それは神自身が望まない。アダムは楽園追放だったが滅ぼされなかった。滅ぼし尽くさぬことは神、民両者のためである。神の"ため"とは正しくない。神は他の何をも要さぬから。神の意思のためではある。地で伝えるにはそのための民を要すから。天地創造は誰のためだったかもここへ帰着する。人でさえ何かするときは目的がある。しかるに神の創造時に無目的とは考え難い。もっとも人には明確でないので推測しかできぬが。創世記でも目的は述べていない。そもそも目的を論じること自体実存的でない。哲学的、論理的である。神の行為の目的を人の有限な知で解明との思い自体が聖書に即さぬ不適切な知的活動である。そこで目的については黙す。沈黙から積極的意味を感じうる。人は人自身に属す領域で生きるべきである。そこを超えて生きようとしてはならない。則を超えてはならない。これを超えるとき神の領域へ侵入する。地での民の存在が確かなほど民は則を超え知的次元に関心を持つ。だが神はそれを望まない。民が自己の意思でそうであるに過ぎない。本来そういう次元でなく実存的次元で生きるべきである。生きるのはどこまでも地にあってのこと。そこで地にあって神の許に心を置きつつ地に密着せぬ生き方が要請される。これには地に宝を持たぬことが不可欠である。心を置くとは命を置くこと。教団内の核心部と周辺部とでは神への思いのあり方が異なる。前者では正しい信仰が維持され、後者では歪められる。周辺へ行くほどそうである。一定限度までなら元の位置へ帰る可能性がある。だがそこを超えると戻りがきかない。各種の偶像崇拝へ堕ちる。神以外を拝する。神は怒る。ある場合は滅ぼす。神の怒りは恣意的ではない。義を貫くためである。義に裏打ちされた怒りである。ここが人と異なる。人は自己の思いと異なると怒る。

しかもそれは義の貫徹を欠く。かくて神の怒りは本来ならそう呼ぶべきではない。人のように感情的ではないから。義の発動である。神は義であり自ずから発せられる。しかも愛も神の本性だから愛で裏打ちされ愛による怒りである。人の世界では愛は生存を助けるのが通例である。だが神ではそうではない。地での生の滅ぼしがかえって永遠の相の下での生を確実にする場合もあるから。要は神の本性の発動である。かくて怒りのみの特別扱いは不要である。怒りも神の行いの一つで本性発動の一部だから。人からは滅ぼしは怒り、反対は愛、恵みという区別が生じる。すべて人の自己都合から神の対応を見ての区別である。神自身にそういうものはない。これは人が神の対応をも自己都合優先で見ることを顕す。どこまでも人は自己都合を忘れえない。自己から心が離れえない。脱落心身とはこういう心の脱落である。神自身の立場では天地創造も人の一部の滅びも何ら差異はない。自身の本性の発動でしかない。神の行為すべてが基本的にそういう性格である。この点人の言動と異なる。人はその時々で種々のモードでそうするから。ここにも一と多の違いが出る。神は一である。一方、人は種々の意味で多である。種々の点で分裂、統一を欠く。これは罪より由来する。統一的たるには真の主たる神への帰一しかない。さほど簡単ではない。人を超えた存在を信じて初めて人の集団全体がそちらへ収斂され、統一が実現する。それを欠くと人の集団の中の分裂的状況は統一の方向を見出しえない。人を超えたその存在が神のように人格的なら人格同士の呼応で人は統一へ進みうる。一方、非人格的では人格的な人を超ええぬから真に人を超えた存在とはなりえまい。

　神からの裁きとて神から直接ではない。種々の世のものを通してである。民はそう認識せねばならない。それには少なくとも神への信仰を要す。これさえあれば神からの罰を契機に堕落状態から正しい方向へ転向しうる。ここではむしろ転向の事実から反省して神信仰の依然たる残存が判明する。裁きは世にあって民が不都合に出会って分かる。これは民を正しい道へ戻すためである。あくまで便宜的である。本来的にはそうではない。もし本来的なら逆に信仰は世での便宜的なものの受領へ繋がるという邪な考えを生みかねない。こういう考えをこそ裁かねばならない。神の本性の誤解だから。神が義、愛とは神の

人への態度からの二次的考えではない。それ自体としてである。教団内で信者は互いに他を刺激し合い高まる。人間集団は互いに高め合うか低め合うかである。どちらでも他が自己安心のための方便となる。前者では他を見て自己の正しさを知り自己を高めようとする。後者では他を見て安心しさらに自己を低める契機をそこに見出す。そういう仕方で他を自己のため利用する。両者で他の見方は同じではない。前者では他は自己にとり負担を意味しできるだけ避けたい。後者では好んで見ようとする。自己の情けない状態を承認しうるから。自ずからそこには平均的水準があろうが、教団内の人でも上より下を見る傾向が強くはないか。反対にはなり難くはないか。ただ代表者が神の前で悔いれば神は民を赦す。彼はそういう力を持つ。力は彼自身の具有ではない。神の付与である。だからこそ神は赦す。これはイエス信仰が赦すのと同じである。神の定めのように行えば神は赦す。神の決定が先行する。神の定めと違えば人が何をしても罪は赦されない。人はその行いで傲慢の罪に陥るから。裁きでは事前に警告のあるのが通例である。それで悔い改めの機会を与える。警告、予告なしで裁きはしない。そういう機会が人に自立の機会を与える。悔い改めは自立を要す。自己内からの湧き上りが不可欠だ。悔い改めは自己内の二つの傾向を顕にする。自己反省、悔い改めへ通じる自己は警告までは古い自己内に、陰に隠れ埋もれていた。警告で意識上へ浮上した。警告は人を人たらしめる。それまでは人の本分を忘れていた。禍の予告は、信仰からまったく堕ちてない限り人に今現在の惨状へ気付くよう注意を喚起する。惨状へ気付く。一歩、一歩とねじを巻く。緩んだねじを巻き戻す。信仰が残っていれば人は自らの惨状に気づく。心の中に良心的反省を生む。これと警告とが心で出会う。ここから自己改革が始まる。心での要因なしでは警告はそれ相応の意義を持ちえない。警告は民の代表者を通じて届く。当人は特別の個とはいえ他の点では普通の人である。そこで多くの人々は自己同等の人間の大言壮語だとの印象を持つ。かくて警告が民の心に届くにはそういう人間的次元の障害の通過を要す。これが簡単ではない。ここに人の罪が結集して現れる。自己と他己とを比較し自己を上に見たいとの欲求が渦巻く。そういう気持ちがあると代表者の警告も素直には受け入れられない。自ら受容を難くする。警告はかくて二重の困難に直面する。内容

しかもそれは義の貫徹を欠く。かくて神の怒りは本来ならそう呼ぶべきではない。人のように感情的ではないから。義の発動である。神は義であり自ずから発せられる。しかも愛も神の本性だから愛で裏打ちされ愛による怒りである。人の世界では愛は生存を助けるのが通例。だが神ではそうではない。地での生の滅ぼしがかえって永遠の相の下での生を確実にする場合もあるから。要は神の本性の発動である。かくて怒りのみの特別扱いは不要である。怒りも神の行いの一つで本性発動の一部だから。人からは滅ぼしは怒り、反対は愛、恵みという区別が生じる。すべて人の自己都合から神の対応を見ての区別である。神自身にそういうものはない。これは人が神の対応をも自己都合優先で見ることを顕す。どこまでも人は自己都合を忘れえない。自己から心が離れえない。脱落心身とはこういう心の脱落である。神自身の立場では天地創造も人の一部の滅びも何ら差異はない。自身の本性の発動でしかない。神の行為すべてが基本的にそういう性格である。この点人の言動と異なる。人はその時々で種々のモードでそうするから。ここにも一と多の違いが出る。神は一である。一方、人は種々の意味で多である。種々の点で分裂、統一を欠く。これは罪より由来する。統一的たるには真の主たる神への帰一しかない。さほど簡単ではない。人を超えた存在を信じて初めて人の集団全体がそちらへ収斂され、統一が実現する。それを欠くと人の集団の中の分裂的状況は統一の方向を見出しえない。人を超えたその存在が神のように人格的なら人格同士の呼応で人は統一へ進みうる。一方、非人格的では人格的な人を超ええぬから真に人を超えた存在とはなりえまい。

　神からの裁きとて神から直接ではない。種々の世のものを通してである。民はそう認識せねばならない。それには少なくとも神への信仰を要す。これさえあれば神からの罰を契機に堕落状態から正しい方向へ転向しうる。ここではむしろ転向の事実から反省して神信仰の依然たる残存が判明する。裁きは世にあって民が不都合に出会って分かる。これは民を正しい道へ戻すためである。あくまで便宜的である。本来的にはそうではない。もし本来的なら逆に信仰は世での便宜的なものの受領へ繋がるという邪な考えを生みかねない。こういう考えをこそ裁かねばならない。神の本性の誤解だから。神が義、愛とは神の

人への態度からの二次的考えではない。それ自体としてである。教団内で信者は互いに他を刺激し合い高まる。人間集団は互いに高め合うか低め合うかである。どちらでも他が自己安心のための方便となる。前者では他を見て自己の正しさを知り自己を高めようとする。後者では他を見て安心しさらに自己を低める契機をそこに見出す。そういう仕方で他を自己のため利用する。両者で他の見方は同じではない。前者では他は自己にとり負担を意味しできるだけ避けたい。後者では好んで見ようとする。自己の情けない状態を承認しうるから。自ずからそこには平均的水準があろうが、教団内の人でも上より下を見る傾向が強くはないか。反対にはなり難くはないか。ただ代表者が神の前で悔いれば神は民を赦す。彼はそういう力を持つ。力は彼自身の具有ではない。神の付与である。だからこそ神は赦す。これはイエス信仰が赦すのと同じである。神の定めのように行えば神は赦す。神の決定が先行する。神の定めと違えば人が何をしても罪は赦されない。人はその行いで傲慢の罪に陥るから。裁きでは事前に警告のあるのが通例である。それで悔い改めの機会を与える。警告、予告なしで裁きはしない。そういう機会が人に自立の機会を与える。悔い改めは自立を要す。自己内からの湧き上りが不可欠だ。悔い改めは自己内の二つの傾向を顕にする。自己反省、悔い改めへ通じる自己は警告までは古い自己内に、陰に隠れ埋もれていた。警告で意識上へ浮上した。警告は人を人たらしめる。それまでは人の本分を忘れていた。禍の予告は、信仰からまったく堕ちてない限り人に今現在の惨状へ気付くよう注意を喚起する。惨状へ気付く。一歩、一歩とねじを巻く。緩んだねじを巻き戻す。信仰が残っていれば人は自らの惨状に気づく。心の中に良心的反省を生む。これと警告とが心で出会う。ここから自己改革が始まる。心での要因なしでは警告はそれ相応の意義を持ちえない。警告は民の代表者を通じて届く。当人は特別の個とはいえ他の点では普通の人である。そこで多くの人々は自己同等の人間の大言壮語だとの印象を持つ。かくて警告が民の心に届くにはそういう人間的次元の障害の通過を要す。これが簡単ではない。ここに人の罪が結集して現れる。自己と他己とを比較し自己を上に見たいとの欲求が渦巻く。そういう気持ちがあると代表者の警告も素直には受け入れられない。自ら受容を難くする。警告はかくて二重の困難に直面する。内容

自体が民へ自己変革を求める。また代表者も人たる以上先のような事情がある。代表者を通じての警告も、人が人のことを民の中で思いやる事実を知り、互いへの連帯感を醸成する契機となろう。かくて人を通してやらねばいつまでも民の中の分裂的状況は変わるまい。神が民を全体的一と見て対応せねば民の中のグループ同士の対立、個人間でのそれという状況は変わり難かろう。堕罪しても人類は一として神の前にある。神の目には人類はあくまで一人の人でしかない。人が多様性を持つとは人の人自身に由来の発想でしかない。神は全でかつ一なる存在なので何を見ても自己である一をしか見ない。自己の心に照らして他を見る。そこで同一のものを見ても神と人とでは見方が大いに異なる。人類が一人として見られることはアダムが一人と同時に人類全体と受け取られることと並行する。民堕落で神は心を病む。民が自ら苦しみ病む以上であろう。民は自己の状況を完全把握できないが、神は民の状況を把握しているから。病まざるをえない。滅ぼせば病みもしない。そうはせず病む道を選ぶ。だからこそ我々もそれに応え適切に行動せねばならない。自己を苦しめる道を選ばれたのだから。義より愛優先である。そういう大原則の上で愛とは罪へ寛容でないことである。愛では義が貫徹される。そういう義ゆえ義では愛優先である。かくて「信仰と、希望と、愛、・・・その中で最も大いなるものは、愛である。」（1コリント 13,13）となる。

霊的活動で一体性が強まるほどキリストがかしらである一つのからだという性格を強くする。一つの人格となる。手が病むと足も病む。それだけ結びつきも強い。霊が支配するほど教団の一体性も強まる。内にいれば各個人はたとえ信仰が弱くても霊の支配圏内にいるのでその分清められる。信仰の弱さはその分問題外となる。教団の信仰が個人のそれを補う。霊の働きが弱いほど教団は内部分裂の危険にある。現世的次元のことで教団内グループができ一体性が弱まるから。かくて霊の働きの強弱で教団の霊的性格も揺れ動く。働きが強いとそのような人々以外の人々もその内にいれば心が浄化される。弱い人も強い人の信仰で触発され強い信仰へ促される。愛の実践である。霊が信仰を通して愛として働く。信仰、希望、愛のうち愛が最も外的で、世で働く性格だから。世は神によって働く愛の対象となる。神から最も遠い世で働く愛こそそういう

世を照らす最大のものだ。霊、愛が働くほど教団の交わりからの脱落者は減ろう。教団が一つのからだとのたとえは現実的なことである。霊の人として働く人の多いほど教団は多元的である。霊的多元である。それだけ活性化されている。霊の働く度合いの低いほど教団は世俗の団体という性格が強い。教団、自己両者のために霊の人としての人の活動が大切である。

　宗教は個人のものか集団のものかと分けて考える発想自体がここにはない。一旦分けて考え、次に統一しようとしてもうまくいかない。本来と反対に考え、次に再び元に戻すのは正しくない。罪により初めて先のどちらかという視点が生じた。最初のアダム、エバとしての人の創造は集団としての創造を示す。「産めよ、増えよ」（創世記1,28）はこれを再度表明する。旧約時代は生産力が低く個人が民族から離れて生きえなかった。こういう事情も個人イコール民族という考えの生成に貢献したであろう。新約時代に事情は変わった。キリスト信仰はすべての人に開かれているから。ただパウロはユダヤ人で信じ方もそれにならい自我克服の信じ方をする。キリストが霊として人の心に入り、その霊に個人イコール民族（今度は全人類）という信仰の要因の根拠を見出しうる。一方、自我確立の信じ方（西洋）ではまず個人が優先する。個たる自我とキリストの霊との共同作用として信仰が成立する。個人イコール人類という要因の根拠を不可能ではないにしろ見出し難い。信じる個としてばらつき易い。しかもそのばらつき自体も信仰の一部を形成することが不可避だから、そのばらつきで信仰上の争いが生じる。この争いは信仰自体に直結なので相対的なこととはいくまい。それ自体が絶対的次元の一部を形成するから。だがキリストの霊が個人の心に入ることが教団と個人との関係の問題解決の糸口を与える。信仰とは個人のことと同時に団体のことでもある。修道院のような特別施設形成は不必要である。端からそういう集まりが形成されようから。キリスト信仰は不可避的に個人的、かつ集団的であるほかない。どちらかだけはない。個人先で、後で教団でもなく、その逆でもない。人はそもそも一人で生存していない。そこで信仰も端から集団的であるほかない。個人が集団形成し、逆に集団内で初めて個人は生存する。これはキリスト信仰の有無に無関係だし、また信仰があってもいえる。修道院のようなものの特別形成はこういう考えが基礎になく個人先

で次に集団である。ただこれはアダムの罪伝播からは読みとりうる。信仰と自我の確立とが一という場合回心はどこまでも個人に属す。こういう発想では個人が同時に民族という考えは生じまい。パウロ的信仰では個人は民族、民族は個人たりうる。二者択一ではない。今でもユダヤ教は民族的宗教である。これは悪い意味だけではなく上記の意味でもそうである。個人と民族とは信仰では不可分たる事態を反映する。個人たるとともに集団なので個人としての責任も考えうる。個人が集団内になく個人先行ならそういう集団は個人に対して何らかの責任も追及しえない。もっとも集団の会員限りでの責任追及はできよう。だが当人が心底からそういう追及へアーメンといえるかは疑問である。形の上でしか集団へ属すに過ぎぬから。心底からのアーメンには当人の存在の根底での共通的要因の存在が不可欠だから。ヨーロッパでのように個人加入で集団ができても、旧約でのように元来個人と集団とが二即一で成立の場合とは個人の意識が異なろう。集団からの個人の独立意識が強いほど個人は集団に対し自由であるとともに非責任的となろう。だが他のため行動して初めて自己の無化という自覚も生まれる。自己自身に留まればそういうあり方が深化し無化との自覚にも至りえまい。ただの孤立では自と他との関係を欠く。自己が他のため役立つとの契機も生まれまい。逆に他が自己のためとの契機も欠く。その分だけ真剣さが減少しよう。だが他と面と向かい合ってこそ人格関係が生まれる。

（二）

　個は単なる個ではない。堕罪前のアダムにも匹敵する。これによりすべてが始まる個である。神具現の個である。神は不可視だがこの個は見える。ただ見えるところのみ見ていては当人の不可視の本質、神の具現的存在という性格は見えまい。自分たち同様に見てしまう。見誤る。本質を見極めうる心を持つ人のみその本質を見定めえよう。
　こういう個はどのようにして生まれるのか。人が神として何かを信じるには、その内にその点を示唆する何かを感じる存在を要す。個は心の中で義を絶対的なことと感じても、人は完全に義たりえぬが、神をそうだと信じうる。人側でのこの飛躍へ神の啓示が呼応する。ただ後者なしでは人の働きも途中で止

まる。啓示で心の清さが神のそれへ目を向けさす。この事態成立には人側での種々の倫理的問題が力を発揮する。例えば社会的に安定していれば人の心の清さが啓示で神のそれへ目を開かれもすまい。個の心の中でそういうことを行わせる要因がその分見出し難いから。個人、社会両次元において種々の乱れがある方が人の心は神の清さへ向く。ただこの際、人は心の中の要因、例えば清さをそのまま絶対化していないかとの疑問が湧く。これではしかし人の性質の絶対化、人の自己絶対化である。だが清さは義、愛に通じ人の心にあるとはいえ神のそれらのいわば影である。つまりそれ自体で力発揮はできない。太陽に対し月のようでもある。自身で光を発しない。あくまで太陽、神の光に照らされて反射するに過ぎない。アダムの堕罪なくば人の内の清さはそれ自体の光を発する。それは堕罪とともに罪に染まった。罪の中に沈んだ。罪で自己の力で輝く力を失った。清さ自体は残ったがそれを発動さす力を欠く。人に比し神の最大の相違は力である。宇宙を言葉で創造する。罪なき存在の言葉にはそれほどの力がある。神、人間の相違は清さのような人格的内容自体よりそれを発揮する力にある。罪があると力が伴わない。

　神にあっては清さと力とは別ではない。清さあってこその力である。また力あってこその清さである。一方のみでは無意味である。その点人の清さはそうはいえない。清さへの予備的なものである。それ自体ではない。人の清さを清さと思う点に罪が現れる。清さに伴う力を人が持てればもっと自由に生きられよう。清さ、力のどちらが神本来のものか。やはり力であろう。清さならその影は人にもある。力は人にはない。心で考えることを現実に生み出す力である。これこそ神の本質である。力を欠くと何もできない。それでは死んだ存在に過ぎない。黄泉の世界へ行っているようでもある。力あってこそ強い意志もありうる。力なしでは何を意思しても実行できない。そこで強い意思をも欠く。だが人の強い意志の場合事情が異なる。元来実行する力を欠くのが人の特性だからこそ人は忍耐を要す。神にはこれは不要である。力は常に自己のものだから。むしろ神は力発動を控える点で忍耐を要しよう。もしそういうことが必要ならだが。元来力が属すか否かで忍耐の局面が逆となる。人は意思どおり実行する力がないのでできる状況まで待つ忍耐を要す。それなしでは実行自体が不

可能となる。かくて神には力、人には忍耐である。特性は力対忍耐である。かくて忍耐力という言葉通り忍耐が力である。力不足を忍耐で補う。神は反対に力を忍耐で制約する。人より神の方がより大きく忍耐する。力あるのに発動を制約する方より、力不足での仕方なしでの忍耐が忍耐としてはし易いから。あえての努力は不要だから。自ずからそうなるほかない。それ以外なりようがない。もっとも忍耐できず崩れる場合もあろう。意思から崩れる。意思の弱さが原因だ。力欠如なので意思は強くなくてはならない。意志も力もでは総崩れである。神の忍耐は罪ゆえ人を滅ぼす必要に迫られ示される。それがどれほどかで人の存在、滅亡が決まる。だが忍耐とは何かを控えることでネガティブな性格である。神にはそれはふさわしくない。積極的表現で表される事柄こそふさわしい。"ネガティブ"は神が創造者たることと矛盾しよう。マイナス的次元のことを指示するから。そこで人の行為なら忍耐という語で表すことを神が行っても神には忍耐でも何でもない。さもないと神と人について同じ尺度適用となるから。それは誤りである。かくて神は忍耐なしに忍耐しうる。要は神の行為につき人に適用する語の使用自体が無理である。これは忍耐についてだけではない。あらゆる行為、思惟につきいえる。世界創造の愛について人の愛と神の愛とは本性が異なるという意味で愛なしに愛するといえる。少なくとも神の愛発動時自己がそういう存在だと自覚しつつではなかろう。神にそれは不要であろう。自己―自己関係は神のごとき全き存在には不要で、現実にそういうことはなかろう。こういう関係は人のごとく堕罪した存在にとってこそ生じ必要でもあろう。こういう関係は完全ではなく不完全の証である。そうなればこそこういう関係で自己反省し少しでもよい方へ向かわす必要がある。自己自体が全きものなら自ら対自的自己自体を消滅させる。自己が全き状態ならそういう自己は不要だから。あっても開店休業状態であろう。自然の存在にもいえるが不使用部分は退化する。深海のえびの目が退化したように。かくて神はアン・ジッヒ（即自）だけの存在である。人がもしそうなったら欠陥だらけとなろう。自己の不完全を反省も修正もできぬから。反対に神が人のような対自的反省をしたら、かえって自己を不完全へと貶めよう。人の自己―自己関係ではこういう関係が多種多様で前者の自己が後者の自己を多面的関係から多様に評価

する。ここで自己は不可避的に分裂しよう。ある観点からは自己を高く評価し、別の観点からは低く評価する。そこで自己は自己によって多重に見られる。神は自足的なのでこういうことを欠く。

　個が啓示に触れたら個はそれ自体啓示となる。世はもとより、教団さえもむしろそうであるからこそそういう啓示を受容し難いであろう。この点はイエスをさえ当時のユダヤ人は啓示と受領し難かったことで分かる。世の人（教団の場合も基本は同様）が受領し難いのは心に例えば清さの契機が宿っていないから。彼らは元来魂もからだも世に属すよう、定められ生まれ、滅びていく。例外的に福音に接し心の清さを自覚させられた人が救いの定めへ変わる。定めの転換である。教団と世との区別はここにある。生来心清き人は元来教団に属すよう、さらに特別の個になるべき定めにある。その契機なしだと滅びの定めにある。「外部の人々を裁くことは、わたしの務めでしょうか。」（1コリント5,12）である。自己内に福音へ向かって進む引っ掛かり、担保を欠くから。あれば当人の名は天の台帳にある。神が人の心に担保を与え、今度は逆に人がその名をそこに記す。名の記帳は当人の世、あるいは教団でのあり方を超えた定めである。人の恣意には依らない。神の意思の赤い一線が貫通する。大半の人々は心の清さなどの担保を欠く。彼らの多くがキリスト教国では教団へ組み込まれている。本質的には世に属しつつ形式上教団に属す。教団に属しつつ現実にはそこへ世的要素を持ち込む。その限り滅びを教団へ導き入れる導火線を演じる罪を犯す。旧約時代一部の民が滅ぼされるのは珍しくない。新約へ移った途端、一旦教団へ入ったら滅びとはまったく無縁となるのか。確かに両書で違いなしでは不都合もあろう。だが真実はその中間にある。イエス自身清算の話をする（ルカ19,11以下）。最悪では滅びの定めもあろう。Ex opera operantis[3]が問題になるように、ラザロの話（ヨハネ11章）もそのことを示唆する。こうして初めて教団内にも古代イスラエル同様緊張が走る。これなしでは教団は宗教改革直前のごとくそれ自体堕落する危険がある。世は一括して問題外。教団では滅びから救いまでに及ぶ。もとより滅びへ定められる人は例外的であろう。特別の個が教団内で例外者たるのとは反対の意味で。こういう個と教団内で滅びの定めにある人とは対決関係にある。そうあらざるをえまい。対決は不

可避であろう。教団内にある、あるべき緊張が先鋭化したケースでもある。対決は緊張を教団内に生み出す。これは文字通り霊肉対決である。同じ土俵上で同一ルールでなされる性格を持たない。霊と肉とでは命の在り処も何かをなす手法も異なるから。すれ違いが常態でもある。だがただそれで終わりではない。地に満ちる力を結集して肉は霊に戦いを挑む。だが肉が霊に勝利はしない。霊は霊であるまでに肉に属すすべてを原理的に脱落させる。肉の霊への攻撃拠点を一括して前以て神に返している。そこで肉が奪ってもすでに返しておりそうは感じまい。神から賜ったものなので神へ返したと思う。ここではもはや肉の出る幕はない。肉は神のいわば代理人の機能を果たす。そうでなくてはならない。そう感じえぬ程度に応じて霊側に肉的要素の残滓がある。これが減るほど霊はその純度を高める。高まるほど肉を単に肉とは見ない。自己内に肉的要素を抱えているほど自己外でも肉を肉と感じる。自己内を自己外へ写し取る。その点外は単に外ではない。内からの外、内の外化という性格がある。外からはこれは外からの内化、外の外という性格である。こういう両面からの方向が一つの現実として現成する。最終的には霊一元支配の世界が現成する。ここでは肉は克服される。だが一時的には教団内を肉が支配することもあろう。だから常に宗教改革を要す。そういう状況では外面的には霊支配の普及に見えても、内実はそうでなく霊肉関係の下克上である。本来とは逆である。この状態は持続せず破綻する。そこに神支配のある限り自ずから本来の秩序を回復しよう。イエスは百人隊長の話を聞いてこれほどの信仰を見たことがないという（ルカ7,9）。教団内にいなくては滅びの定めとは一概にいえまい。ただ加入すると神、イエス、福音などとの関わりが直接的になる。その分対応もそうなろう。関わりが深くなる。これは諸刃の剣でもある。外にあれば百人隊長のようにもなれる。だが内ではそれ以上の責任と実行を求められる。外では赦される程度のことでも内では駄目ともなる。内の人と外の人とでは適用基準が自ずから異なるから。異なったものへ異なった基準は評価では当然である。さもないと不当である。外の人への基準は甘い。内より外にいる方が有利なのかは神の決定事項であり、人の論ずることではない。神は朝からの者にも、昼からの者にも同じ賃金を払いたいのだ（マタイ20,8）。人の目には神の判断は合理的でない。神

には神的合理性がある。人のそれとは異なる。それは人の合理性を逆転させる。教団外の人がかえって一番に救われる可能性さえある。触らぬ神にたたりなし。ここでは単にそうではない。触らぬ限り確かにたたりはない。だが救いもない。ただ神が外の人を救うと決めれば救う。ここには神の意思が入る。これなしではたたりのありなしは決まらない。神がすべてである。たたりという考え方は損得からの判断である。信仰は基本的に損得ではない。善悪である。

　現代では個人がいかに努力しても社会的貧困問題を解決できない。国家の立場からの社会保障政策でないと状況転換効果は期待できない。だがたとえわずかでも個人が真に無となり行えばそれは人にある心の律法を通して人心を照らす作用を及ぼす。貧困がそれで解決はしないが、その状況にある人にとって励みになる効果はある。貧困と戦う人々の心を強める働きである。これが世の光である。光として世の人々の心を照らす。心の律法を伝染の媒体にして人から人へその心へ伝わる。こうして多くの人々の心を照らす。心の律法として「自分の命を救いたいと思う者は、それを失うが、わたしのために命を失う者は、それを救うのである。」（ルカ 9,24）、「心の清い人々は幸いである、その人たちは神を見る。」（マタイ 5,8）、その他の山上の垂訓などがあろう。これらで顕される真実は人の心の内に宿る真実を浮上させる。これは現実に無となって拖泥帯水的行いをする人に見られる愛を通して、人々の貧困との闘いの中にある人の心を強める。こういう強め効果は大変大きい。彼らがいると知れば人の心を信じるよう人々は知らされる。信じる人々に希望を与える。人の心を信じる人々の心を救う。救われた人々は心を強められ、希望を持って生き、貧困に立ち向かう勇気を他の人々へ与えよう。社会保障という政策による物質的援助も大切だが、精神的側面での支援も大切である。人々に自立していく勇気を与えるから。精神的支援は自分も努力せねばという気にさせる。これは自ずから人々の自立の気持ちを生み出す。自立は人の活動にとって最も大切である。物質的支援はそのときだけのこととなるから。その意味では精神的支援がより大切である。何といっても自分の生活を維持向上させようと心することが最重要である。それさえできればすべては可能的に解決している。それに基づいて現実的解決が徐々に推し進められよう。

心を強める効果からは宗教団体の行為より個人の行為の方がより効果的だ。前者では国の社会保障という事柄に近づくから。個人として行ってこそ心の律法を媒介として人の誠意が伝播するから。個人の行いでは当人の心がそのまま行為に現れるから。一方、宗教団体の行いではそれはあくまで団体としての行為である。メンバーの中にはそういう行為に反対の人もいたであろう。かくて大きい団体になるほど人の心がストレートに出た行為でなくなる。その分人の心を強める性格は弱い。世に、教団内にどれほど多く心が無の人がいるかが以心伝心で人の心を強め勇気を与える。心は心を打つ。物は心を打たない。物は精々からだを打つ。心打ちよりからだ打ちが先かである。確かに今にも死にそうな場合からだ打ちが先である。だがそれ以外では心打ちが先であろう。心が打たれれば後は人は自己の心で自己のからだを打てよう。もとより補助的にはからだを打つものを要す。もとより社会保障で経済的支援のみでなく精神的にも支えられる面もあろう。ただその場合後者より前者に重点がかかろう。

## 背景的状況　（a）教団と霊

　惨事があると神を疑う。当人の心での信仰の不十分が原因である。信仰的生き地獄が続くより、今すぐ信仰的に有意義な死を死ぬ方がよいと思うほどの信仰の地獄を未経験であるからという一面もある。経験あれば惨事が人を天に移すことも不当ではないとの心情も湧く。
　人としての救いと福音の正しい伝達とは別である。前者は必ずしも信仰へは通じぬから。信じずとも人としては救われるから。人の社会は相互対応的なので前者目的なら後者はある程度犠牲にせざるをえまい。禅でも法に属す人が増えるほど法は不純になろう。福音伝達が真の目的なら不純は切らねばなるまい。伝達に際しこちらの考えを正確に自己自身に即して分かる人がそれほど多いとは思われない。かくて福音は人集め、人伝えではかえって伝わらない。それには人集めより人の方から自ら集まるという仕方が適切である。その場合でも多くの人を切らねばなるまい。人集めで勢力ありと見えても本質的には正しく伝わらない。福音はかえって死ぬ。問題は二つある。一はいかに大衆化するか、

二は信仰とは本質的に何かである。気休めで信じるのなら信仰ではない。キリスト信仰の宗教化である。福音を真に信じるのは多くの人には元来不可能であろう。そこでまず宗教化されたキリスト信仰で教化され、その後真の信仰へ導かれる方式で教化は二段階となる。

　現代では世にある教団の意味も従来と変わる。世から選ばれても選民思想的意味ではない。教団は世が本来神へ和解させられた世界たることを示す媒介となる。神が選ばれぬ者を滅ぼすことに対応して選ばれた教団ではない。神の前に救われた集団というより、可能的には救われている全世界に対しそれを自覚させるための集団という性格が強い。自分たちとして救われた、自己のための集団というより他人の救いのための集団という性格が強い。その方がよりよく救いを他の人々へ自覚させられる。かくて教団は世から選ばれた、世へ遣わされたという意味を持つが、それより、神によって授与された世の種々の可能性を世に示すものという性格が強い。イエスが先導者たるよう我々は世の先導者である。世と我々は対決者というより同一運命者であろう。

　教団が固定した組織となったらその時点でその機能を失う。教団自体が世俗世界そのものだと認める以外に、自己の罪的性格を認める方法はない。福音を聞いたゆえ何らかの仕方で自己を他と区別するのはそういう自己認識不十分からである。その限り福音を聞いてはいない。信仰的世界ほどキリスト信仰を不要とする社会はない。人に罪あるゆえ教団という集団的あり方に留まる。罪が人相互間の接着剤の役を果たす。教団を閉鎖的に考えるのは分派的発想と無関係ではない。親鸞も弟子は一人も持たぬ（歎異抄6）という。このように師が考えれば閉鎖的集団はできまい。イエス、パウロも元来そうであろう。

　神の民としての選びは救いへの決定ではない。神の目の及ぶ場所へ置かれることで、畏るべきことだ。イスラエルの民で出エジプト途上で死んだ者は多い。救いと滅びの両可能性がある。そこで個人はたとえ神の手にかかり滅ぼされても悔いはない心境でないとその内には居れない。かくて個人としてはますます無碍を要す。さもないと出て行った方が気楽である。それだけの心の重荷、負担はあるはずのものだ。余りにも安易に救いへばかり考えてはならない。

　問うことへ理解なき既成の教団が世界のためとは不可解である。個人の救

いを問う立場からは既成の教団はよそよそしく思える。問うという点共通なのでかえってそうなる。問うことが既成の教団のためになるとは信じ難い。反対に非キリスト教界のためにはなろう。元来無関係なら理解、不理解の問題さえ生じない。そういう無関係の世界のためなら十分理解しうる。パウロは異邦人が救われたらユダヤ人も救われるという。それなら前者の救いがもっと積極的に評価されてよい。イエスの苦しみはイエス迫害者のためにもなるとはユダヤ寄りにならぬ限り考え難いが、さらに一般的になりうる。あえてユダヤ人排除でなくてよいのである。先のように考える点にパウロにはまだユダヤ人の選民意識が残っているのか。逆も考えうる。ユダヤ人がイエスを迫害したのでその十字架はユダヤ人のためだ、と。だがそうだと十字架の意味は世界へ開かれまい。ユダヤという閉鎖的世界のためとなる危険がある。ユダヤ人を第一に考えることが根本だから。一方、日本人に選民意識はないので、救いを問う人の苦しみが同胞日本人のためというのなら理解し易いが、すでにキリスト者である日本人のためではない。さらに、既成の教団内から排除された者が外部世界のための苦しみを負う。またそういう者によって教えは外部へ広まり、そういう存在が外部のとりなしを行う。もっとも既成教団は外部世界を自己内へ福音の媒介なしに直接取り入れても外部世界に役立つ。ただ直接的な取り入れだけではとりなしの意味を欠く。これでは真に外部のための働きか否か疑問が残る。かくて教団は新たな、外部のためのとりなしを内から生み出すし、そういう目的のため存する。内の人々はそのことを意識すまいが結果的にそうなる。人の意に反してさえも神はその意思、経綸を遂行する。パウロがペテロ中心のエルサレム教団から疎外され、異邦人使徒となったこともこういう性格も持つ。

　信じよ、さらば救われんとは信仰へ理解ある人の救いを示す。つまり教団内にあって信仰を問う人へ排除的態度をとれば既成教団が救われるとは考え難い。またそういう人の苦しみがそういう教団のためとも考え難い。正確にはそういう教団のためなのだが受け入れぬためそうならない。かくて教団は自ら知ることもなく内から贖いの血を流す。そうだとキリスト教界一般には知られないからこそそういう意味を持つ。そういう人の血が教団を支える。旧約時代には動物の血を祭壇に注いだが今は人の血を注ぐ。信仰はどの民族へも最初は外

から入るが、それがその民族に根付くにはそこの既成教団が先の仕方で多くの血を流さねばならない。その役を果たす個は天で主と見える以外安らぎはない。死は耐えたり避けたりではなく、望むべきものとさえなる。この変化は現世で安らぎえぬことの裏返しである。そこに安らぎあらば死は避けるべきものである。生き地獄にあると避けるどころかそれが唯一の救いである。そこにあってこそ主と見える日を待望しうる。これら二事象は一である。こういう待望で生きる人は世にはもはや生きてはいない。真の自己はすでに天にある。天の自己と世の自己とは別でありつつ一人格でもある。前者は後者を自分の方へいつも招く。後者が十字架の重みで疲れ、倒れようとするとそばに来て助け起こし、励ます。

　待望論も未来的と実存的との二面から考えうる。一方なくば他方もない。仏教なら終末論という表現もよいが、信仰ではポジティブな面が必要なので待望という表現がより適切である。信仰では終末も終末論もない。あるのは待望であり待望論のみである。前者はその信仰がいかに間延びし悠長かを示す。あらゆる意味で終末は着ている。今が終末以外の何物でもない。現世が即終末ではないのか。それ以外の一体何であるのか。未来的終末ありと感じれば実存的終末も来ていない。実存的終末は現在来ているが、未来的終末はまだとは単なる詭弁にすぎない。前者さえ来ていれば後者などあってもなくても同じであろう。そこにあるのは待望のみである。かくて実存的終末と未来的待望とがある。実存的終末と未来的終末とは排他的である。後者が生きているとは前者がまだだということ。前者が後者を排除する。こういう事情が認識されると未来的終末という表現は使用しえない。むしろ未来的待望というほかない。たとえ内容が同じでも「終末」という表現は不適切である。今後は新たなことの始まりのみある。キリスト者は始まりを待ち、終わりを待ちはしない。待望も漠然たる神の国出現待ちでなく、具体的にイエス、パウロなどと相見える喜びというように具体的になる。抽象的では当人にとり真の現実性を欠く証である。人には具体的であって初めて真実である。抽象的なものはその分心を引き付けえない。イエスの声を手に取るごとく聞くのが望ましい。本当に生きている主の声だ。単純に信じる場合天にいる主を信じえても生きた主の呼び声を今聞きえまい。

天の自己と世の自己とは相互排除する。前者増大で後者は縮小する。すでに天にあれば世の自己は問題外となるから。だがその上で世の自己が世で非現世的—反現世的ではない—に生きようとすれば、そういう自己を支えるにはますます天の自己も大きくならねばならない。天の自己が世の自己へ入ることが不可欠である。この点両自己は排除とは反対の関係となる。両者は別物ではなく同時であるほかない。一方のみということはない。

　不純物の切捨てで福音の核心が伝わる。それが後に種となり芽が出、茎となる。福音の純粋伝達は種を伝えることである。これなしでは芽も茎も出ない。ある人は種を伝え、またある人はその種で芽を出させ、茎を育てる。一つの有機体であり、種は芽はいらぬといえぬし、芽は茎不要とはいえない。各々のタラントが違う。種だけ伝えても多くの人にはそれが何の種か分からない。同様に福音も種たる核心のみでは分かり難い。芽や茎が出て初めて多くの人に分かる。ただそれらに目を奪われ種がどういうものか忘れてはならない。

　回心は二回に分けて達成される。一次は予備的性格で世俗から自己の内面へ向けて信仰を問うという方向転換であり、二次はそれが基本的に終わり、自己内面の次元から教団への復帰をも意味する。これは心が禅でいえば向上の死漢を捨てるときに当たろう。ここでは一次とは内容がガラッと変わる。「自分の十字架を背負って」（ルカ 9,23）とあるように教団内の全問題に関わる。教団復帰は運命を共にすることを意味する。何があろうと起ころうとそれを自己の問題として引き受ける。ここで自己を捨てる。教団のかしらたる主のための生を生きる。主のため生き死ぬ。具体的には教団のための生き死にである。抽象的ではない。また一度出て個人として考え抜いて再度入った場合、そういう事態を自覚してのことなのでなおさらであろう。それまでは自己の心の中へと向かった。その後は外へ、逆の方への追求となる。ただ問題はさらに残る。

　霊はすべてを支配し、その上にある。かくてこの世界が生成、消滅を繰り返しても、定常な状態にあっても、それらと調和しうる。さらに世界をそれらの状態にもしうる。神のように一切の被造物世界の上に位置する。このことは「この山に向かい、『立ち上がって、海に飛び込め』と言っても、そのとおりになる。」（マタイ 21,21）との言葉とも軌を一にする。そこでイエス復活へも、

彼が生前からだが変化してエリヤと話したことへも理解が届こう。こういう霊的事象では他の事柄、事情が変わることは不要である。霊にも段階があり「霊は・・・神の深みさえも究めます。」（1 コリント 2,10）ほどのもあれば、その初期段階に留まるのもあろう。後者から前者への進歩が全員の進むべき道である。人が元来霊的存在なのでサタンが人を誘惑したり支配したりとの思いが心に生じる。単なる身体的存在ならそうはなるまい。霊、心、からだと三部構成である。サタンという表象は人の存在ある限り続く。ただその表象の描き方、内容は各時代や科学的知識の程度で異なる。人に霊あればより高度な霊的存在がいても不可思議はない。ここからサタン、天使などの表象が生じる。神を純粋に霊的と表象することも。人にある悪い身体的部分を除くと、霊的存在たる神という表象が浮かぶ。これと啓示とが呼応して神という存在が信じられよう。人は単に知的でなく、魂ある倫理的存在である。これを単なる自然科学的次元へ還元できまい。そういう次元を超えた要因を人は持ち合わせる。還元すると人格は成立しない。象も仲間が死ぬと葬式的なことをする。チンパンジーも母が死ぬと子がその場から離れない。かくて人以外の霊長類にも人格的ともいいうる要因を見出しうる。だがそういう自己を反省する点こそ倫理的、霊的、人固有な部分である。自己反省は人の神への関わりでも不可欠である。何かを喜んだり、悲しんだりするだけでは自己反省ではない。厳密には人格的といえない。これがないと自己を高めることも生じない。バベルの塔建設もない。ここでは文化を欠く。あるがままの自己に留まる。自己反省が生じる経過は分からぬが、その事実はある。子供はそれを欠く。自我形成とともに生まれる。猿の世界でも序列形成はある。子供の世界でも。これらでは自我という明確なものはない。主体性確立の契機があって初めて自我形成となる。確立しようとして自我形成となる。動物では個体は集団の中に埋没し、そういう意識はまだ生まれえまい。個たる自覚なしでは魂、霊という次元は欠けたままである。人でさえ個たる自覚が必ずあるとはいえず、その場合当人は魂を失っている。だが人は自己反省するので魂所有の可能性はある。堕罪の場合、自我が崩れ魂喪失である。自己反省さえ失う。一方、無我、空では個前提の魂などは出て来ようがない。人格的であるほど魂をも考えざるをえない。そこからさらに神をも。人

格的であることから霊をもなので善の霊、悪の霊を考えるのは自然である。

　霊到来に際し人側で二面的反応が起きる。従う人々と抗う人々とである。どっちつかずはできない。「わたしと一緒に集めない者は散らしている。」（ルカ 11,23）となる。だがこういう人々にいくつかのグループが生じる。自己の悪に絶望し自らサタンの方へ堕ちゆく人も生じる。ここに魔女の可能性が生まれる。霊到来なくばなかったであろう出来事や人間性が生じる。霊に照らし出され人の中の悪がその悪性を顕す。こういう極端な場合にこそ仏教などと異なり人の罪性が焙り出される。だが同時によい面も顕にされる。ボンヘッファーなどの殉教もこういう一つの現象であろう。どこまでもナチスに妥協しなかった。山羊と羊に分けて人を考えることに呼応する。霊は人を善人と悪人とに分ける。かくて信仰史は悪霊、悪の歴史でもある。霊なしでは人は悪になりきれまい。「持っている人は、更に与えられて豊かになるが、持っていない人は持っているものまで取り上げられる。」（マタイ 13,12）となる。世界が事実上一つの世界へ合同化されるのに伴って悪霊の形態も標準化されよう。社会が均一化されるほどそういう傾向が強くなる。

　霊視、霊媒なども罪ある世界でのことである。信仰的世界での霊は罪なき状態なので異質である。それらは罪あるが故であり罪なくばそれらも不要である。罪なきとは今現在の人の知性では積極的な形でこうだと規定しえない。その状態の結果として例えば死なないことを考えうる。だがそれ自体のイメージは描きえない。それは真に異次元である。また霊魂と霊とは異質である。前者の基本は肉に属す。ただ霊に属す霊魂もあろう。

　いく人かの人々が霊界を体験したり、人の霊を呼び出したりしても霊の客観的存在を証明はしない。少数の人が特異なことをできただけである。客観的存在は信じるほかない。

　霊については古代に属す表象は衰退しようが、逆に新たなものが生まれる。人が霊的存在たる限りその時代に合う霊的表象を生み出すのは必然的である。その時代の知的状況に合う霊の理解を生む必要がある。どんなに科学が発達しても人が霊的次元を考えるのを止めはすまい。

## (b) 教団と待望

　信仰が元来倫理的なので、今現在の自己の不完全さから不安、反省などを迫られた生き方を避けえない。かくてこそ人は発展可能性を現実性へ変えうる。これの根拠を自己内にではなく自己を超えた存在の内に持つ。だからこれは確固としてある。ただ単に自己内では人の存在のぐらつきのたびに可能性も揺らぐ。流れのまま流される浮き草となろう。もはや人格的とはいえない。人格という以上確固たる何かを要す。いついかなる場合にも存さなくてはならず消えてはならない。消えるとは自己のあり方への責任主体の欠如を意味する。人の廃業である。人格と責任は一である。これは自己反省を求める。だがそこで裁きを恐れ自己を攻める方へ特化しないこと。根幹は神への信頼である。反省からイエス信仰へ進むべきである。このとき自己が全体として無に帰していないと自己で自己を責めてしまう。そういう自己責めの自己も無に帰すことを要す。そこまで反省せねばならない。自己責めの自己ある限り、その自己は反省対象になっていない。これをこそ対象にせねばならない。これこそ当人の自我だから。神の前で義でありたいと願う自己である。これこそ無に帰さねばならない。そこで初めて他者から到来するものを受け入れられる。その前段階の待つ姿勢もとりうる。待降節である。待つには人が自我を去り自己への注視からの解放を要す。さもないと彼方から来るものへ目を向けえない。時期不明確でも向ける点が大切である。来る時点明確なら誰しも向ける。決まっていないのに向けるから価値を有す。不明確と自我廃絶とが呼応する。明確な自我は自己同様の明確なものへしか目を向けえない。キリスト到来は一度あったが、それは人類全体へだった。信仰には個人的にという契機が不可欠である。さもないと何もないと同じである。それには自我廃絶と人格的反省が平行せねばならない。一方のみではイエス信仰へは至りえまい。前者あってこそ後者もそれ自体として生きる。何か別の事柄の下での一契機ではなくなる。そうでないと人格的反省とはいえない。神を信じ、イエスを仰ぐとすべての事柄、それが何であれ、をそれ自体として観察、評価することを可能にする。決して他の何かのためではない。

こうして初めて再臨を待つのは待つこととして意味を持つ。固有の意味を発揮する。何もかもが芋ずる式に連なるのは背景に人の自我あればこそである。自我はあらゆること、神さえも、を自己管轄下におかぬ限り安心できぬから。全力でそう努力する。だがこれは倒錯した状況である。本来廃絶すべきものを温存した上、さらにすべてをその下に置こうとするから。これではますます深く迷路へ迷い込む。一度そうなるとさらに深まる。自己を見失いさえする。ここからは自我廃絶しか出口はない。自我の下では自我はすべてを自己に好都合、有益であるよう組み立てる。反省もそういう観点下に置かれる。これでは反省は自己目的でなくなる。真の反省ではなくなる。神の眼差しの下でこそ反省は真剣たりうる。だが先の反省はそれ自体としてというより神の意に沿う、これ自体は立派としても、ためとなろう。そういう前提下では事実自体の直視はできまい。自我はまったくの無色透明ではありえず自己存立を第一テーゼで行動するから、そう名付けられるのだから。自我は自我追求である。ここでは反省も色あせる。もっともこの色あせは反省なおざりを意味しない。むしろ反対である。自我の上に監督者がいるとそこで認められるため通常以上に精を出し反省も鋭くなる。だがそれ自体が自己目的でないと他の目的で行いその目的下で見られている。そこでなされることが端的に素直に見られるのと異なる局面が生じる。自我はある一定の見方で占領される。そこでそういう見方へ偏する。この見方の除去を要す。さもないと人は自由を失ったままである。しかもそのことに気付かず仕舞いとなる。この際の見方は啓示への率直な信仰とは異質である。啓示に基づいた自己創造はそれ自体独自でありこれとは別物である。自我構成の一種の精神的世界である。これ自体人間的、人間主義的である。そういうものの廃絶が信仰には不可欠である。人間による構想の世界の中へ神さえも取り込まれている。啓示到来で自己がこういう仕方でそれに従っても、人はそれを啓示への従順と解する。だがいわば下克上が内実であろう。人は啓示さえも自己管轄下に収めぬ限り安心しえない。こういう安心は人為的でありいつでも崩れる危険がある。自我は自己安泰を第一目標とする。意識せずともそうである。人が一主体として神を他者として信じる場合主体は自我として機能する。人同士のように相互対等ならそれでよい。だが相手が神、別格であるとき、

それでは不十分である。対話は対等同士が条件である。神はそうでないので対話関係では対応が不完全である。神対人では人対人とは根本的に異なる対応が不可欠である。対話しつつも対等ではない。倫理性、知識、能力いずれでも格段の差がある。次元が異なる。対話は難しい。端から対話ではない。神、超越者の前では人は黙しうるのみである。その黙の内容が問題である。神からの言葉を無前提で聞くことが内容である。それ以外ない。この際無前提という点が大切だ。人側での何かの前提に基づいてではない。これでは結果的に人間中心主義的受け取り方となる。虚心な心でメッセージを受け、そこから自己を見るという順番を要す。かくて人側での何かの状況に個別対応する仕方で受け取らなくてよい。罪赦しのメッセージでも人が自己の罪を感じればこそそれに反応する一面はあろう。だがそこで人が罪を感じることと赦しとを直接結び付けて聞いてはならない。それでは自己の個々の罪の赦しへと矮小化される。自己が自己の具体的罪を感じることと赦しとは次元が異なる。後者は永遠の命のような大変大きい結果をもたらすから。神中心、神主体の世界への招きを意味する。人が罪を感じることなど問題外となる。それは人自身にさえ忘れられる。そういう仕方で赦される。人が自己の罪的あり方から目を離すことが生じる。そういう仕方で赦しが現実化される。かくて人はその後は自己の罪の現状でなく神からの赦しに応じた何かを行いたいと思う。目の付け所が変わる。これは心のあり処が異なったことからの効果である。自己の罪の現状から赦しへの人としての全存在的移動である。住所替えである。これで同じものを見ても色は異なって見える。大きさも同様で小さくなろう。それ自体としての大きさは同じでも見る立場により大きさはまったく異なる。無視はしないが大きさは異なろう。人の心をもはやかき乱さない。だからこそ赦しである。赦しが罪の現実を粉砕した。こうなった後でも生じざるをえぬ罪はもはや心をさいなむ性格は持たない。赦しの言葉の現実性の「中」に生きるので人に生じる罪はそれを上回りえぬから。もはや罪のとげはそういう「中」を刺し貫きえない。同時にその現実が生きており、人の心はその分罪から自由で罪的行いからも解放される。背景として赦しが大きく心を占める。これにより心は人の現実全般から浮上する。赦し舟に乗り罪の現実の海を渡って行く。罪で染汚される可能性は低い。その

舟で罪の海上に浮いているから。舟より再度海へは絶対落ちぬとはいえぬが、その可能性はそういう状態に置かれる以前に比べ格段に低い。舟とはたとえだが内実は神がイエスにおいて人のすべての罪を赦したと信じることだ。これは自己の個々の罪との関連においてではない。赦しの恵みとしての無前提の受容を意味する。心の中に何かの引っかかりがあってではない。かくて無なる心で受容される。人側での何かの体験に依存してではない。それでは体験の有無、強弱で赦しは変化を蒙ろう。泰然自若であるにはそういうあり方は廃さねばならない。赦しは神からの一方的宣言である。そうなればこそ赦しは権威を持つ。人側のすべてを祓い清める。そこで人は赦しから出発し身に生じる罪の現実を反省する。まず赦しがある。そこから見て初めて罪の現実がそういうものとしてあることとなる。単なる事実と信仰的な罪の現実とは異次元であり区別せねばならない。赦しから現実の罪を見ることの一環として、自己の身に生じる罪との関連において原罪をも見ていける。神自身を我々の理、知性内で解しえぬと同様イエスの復活、アダムの堕罪などもそうであろう。

　イエスの出来事を中心に原罪、創造と終末の双方などは人にその明細は分からぬ神話である。当時は歴史的事実と信じていたでもあろう。だが現代人は同様に信じずともよい。知性の犠牲を必要以上に要求してはならない。イエスの出来事がただ一つ際立つ。三種の出来事と考えては不十分だ。真にイエスと主として出会うとき他はすべて没となる。人となった神イエスに出会う、これがすべてだ。先のように考えるのは出会いを欠くからである。人が人格である以上「出会い」という現象は人格を対象として生じるのみ。それ以外出会いはない。人が人と対話で出会う。そこでは相手が人であろうと人となった神であろうと同じである。神との直接的出会いはない。それでは人は死ぬ以外ないから。人は超人的とも見える特別の人と出会うときどういう印象を受けるのか。「いったい、この方はどういう方なのだろう。」（マタイ 8,27）とあるとおりだ。人をはるかに超えた印象を受けると、神ではないかと感じる。奇跡を行うなど特異な印象を受けると、多くの人は例えばイエスへ神たる絶対者を見るごとくの印象を受けた。だがまったく異なる場合もある。罪に関する説教である。この点で特異なときも人はそういう印象を受けよう。奇跡の場合に比しやはり罪

の説教の方がより大きくそういう印象を受けよう。奇跡的行いより山上の垂訓に対してである。さらに罪の赦しの内容の話に対してさらにそうである。なぜなら人にはそういうことはできぬから。だがただそれだけのことなら人は当人へ少しおかしいという判断を下す。それともあの百人隊長のように神殿の幕が裂けてそう判断した（ルカ 23,45）とされるように、本人自身でなく周囲の状況から判断するのか。特に現代ではイエスを神の子と判断する根拠が問題となる。ユダヤ教的背景からでは困る。むしろ神の子ならそういう枠を打破する。普遍的観点からそういう判断ができねばならない。事実、山上の垂訓はそうであろう。イエスに関して述べた今までのすべてが全体としてそういう印象を与えよう。復活なども含め福音書全体として。人側での無に対応してならなおさらそうなろう。例えば罪の意識に苦しむ、そういう事象に応じてイエスを神の子と判断するのなら罪の赦しを説くイエスをそう判断しよう。だがやはり人側での無に応じてのイエス信仰ではイエスの全体像が対象と考えねばなるまい。無が顕になるほどそのことがますます明白となろう。イエスにそういう仕方で出会えばそれ以外のこと、創造、終末への考えなどは視界から去ろう。現時点では人の理解力の範囲を超えているから。人が無になるとき、人が人格という性格を顕にするとき、イエスの全体が神の子であるという判断を導こう。イエスの全体像の持つ人格性が人の前に浮上する。それ以外なりようはない。人が無に帰しそこに残った人の人格性とイエスの持つ人格性との出会いがここにはある。人格性と人格性とである。同質性である。だからこそ出会いが可能となり、実現する。結果としてイエスを神の子だとして判断、受容する。

　自我克服と一の信仰では再臨は重要ではない。自己存命中のことか否かで心への影響力が決まるのならそういう心のあり方自体が問題である。こういう信仰では存命中に来ないことが影響力強く、存命中のことがかえって弱いこともありうる。自我克服なら後者のことさえ影響力を保持しえない。かくてイエス信仰では自己存命中の再臨の有無は無関係である。再臨は人が罪人たる限り不可欠のことである。ただ単純に信じている場合来世への希望が現世での生き方に影響する場合もある。ここではその信じ方全体が一世界観となっている。例えばマルキシズムの信条が人の現在の生を規制するように。

キリスト信仰と仏教とでは向上の死漢は駄目といっても事情が違う。前者では人格的な特殊な内容が入り、多くの人が信じられない。この点は仏教も同じである。多くの人が無に徹しえない。だがここでは内容自体が無なので自身がそうなれなくても心では受容しうる。一方、前者では特定内容があり、自分がそうなりえぬ場合、理念としても受容し難い。この点が異なる。かくて大衆に訴えるほど受容されぬ結果となろう。だからどの程度非受容かが信仰の深さの極め具合の指標になる。そこまで達した個からは教団と世との差異はないに等しい。教団は世とそういう個との間の途上にある存在と位置づけられる。世から教団が、教団から個が選び出される。仏教では個は無我なので世としても受け入れ易い。一方、キリスト信仰では神信仰が内容である。これが大衆的世には躓きの元である。仏教にそういうものはない。個からは教団と世とは同じに見えよう。世からは教団と個は同じに見えよう。個は世からと同時に教団からも出る。教団内に世が入っているから。だが世、教団から出るとはいえ完全には出られない。完全にそうなら逆に多くの人は個を受容しうるであろう。だが結局、近寄り難いので反対になろう。だが尊敬を集めることはあろう。人々へ悔い改めよ、正しい行いをせよと神のみ旨をのべ伝え、従うよう説くので忌避されよう。対比的に仏教では人々が特別な生活をするよう説きはしない。そこで受容し易い。生き方で伝えるのが主要である。その点教えの伝達がキリスト信仰では重要である。もっとも内容は異なるが双方にとり生き方は重要である[4]。

　教団は信仰が如何なることか問題となる場所である。かくて加入したからとて直ちに救われはしない。自我克服は仏教でこそあからさまに問題となる。教団では福音がそのようであり、受け入れる人側のことはあからさまには問題視されない。だが真には福音と人の受け入れ条件とが双方同時に問われねばならない。しかし前者問題化が後者曖昧化を結果する。逆は逆を結果する。こういう状況はキリスト教界、仏教界がたまたまそうなのではなく―たとえ事実がそうでも―片方を忘れてしか一方を尊重しえぬところに人の罪の深さが潜む。双方の二元的ではない一元的把握を要す。個人の場合、無我と福音とを素材と新生と解しうると同様、預言者ヨハネがイエスのため道を備えたように、仏教

第一部　宗教的次元

（界）を福音の準備と解しうる。するとそこは不可避的にキリスト教界ともなろう。ただその準備が問題だがその内の人々が準備ができたのではない。これはキリスト教界で福音が問題だが直ちにそこの人々に受容されたわけでないのと同様である。

## （c）教団の構成

　旧約の場合イスラエルの人々、祭司階級、預言者という三部構成である。新約でいえば一般信者、神父や牧師、イエス自身を含めての預言者的存在となろう。最後者としてはその時々の時宜に合ったことを宣べ伝える人々を考えうる。ヨブを見ても分かるが、神の義と自己の義とが一であるのが預言者的存在の特質である。だからこそ世支配の悪霊との抗いを決して避けようとはしない。そういう預言者的存在が宗教改革を推進する。いわゆる預言者的存在はイエスを最後に途絶えた。ただいつでもどこでもヨブのようには自己が意思すればなりうる、少なくとも可能性をいかなる人も持つ。「自分の十字架を担って」（マタイ10,38）とは小ヨブとなるといい換えうる。その点旧約の預言の書より少なくとも現代の信仰的観点からはヨブ記の方が大切である。時空を超えて普遍的でありうるから。心に埋め込まれた律法を有する限り誰でも小ヨブになりうる。心構えひとつである。そういう可能性ある以上それを実現するよう努力するのが人の責務といえる。大なり小なりすべての人は小ヨブである。なぜなら誰でも少しはそういう方向へ努力しているから。それが皆無の人はいない。各人がその時所位で小ヨブたるよう期待される。それに応じるよう心に律法を埋め込まれている。宝の持ち腐れは許されない。ただ人はそれと反対にいつでもどこでもいわばサタンに魂を売った側に立つ可能性をも持つ。どちらに与するかで当人の人間性が顕になる。同時にこれは最後の審判での判断材料となる。人としての責任を問われる。人格的存在にはどちらへも与さないことはできない。小ヨブに与さないことはサタンに与することだ。ヨブも自己の義にこだわる。だが"自己の"へではなく"義"へこだわる。これはパウロの「同胞のためならば、キリストから離され、神から見捨てられた者となってもよい」（ロ

ーマ 9,3) にも通じる。"自己"へのこだわりはないから。このことと教団からも世俗からも出る"脱"とは呼応する。脱世俗、脱教団、脱・・・、脱・・・というようにすべてから脱である。神への信仰と一の無碍、無我はユダヤ戦争で安息日には戦わなかったとされることにも現れる。単なる良心的判断で対応すれば当然応戦しよう。「復讐はわたしのすること」（ローマ 12,19）も人の心の中から復讐への思いを奪い取る。つまり無碍を結果する。かくて無碍のユダヤ的表明といえよう。かくて聖書は人に無碍即良心を求める。

　霊へ向かう人は世俗、さらに教団の中でそこに巣ぐう罪の壁の存在を感じざるをえまい。そこへ入っていこうにもその壁が跳ね返す。その世界を不可視的に支配するから。霊と罪との違いを端的に示せば前者は天のために地に属すものを使役するが、後者は逆である。しかもそのことにさえ気付かないのが大方の場合である。だから改革のしようもない。逆転には一念発起が不可欠だが大概それはできず、むしろ反対にそれに固執する。結果、霊を退ける。教団の中とて同じであろう。それが罪のなす強力な壁である。罪の支配下ではすべて自己にとり無害化してからでないと受容すまい。そういう法則が支配する。

　旧約では個と民族とは一体である。だがモーセのように神の前に呼び出されると状況は変わる。真の意味で個として神の前に立つ。ここで真の個が誕生する。こういう個は民族と一体ではなく、そういう境涯を脱して新たに生まれた個である。これこそ真の個である。ここで初めて個は民族に対し創造的働きをなす。民から出てこそ民のために働きうる。これは近世ヨーロッパで個と自覚されるものとほぼ同じではないか。こういう個には教団と世との区別も消える。個は神の立場に立ち種々の規制的働きをも民に対してなす。個、民族一体の状況では個は個として自立、自律していない。　個が民から神の前へ出て行く度合いに差がある。そこでパウロもいうように弱い信仰の人もいる（ローマ 14,2）。これが現実である。後の人が先になり、先の人が後になる。かくて階層的状況が生まれる。ただ前後が入れ替わるので年功序列のような序列はない。

　教団は世から選び出された人々から構成される。だが選び自体が当人の資格あってのことではない。当人は信仰自体の故ではなく、友人が行っていると

か、他の信仰団体ではないとかで行き始める場合が多いから。当人のいさおしゆえの選びではない。だから当人がキリスト者たることは何ら自己の誇りの対象にはなりえない。まったく神側からの恵みである。世はそういう教団に比しまったく打ち捨てられた世界である。「外部の人々を裁くことは、わたしの務めでしょうか。」（1 コリント 5,12 以下）とパウロのいうとおりである。

　逆にいえば教団に留まることは個としての選びからは堕した存在である。世から教団へ選ばれるのはそれ相応の務めを与えられることである。たとえそれがただ教会の鐘を突くだけのことでも。教団からさらに個として選ばれるのは重い役目を負わされることである。世とは人の善悪判断は虚妄だというような感覚で生きる世界であろう。心の律法の力発揮のない世界である。それを光り輝かせ、後押しする原理が欠けた世界だから。その限り神の像たる人の生きる世界ではない。世から教団へ選ばれて初めてそういう人の生きる世界の中にある。かくて教団からさらに選ばれてさらに神に近づく。教団の中では良心の強い人も弱い人もいる。そこで人の進み具合に差がある。かくて種々の軋轢が生じる。これは教団と世との間でも多面的に生じる。教団の中の個人と世の中の個人との間、教団全体と世の一部との間など。時には世全体が教団全体を攻める事態も生じよう。これに対し個は教団側から共感的と同時に反発的な両面の反応を受ける。教団は個の境地へまでついていけぬから。それに対し世はかえって自分が個に倣ったりはしないので共感的になりうるかもしれない。遠い世界のことと考え自己から突き放して見うるから。一方、教団の中の人々にはそれはできない。自己に身近なことと受け止めざるをえぬので、心の中に軋轢が生じそれを退けようとの心の動きを生む。教団の中の人々は最初加入する理由が純粋に信仰的関心から出なくても、教団内での生活でそこでの中心的事項である信仰に少しずつ目覚めよう。心の律法がある以上不可避的にそうなる。その目覚めから信仰自体の内での進展へ進む。ここには二段階的進展がある。第一は他の関心事から信仰という中心的事項へ。第二段階として中心的事項の中での進歩へである。個という存在も最初から完全にそういう存在ではなくて教団の中での種々の軋轢との関わりや世との対決を通して進化する。それらが個を成長させる。それなしでは成長もない。それらはかくて霊の火へ注がれ

る油である。それなしでは霊の火は消える。幸い世にはいつも悪の霊が燃え盛る。かくて油切れはない。終末まであるまい。民全体がキリスト教で、教団と世とが重なっている場合より日本でのようにそうでない場合の方が一般的であろう。世界全体を見渡した場合そう考えられよう。そこで後者で考えるのが有益である。教団が危機に陥ると教団を救うような個の誕生が歴史的事実である。旧約の預言者などを見てもそう感じられる。その点教団が個の生みの親である。教団は個を生み出し自己の生んだその個により救われ導かれる。自己救済である。ただその背後には神の意思がある。個と教団との間にはこういう一種の循環がある。人に発する宗教はすべて一旦は禅的無へ帰着し万教帰一である。そしてここへ神の言葉が響きキリスト信仰が生まれる。そこで世と一の万教の世界から教団が選び分かたれる。万教をマイナスとすれば無はゼロであり、そこからキリスト信仰のプラスへ転じていく。信仰の進化とともに数字でいえば１から２，２から３，３から４へと増進していく。世には信仰から見れば種々のものがある。現代では民主主義が一般的であり、比較的に信仰的観点からも受容し易い。一方、古代ではローマ帝国の初期でのように迫害的対応もありえた。前者の場合教団と世とは社会学的に考えて共通的局面が多い。一方、後者では種々の点で対決的局面が多い。それが多いほど教団の中の雑草は刈り取られよう。反対に共通的局面が多いほど教団の中に雑草が茂る可能性が高まる。現代の民主主義国家では一般にそうであろう。しかもそういう雑草を除くのは困難である。教団は来るものは拒まずという態度で臨むから。例えば五年ごとに資格検査を行い不適格者は除名という制度になっていれば別だ。どんな社会的、世俗制度上の組織でもいつまでも無条件に加入を認めている組織はない。教団はそうなのである。不可思議といえばイエスの復活同様に不可思議である。特に日本のように信仰到来以前の宗教が仏教の場合、その考え方にいわば接木の形で信仰受容しそれを自己の世俗的目的のために利用という受容の仕方許容の場合さえ見受ける。本末転倒である。本来の目的に反する。迫害などあれば教団内が掃除されよう。それなしでは世の光ではなく世俗の光と成り果てよう。世俗が教団の中で光り輝く。こういう輝きは直ちに抹殺せねばなるまい。さもなくば他へと病気のように伝染するから。まず最初にその芽を摘み取らねばな

るまい。放置は教団による世の感化でなく、世による教団の感化、飲み込みを結果しよう。だが五年毎の審査となれば人が人を審査するので難しい事態となる。裁判だから。だが現実に人が人を裁く裁判制度はある。そこでやり方次第では可能であろう。事実中世ヨーロッパでは行われていた。不純な要素を多く抱え込んだ教団より純粋で少数の教団の方がよかろう。多よりも純を優先すべきだ。多になるほどその社会からの加入者のパーセント上昇を意味し、その分不純要素混入を避け難い。教団の発展のためにも自己浄化作用が不可欠である。何百年に一回の宗教改革では不十分である。常時自己改革が不可欠である。除名で不純物を除くことは世へのアピールという意味をも持とう。除くことで逆に世をひきつける魅力も増そう。不純な教団に世は関心を持つまい。自己を超えた純な要因を保持してこそ世を魅惑しうる。さもないと世から見て教団の存在意義はない。世は自己の穢れたあり方とは異なるものにこそ魅力を感じる。かくてここには一種の矛盾がある。伝道する結果多くの人が加入する。だがこれは同時に教団の不純化を意味する。結果、世から見ての教団の魅力が減退する。痛し痒しである。多くの会員を獲得したいがそうすれば不可避的に不純化を招くというジレンマである。教団はいつでもどこでもこういうジレンマと戦う。この戦いは終末まで続く。終わりなき戦いである。世での戦争はいつか終わる。だが教団と世との戦いに終わりはない。増大―減少―増大・・・という過程の繰り返しが避けえない。双方が重なっていると世から教団へ選ばれる手続きが改めて必要であろう。そこで再洗礼のような事態も生じよう。個として改めて信仰への決断をする。これは結果的には不純な要素の除去を意味しよう。かくて教団内での教育がいかに大切か分かる。伝道のみでは不十分である。日ごとに新たに信仰教育を教団内の人々へ行わなくてはならない。日ごとの宗教改革である。教団への加入時の関心が信仰自体ばかりではない点を考慮するとこれはきわめて大切である。さもないと加入時の関心の方へ引かれ堕ちていく危険がある。世は教団に比し人格的に形成される以前のあり方なので、その分自然的存在としての人間というあり方である。教団はそれに比し神の前に引き出されて立つ存在となっており人格としてのあり方である。世は全体を統一する原理を欠き多元的である。一方、教団は信仰が統一原理として作用しこれで

統一される。多と一との相違である。前者ではその内の人々の心も多により分裂的となる。統一を欠き人の心も一でなく、分散的状態に置かれる。後者では人の心は一になる可能性がある。ここでは究極的原理が存しそれが最高位にあるから。分裂的状態にあれば自ずから争いの種も多い。社会は不安定度を増す。少なくとも教団内ではそういう不安定を解消さす原理がそれ自体の中にある。世からはかえって異様に映る面もあろう。ただ個からはそういう統一原理が十分とは目に映らぬ場合もあろう。つまり真に土着化せず他民族からの借り物に終始の場合である。これでは不十分と教団の方で認識できていない。そこで個と教団との間で軋轢が生じ教団内の一般の人々、というより指導層と個との間に軋轢が生じる。前者の人々は真に自己自身のこととして問いぬいていないから。真の信仰にはこのことが不可欠だ。既成のものに寄りかかり自己自身が究極の権威たろうとしていない。そこで個を理解しえない。

　個と世との間では同じ原理についての理解の度合いの相違からの軋轢は生じえまい。同じ次元で相争うような局面はなかろうから。ただ別の意味でのそれは生じる。神への信仰は世へ向く心に神の方へ完全に向く方向転換を要求するから。ここでの軋轢より個と教団との間のそれの方が質量ともに大きい。同一次元での争いなのですれ違いで済ましえぬから。一方、個と世との間の軋轢は両者の関わりを避ければ生じぬから。先のは避けて通れない。争うことを宿命付けられている。客観的にはそうだが、教団内の人が真剣でないと軋轢もまた生じない。さらに、たとえ一時的、現実的に由々しい問題が教団と世との間に生じても、先の二種の軋轢が派生しても原理的、理念的側面がより大きい。個と世との争いではパウロのアレオパゴスでの説教のように「いずれまた聞かせてもらうことにしよう」（使徒言行録 17,32）といった人々のように関わらねば問題はない。触らぬ神にたたりなし。かくて基本的に争いは生じない。キリスト信仰は押し付けはしないから。それに対し個と教団との軋轢は同じものについてのそれであり、パウロがアンティオキアでペテロを非難した（ガラテヤ 2,11 以下）ように妥協しえない。真の意味での軋轢はこういう場合にこそ生じる。だからこそ激烈にもなる。ここでは絶対的存在が問題となるから。そういう存在へ関わって人もまた自己を絶対化する局面が生じるから。絶対と

絶対との争いとなり、お互いに譲れないから。

## (d) 個、教団、世

イメージを描く助けに図形を利用しよう。個、教団、世の関係は次のようである。キリスト教国の場合（A）と日本のようにそうでない国の場合（B）とを区別して。

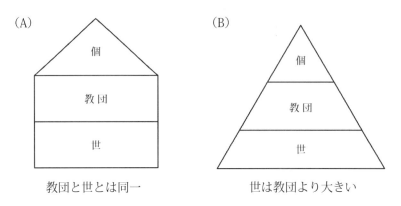

教団と世とのつながりについては個から考えると、基本的には世との切れ目が教団への加入である。かくて世の上に教団がただ重層的に重なっているのではない。

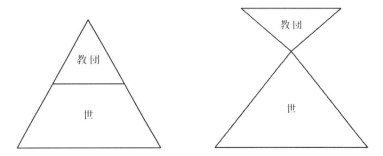

左図ではなく右図で表すのが適切であろう。

それに対して特別な個と教団との関係はそういう関係とは自ずから異なろう。両者は生命において連なっている面を有するから。それを上図に追加すると下図のようになろう。

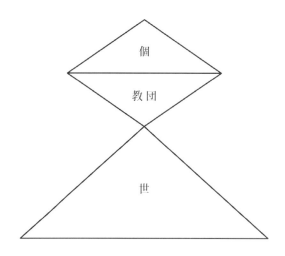

　教団の中で個という存在へ高まるにつれその個数は減っていくのでこういう図が適切であろう。また世にあっては教団へ近づくにつれてそこへ参加の人の数は減ろう。世から教団への接続の点について考えよう。心が福音に触れて心の中に埋もれている清さが心の上にかぶさっている覆いを突き破って心の表面へ浮上する。ここで啓示と心の清さとは暫定的に結合する。だがこれはまだ現実的ではない。心が清さによって先導されて啓示と全的に結合するにはなお手続きが残っている。心が世俗的なことに強い関心があるとそれが妨げとなる。そこでこれを切らねばならない。こういう多重なプロセスを経て心にとり清さが先導的かつ全的関心事となる。ここでようやく心は啓示と向き合いうる。ではどういう仕方で結合するのか。心は一気に自己の元にある清さを離れて啓示での清さへ飛躍するのか。その後は自己のことは忘却するのか。自己はすでに世での種々の欲求を脱落させており、そうもできよう。ここに心の自由たるこ

との一般の理由がある。心は啓示での清さの内へいわば吸収され吸い上げられている。そういう吸い上げの後で改めて新たに与えられる。吸い上げで心は無となり、ここへ新たに与えられるものが入ってくる。吸い上げで当人の名が神の許の台帳に記され神の子たることが確定した。吸い上げは一旦神から賜ったものを神へ一度返す行いともいえる。堕罪という性格を持つものは一旦返さないと次の新たなものは与えられない。返さないままではその上に与えられると二重になる。そこで返すことが不可欠だ。何事でも二重取りは許されない。神からの賜物ならなおのこと。こうして新たに与えられた心なので同一人に与えられた点は同じだが、まったく異なるがまったく同じ。もっとも人はこういうプロセスを一々意識して行いはしない。そのための特別時間があるのでもない。『神は言われた。「光あれ。」こうして光があった。』(創世記 1,3) ように、神が関わるのでその一部始終を人は今の理、知性で認識し尽くしえない。神の技は一瞬にしてすべてをなす。人の行いさえ電光石化といわれる。神は異次元的にそうであろう。神が与えるとはいえ何か実体的なものをではない。その点何をも与えない。実体的なら有限だが非実体的なのではるかに大きいものを与える。「その鼻に命の息を吹き入れられた。」(創世記 2,7) ことに匹敵するほどのものである。無限なものを与える。神は不可視、無限でありそういう本性にふさわしい。自己に近い者になるほど自己に近いものを与える。自己から遠い者にはそういうものを与える。自己に最も遠い者とはサタンであろう。不可視という点では神と共通だが同じ霊的次元に存しながら神とは正反対の力として機能する。それゆえ神から最遠である。同じ霊的次元にありつつ思うことは逆である。実体的存在として遠いのはまだ真に遠くはない。遠いとは同一次元にあることを前提とする。実体的ならそうあることがすでに異次元たることを顕す。神はこうして霊を本来無なる人に与え人を無にする。無と無との呼応はこうして成立する。これはまた霊と霊との呼応である。ここでは神と霊としての自己との大小関係は消える。それは肉、地の世界でのことである。霊の世界に大小はない。だからこそ「霊は一切のことを、神の深みさえも究めます。」(1 コリント 2,10)。人は新たに霊を賜り無限存在となるので当然である。そもそも霊的存在、というよりも霊は元来無限存在である。有限な霊とは自己矛盾で

ある。無限たることは霊たることの最低限の要件である。神は人を無化してその後に霊を与える。この霊が人無化をさらに推進する。霊は人の心の中に常に宿ってはいない。それではかえって人としての自由を阻害する。身体を以て世に生きる限り身体に属すことを種々遂行せねばならない。これには霊は不要な場合もあろう。必要に応じ臨機応変に霊は人の心に宿る。宿るとはそこでの何かの常住を意味しない。"宿"という言葉もある。誰かあるいは何かがいわば臨時にそこに住む。心に霊が住んでないとき霊はいわば一時的に天にある。そこから必要に応じて人の心へ降りる。かくてこそ人は自由を享受しうる。もし常住なら身体を持つ人にはかえって重荷になろう。霊は変幻自在である。そうあってこそ霊である。世の肉的存在が有する一切の制約を脱している。これは「既に裁いてしまっています。」（1コリント5,3）とも呼応する。彼は遠くにいるのにこういう。身体を離れて遠くへ自由に移動しうる。少なくとも霊はそう理解されうる。霊はかくて空域での移動は自由である。しかも時間はかからない。脱時空だから。霊というと何か実体的な霊を予想する。だが実際はそうではない。実体はない。そういう何かあれば不自由である。五感で対応しうるから。そういう対応を超えていればこそ自己のそういう世界への自由に基づいてそこから五感の世界へも対応しうる。そうあってこそ霊はすべてを越えて支配する。そういう霊が神により人へ与えられ、人はそれを媒介にすべてを越え、支配する。人は自己がすべてを摂理していると感じうる。先のパウロの言葉はこのことを象徴的に示す。霊には人の自己に即す面と神の霊に即すとも考えうる二面があろう。後者の面欠如では不十分となる。神の奥義まで窮めまい。元来神に属す霊なればこそその奥義をも窮めうる。神に属す霊がいわば極小化され人に付与される。その極小を通して人は極大の霊の世界も許される。

　先の最後の図は人が教団へ加入し、時とともに信仰に成長することを反映する。加入時よりキリスト者が多くなるが、高い信仰になるほど人数は減ることを表す。

　さらに厳密には以下のようになろう。

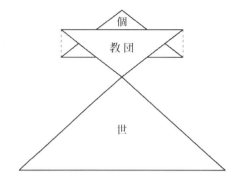

信仰の成長による高度化と数は反比例する。そういう二重の面がある。個の部分と教団のそれとは逆の形で重なる。世の広さは個や教団の世界より広いので、世の三角形を他の二つより大きく描くのが適切である。

　教団の多くの会員では霊が一旦与えられてもそれはそれ自体自由である。そこで人がそれにふさわしくなく生きれば霊は自己の自由により神の許に帰還する。本来のところへ帰る。そこで当人は打ち捨てられる。神は霊を召し上げる。ふさわしい状態へ復帰すれば再び戻る。悔い改めよという呼びかけ（マタイ 3,2）はそういう意味を持つ。ただしこういう場合でも一度天に記された当人の名は消えない。ただし聖霊を汚す罪は赦されない（マタイ 12,31）。そこでそれに該当する場合は例外である。名は抹消される。さて、聖霊を汚すとは何かの行為として罪を犯すのではあるまい。聖霊はイエスが信者を助けるため天から送る。そこでそれに反することを指す。かくて神自身に反抗することだ。神と自己との間には何も介在しない。直接に神に反抗する。例えば殺人でも間に神の介在はない。人対人である。一方、聖霊対人では神が直接その相手である。そこで聖霊への罪は他の、対人での罪とはその根本的性格が異なる。そこで赦されない。神自身への反抗は当人のサタンへの変身を現す。そういう行いへ赦しのあるはずはない。ユダのイエスへの裏切りに匹敵する。これがもし赦されたら無秩序の世界となる。聖霊のような非被造的存在への罪は赦されない。一方、人への罪のような被造物への罪はどんな罪も赦しの可能性がある。まことに理に適う。聖霊への罪はどんなに小さくても赦されない。それは神という絶対者、非被造者への罪だから。人への罪はどんなに大きくとも自己と同じ被造者への罪なので赦しの可能性がある。このように何への罪かで対応はまったく異なる。異なるものへの異なる対応は当然である。では人への最大の罪と聖

霊への最小の罪とはどっちが大きいのか。前者へは大小の区別をしうる。それは被造者への罪なので罪自体も相対的だから。一方、聖霊への罪は絶対者へなので大小の区別をつけえない。かくて先のような問い方はそれ自体事柄の本質に届いていない。絶対次元の存在と相対次元のそれとの大小比較を考えようとすること自体筋違いである。絶対者とは文字通り絶対であり、他のいかなるものとも比較の関係には入らない。絶対者とはあくまで便宜上の表現である。本来は被造物による被造物である"絶対"という言葉を当てるべきではない。

　特別の個は人側から努力してというより、モーセのように神の意思により立てられる。この場合神が積極的に特定の人を選ぶ。神の前では人に属す当人の資質は大切ではない。神は人に属すあらゆるものを造ったのだから。何が人に属そうと、神から見れば無に等しい。神はそれを自由に与奪しつつその意に沿い経綸推進する人物を造る。こういう人物では当人の私生活はない。召命以前は私生活はあった。それ以後はない。生死ともに神とともにあり神がすべてとなった。神の指示を最優先する。それが当人の生きることと一のことだから。だが何か二つのことがあり一致したことをするのが神の意思に沿うことというのではない。人側にもはや神側に属すのとは別の何かがあるという状況ではないから。ただただ神の意思を生きるのみである。例えばモーセがカナンへ向けて侵攻するときに異民族との戦争でいつまでも手を上げていた（出エジプト17,12）ように。手を上げ続けることにどれほどの意味があるのかなどと問うことは許されない。そういう気持ちも生じまい。それが神の指示なのでそうする。人の判断を超える。神の意思のインストルメントになる。神の指示に対して自己の意思は差し挟まない。そうしようという人間的意志はもはやない。神の意向を人々に伝える通路となる。心の中はいつも空洞である。さもなくば神の意思の通路とはならない。通行を妨げる何ものも心の中にはない。空洞とは自己の意思さえないことを示す。もしあればそれに基づいて神の指示を解釈しようとする結果になるから。これもまた神の意思伝達を阻害しよう。人側にあるすべてを脱落させる。そうしようという意思さえ脱落である。この場合神の意思は現実生活の中での具体的指示なので抽象的内容ではない。だからこれは神秘主義でも何でもない。具体的指示は人間主義的なるものを突破する。こ

れは信仰が垂直移動でなく水平移動たることと平行する。前者は人間主義であり、後者は神中心主義である。そのときの民の置かれた状況の中での具体的指示であり人はそれを素直に守る以外の対応はなしえない。それに対し指示が抽象的なら人はそこから理、知性を発動し人間主義的なるものを神の創造よろしく造る。具体的とは人間的作為排除をも含む。神がそのことを意識しているか否かは人は知る由もない。神に属すことで人の知る必要もなく、できもしないことは多い。具体的とは人の目を抽象的、永遠的次元のことでなく現実的次元の事柄へ向けさせる副次的効果をもつ。ヤハウェ信仰は目の前の現実の中でのことである。神からの指示を世の光とし、時と場合によっては暗さもある道を歩む。抽象的なことへの強い関心は神の指示のこういう性格からしても正しくない。神の指示内容に反するから。

　教団こそキリストの身体なら世の罪を負って自ら滅ぶべき定めにある。その中のものも世の罪を負って滅ぶべきで滅ぶほど蘇りの命も与えられよう。どれだけ滅ぶかがその教団がどれだけキリストのものかのメルクマールである。まがい物の信仰ほど信仰から遠い。これこそ神の怒りを買う。教団こそ信仰から一番遠いともいえる。加入してその分神に近づいたと思えばそう思うことで近づいたことが帳消しになる。近づくほど近づいたという意識をもちはすまい。教団とは神の救いに与り救われ、次の世では永生を受ける集団ではなくて、神の救済史のために働き次の世へと橋渡しをし、自らは滅ぶべき集団であるべきだ。神のため滅ぶことを決意した集団であろう。そうあってこそ十字架を身に帯びている。そうであるには各構成員がそうある以外にない。教団が滅びの集団たることはイエスが自分について来たくば「自分の十字架を背負って、わたしに従いなさい。」（マタイ 16,24）ということと軌を一にする。個にしろ教団にしろ存命中は救われることなど考えずキリストのために滅ぶことだけ考えればよい。それ以外することはなかろう。ほかの救われ方を考えるのは罪から来る。救いは神の決定すること。人には自己の権能外である。無駄ごとを考えるのは止めるにしくはなし。滅びの門から入るのが救いの門へ入ることだ。かくて神の前での人の救いを何らかの仕方で可視的形にするものは一切否定せねば

ならない。いかに滅びていくかの追求の妨げになろうから。洗礼、聖餐式なども個人としての人が救いに与る観点からであり滅びに与る観点からは止めるべきであろう。イエスを、彼を信じた者のみ救うと決めたのは信じない者を区別しようとの人の思いからであろう。イエス自身がそういう区別心であったとも思われない。自分を十字架につけた者のために救いを祈ったのだから。そういうイエスと、区別するイエスとは矛盾する。死に与ることが救いに与ることであり、それ以外救いに与る方法はない。教団が滅びの集団となれば多くの外の人々を吸引しよう。自らと外の人々とを区別し自己側に救いを独占しては自己をも他をも滅ぼしかねない。結果、キリストを信じるがゆえの滅びの集団となろう。無碍に留まれば滅びの集団とはいえまい。やはり救いのそれであろう。キリスト者は自己が復活せずともよいのだから、教団もそういう性格を持つべきである。すると洗礼などで他を排除するごとき柵を設けるのは自己矛盾である。自己を他から区別しようとするのは自己保存機能が作用するから。聖書には確かに聖餐が見える。だがこれは当時の時代的制約の中で書かれている。イエス自身私のことを語る人が「二人または三人がわたしの名によって集まるところには、わたしもその中にいるのである。」という（マタイ 18,20）。これも教団の特別扱いとは異なる。キリストのからだとは機能的に見ると目は手がいらぬとはいえぬ（1 コリント 12,12 以下）もの。他の集団から隔絶したものと見られてもいまい。キリストのからだを実体的に考えるので加入儀式として洗礼という発想にもなろう。当時は多くの宗教がそうだった。

　教団は見えるのと見えないのとあるが、後者が本来である。規範的性格を持つのは後者だから。キリストのからだと個人とではどっちが先でもない。キリストのからだであるとともに個人である。旧約でも、アダムとエバというごとく個人ではなく、人は最初から集まりとして存する。洗礼、聖餐は新約の中にその根拠があるので宗教改革でも残した。だがイエスも後者の類をいうが実際の食事においてであった。事実教団の初期ではそうだった。だから儀式的なら止めればよい。洗礼も最初は実際の川でやっていた。必ずしも不可欠でもなかろう。これら儀式より霊的からだの中にあり生きているという現実が最重要である。可視的なことは一つあれば必要十分である。それには教団があればよ

い。見えるものが複数あるとかえって心が分かれよう。多くの人々の間でその点について意見が分かれるから。また同一人でも複数のうちどれを第一位に置くか迷おう。一つだけなら迷いも考えることもなかろう。ただ見えない教団のみあって見えるそれはなしとはいくまい。それでは天上の、霊的なものが地上に啓示されたとはいえない。心とからだとを分けて考ええぬのと同様であろう。現実的に見えて初めてその存在性を獲得しうるから。見える教団は一つでよいとは神が一、救い主は一、などとも呼応する。真に信じることは一なのである。真とか純とかという事態は一としか和しえない。二あるいはそれ以上ということはない。見えるものと見えないものとが一である。つまり両者同一体であるのはイエス・キリストという存在のみである。それ以外は啓示された地上のものなのでいわば二即一以上ではありえない。イエス・キリストはいわば一即一である。イエスは昇天前なので私にすがりつくなという（ヨハネ 20,17）。一即一と二即一との間に神と人、天と地との相違が現れる。

　聖書は見える教団、見えない教団という区別はしない。イエスさえ信じられればそういう区別など不要である。そういう行為自体信仰の不徹底を顕す。これはヤハウェ信仰が元来ユダヤ民族の存亡を賭けた決断による信仰だったことと呼応する。パウロが教団がキリストのからだというときも各信者が各々目なり、手なり、足なりの働きをして有機的一体をなすと思うからである。単に理論的に考えてではない。抽象的理屈はどうでもよい。現実的である。見える、見えないという区別自体がイデアと具体的個物との関係のようにギリシャ的発想である。見えない教団という考えは聖書自体の見方ではない。信仰が地に密着していないように教団もそうであろう。見える教団がそのままキリストのからだであるのでもない。だが逆に見える教団から離れて見えない教団があるのでもない。

　人に知られぬ苦しみが神への執り成しとして有意義だが、それは教団内にいる人々のためより、むしろ外の人々のためであろう。「その十人のためにわたしは滅ぼさない。」（創世記 18,32）といわれ、人々が神の裁きから逃れる。この点からも洗礼などでの内外の人々の区別は合理性を欠く。真の神信仰は稀有なので洗礼などでの信者、未信者の区別はよくない。各人の信仰への適切対

応ではない。内の人々は福音に接しておりそれ以上求められない。本当は真の信者とその過程にある人々との区別がある。しかるに洗礼などでは後者の一部の人々を内へ入れて、前者と後者の大部分を外へ追いやる。前者をそうするのは前者は集団的あり方からは排除されざるをえぬから。少なくとも日本のような精神風土の国では、洗礼で内の人々が特殊な自意識を持つと外の人々の参加を妨げよう。内外の区別は人々の区別ではなく、一人の人の内に内の人と外の人がいるのだから人の内的次元で考えるべきである。自己の心の内に罪と義の争いを感じる者は人の外的な区別には疑問を持たざるをえまい。

《 注 》

1）
　隠れキリシタンは基本はカトリックである。まず旧約が来てその後に新約という理解になっているのか疑問である。つまり神は畏るべきものであるのか。旧約による神摂理先行がないと罪という契機の理解を欠く。そこで義という人に内在の契機が自覚化されずまどろんだままになる。結果、キリスト受容の仕方に本来とは異なる方向へのずれが生じよう。出エジプト 20,12-17 は宗教、哲学に関わらぬ人類普遍的義をいう。11 節まではユダヤ教のいわば戒律である。それはその義の内容と同時でなくてはならない。これを実行するために 11 節までが定めてある。一方のみの重視はありえない。十戒には理性に従えとはどこにもない。神の言葉として神を信じよ、神以外を恐れるななどの内容の具体的箇条をあげる。理性的たることと十戒に従うこととは天地雲泥の開きがある。異民族との戦争で家畜を含め全滅させよという命令は反理性的ではないか。かくて啓示を啓示として信じるのは理性的たることと同じではない。西洋的キリスト教理解ではそういう面が強くはないか。神信仰と理性的であることとを類似と考えるのは神を地上へひき下ろすことであろう。結果、人は自己の救いの根拠を失う。「エジプトの地、奴隷の家から導き出した者」(出エジプト 20,2)とは理性とはまったく無関係の神である。しかも 3 節では「わたしのほかに、なにものをも神としてはならない。」という。人が理性的に考え出した神をも神としてはならない。基本的には神自身は存在として人とはおよそ無関係である。民族の歴史的歩みの中で現れた神である。ただ 13-17 節は内容的に理性的判断と一致する。かくて生活上の規律として守る事項としては理性的内容といえる。ここからさらに理性的判断一般を神が人に与えた規律と一致するという理解を人が導き出すのは許されよう。

2)

　例えば町の掃除による伝道は福音の本質を偽るのではないか。感動させた後で福音を出すのは羊頭を掲げての鶏肉売りになろう。人を騙すことだ。信じる特殊内容があるのでそうなる。それのない、人の救い目的ならそうはなるまい。伝え方、伝える人は印象に残らぬやり方がよい。それが福音を真に尊ぶことである。単純信者ではキリスト教も他宗教も区別はない。名前は違うが中身は同じであろう。キリスト信仰「的」世界ほど真の中身を不要としている社会はない。そこが即世俗世界でなければ世俗世界はどこにもないこととなろう。だからパウロも異邦人伝道を志したのか。ユダヤ人が受け入れないので異邦人が先に救われるという（ローマ 11,11 以下、25）。また福音を伝えるためであり洗礼を授けるためではないという（1 コリント 1,17）。イエスも百人隊長の態度を褒める（ルカ 7,9）。"的" とは似て非なることを顕す。現在のように教団が津々浦々にまであるとキリスト教界と外の世界という形式でなく前者の内部での信仰の有無で考える方が適切であろう。初期段階では信仰を維持、発展、拡大するには排他的集団の形成を要した。だが今では逆にそれの解体こそ不可欠ではないか。排他的たる限り少なくとも日本ではこれ以上普及すまい。これほどキリスト教が世界に普及すると教団自体性格を変えはしないか。伝道が仕事だとしても信者を未信者から洗礼などで区別するのでなくよりオープンにしてはどうか。両者区別のやり方はユダヤ教の方式である。キリスト信仰はより普遍主義なのでそういう残滓を捨てての脱皮を要しよう。旧約時代のユダヤでは差別するやり方でないと集団が消えるかも知れぬ厳しさがあったであろう。今は異なろう。

　実践には福音に関われば他宗教とは異なる点のあることを要す。ただ単に人としての救いなら信仰でなくてよい。仏教の方が合目的であろう。それなのに信仰を伝道するにはそこまで自分が神中心的にならねばならない。さもないと伝道を根拠付けまい。もっとも関わりを持ちさえすればよいのではない。だから人としては同じ心理状態で救われると考えても、キリスト教と他宗教では価値に差がある。これはイエスが「あなたがたに一杯の水を飲ませてくれる者は、必ずその報いを受ける。」（マルコ 9,41）という点でも分かる。極論すれば人の救いは神の救済史の付随的要素ともいえる。こうして実践にとり救済史が重要となれば、一度は実存論的に個人の信仰という点から解決した問題が再び実践という点から出現する。再臨、終末信仰が可能なら実践もできよう。救済史的信仰は人側での現実性の無さの実感から信じられよう。

　教勢拡大必要時には純粋な信仰から少し離れて現代でいえばカリスマ運動のような体験主義となる。逆に拡大後は純粋信仰が求められる。イエスという特殊内容があるので多くの人が集まると益々福音は不純となる。人の救い自体が目標なら必ずしもそうはなるまい。重要なのは内容で、媒介者の人がどういう姿かは問題ではない。そういう仕方で最初信じても次第に内容が顕になり真に信じるか否かの問いの前に立たされる。内容が信じる人と信じない

人とに分ける。特殊内容が少ないほど伝える人の状況が左右する度合いが大きい。反対もまた然り。今の日本は前者に当たろう。ゆれたりゆり戻しがありつつの拡大である。拡大という観点からは現世利益混入もありえよう。純粋な探求は今は時宜に合わない面もあろう。あるいは今双方求められる。今の日本は日蓮の頃の民衆と違い心が宗教へ向いていない。むしろ旧約の経済的に繁栄した、神から離れた状況にある。かくて今は神へ帰るよう警告する時期である。それが民衆とともに苦しむことである。たとえそうなるとしても神と共なる道を選ぶ覚悟を意味する。全世界へ福音を伝えよという。本当にそうなったら教団は不要である。世界が即教団である。教団は福音が世界へ伝わる方便のごときものである。そういうものがあることは伝道の非力を現す。本来あるべきものではない。いずれ終末時、終末論的には消える定めのものだ。しかもそういうものへのこだわりが福音の全世界化を妨げる。そういう制約から福音を解放せばなるまい。終末にはなくなるものに囚われることは真に終末ではなく教団、中途のものへの人の意識の囚われを現す。信仰、希望、愛の内最大のものは愛（1コリント13,13）といわれるように最後まで続くものを大切にせねばなるまい。人の意識が終末にないとは真には信仰できてないことを現す。ただ人の心の中を裁く権能は人にはない。そうなしうるのは神のみである。人はあくまで外へ現象した事についてのみである。人は人の分を守らねばならない。

　好ましいことではないが、必ずしも人の救いを第一目的とはしないキリスト信仰伝達では福音の人への伝わり方の良し悪しへの伝道者のやり方の影響は小さい。信仰では特定内容を信じるか否かが問題だから。また内容の正確な伝道のためにも福音への人間的潤色はあってはならない。例えば捨聖という姿での伝道は人のそういう姿に目を奪われて福音内容からかえって目をそらさせよう。逆の場合も同じである。かくてその中に伝道内容をいわば隠しておきうるからごく平均的生き方が好ましい。その内容を真に受容するにはやはり深い理解力を要す。かくて伝える人の姿で伝わり方が左右されない。高貴な姿であれ卑賤な姿であれそういう可視的相の違いは基本的に問題外である。

　教団が即信仰の世界ならばそこでは信仰の真実において大なる者が上位に立たねばならない。だがそういうことが人間集団の中で可能か。数が多いほど真の信仰を見極めうる人の数は減る。しかるに教団も一集団たる以上、維持には集団構成員の大多数を納得させうる価値体制を保持せねばならない。しかるに大多数の人が信仰見極めの能力なきところ、不純な信仰へ囚われていてはこの不純なものに価値を置かずしては集団を維持しえない。しかるに見極めできる人ほどそういう価値体制は受容しえまい。そこで大規模な組織的集団が信仰に立脚していることはない。あくまでそこで信仰が問題となる範囲に留めおくのが妥当である。

　教団形成には個人が自己救いの達成のため話を聞き、受洗など個人が自己を救うことが根底にある。結果、救われる人とそうでない人との区別が根本にある。かくて自己の救い、復活に固執なき信仰にはこういう区別は無意味である。さらに多くの人を救いの枠外に置く

点有害である。教団のかしら、イエスはまず死んだ、神は復活させた。だが教団では個々人が救い達成のため加入するので死ぬより先に救われようとしていないか。こういう仕方の形成ではイエスのあり方、生き方と矛盾しよう。個々人の救いを前面に出すのでそうなる。だからパウロも蒔くものは死なねば命を得ないという（1コリント15,36）。教団が自己の十字架を負うには救いの集団たるを捨てること。救いの集団たるは隠しておくべきこと。現れた性格は滅びの集団であろう。イエスの復活も人には隠されていた。イエスと教団とでは死、復活の順が逆であろう。儀式は他から自己を区別するためである。たとえ他が救われ、自己が滅びてもよいのなら儀式不要である。人、世にある限りキリストとともに蘇った存在ではない。主に続いて死ぬ存在である。同時に"蘇った存在"と考えるところに儀式実行、教団特別視が生まれる。主とともに滅ぶ存在と思っていればそうはならない。キリストさえ死んで初めて復活させられた。まして人が死ぬ前に蘇ったとは笑止である。かくて信仰は本来滅びのキリスト信仰でなくてはならない。教団特別視は一種の選民思想で自分の十字架を負って私に従えとは矛盾する。あえて矛盾なしとするのなら超選民思想ともいうべきものを要す。

　神がすべてとなる終末では教団はもはや存しない。教団は福音を世へ伝うための暫定処置である。地球上の一点から始まり全世界へ広まり最後は消え行く。すでに広まった現在そのことを先取りして教団の枠を外すも悪くない。これは本来あるはずではない。天理教、金光教などの神も聖書で啓示の神をそういう形で拝していたとも解しうる。確かにナチ迫害のユダヤ人を思うと、それでも枠を外して神を信じうるのかという疑問は生じよう。だがこの件では宗教以外の要因が大きい。真の信仰さえあれば「いついかなる場合にも対処する秘訣を授かっています。」（フィリピ4,12）ことは可能であろう。信仰とはその内容も然りながらその信仰と人の内面的関係の問題である。神を信じて復活すると信じても、完璧な信仰でないと無益である。信仰の究極的立場から見れば教団内と他宗の団体内とではむしろ差異はない。いかなる宗教にも無関与とは差があろう。教団内にいても自己のこととして問い詰めると内におれなくなるのにも拘わらず、内にいることは問い詰め不足を示す。そうならそれは前キリスト信仰であるに過ぎない。他宗もある意味では意識せずともキリスト信仰へ「も」向いている限り前キリスト教といえる。かくて教団内でも他宗内でも前キリスト信仰であれば差はない。問い詰め不足では信仰内容と当人の人格とが呼応していない。だからそれはキリスト信仰というに及ばない。もっとも信仰に値せずともそれが神の前で義認されるかは神の決定による。ここではその点を問題にはしない。人が問題にしえぬことである。かくて既成の信じ方受容は真の信仰でなく信仰から導出された何かへの信仰である。そこで信仰が集団化されるときは信仰はもはや信仰でなくなる。少なくとも自分は信者で他宗の人は否だという自負は身の程知らずだ。こういう信仰はそれ自体の価値ゆえ信仰と認定されるのでなく、神から見て人の弱さゆえやむをえず認められているに過ぎない。選民意識の破壊を要す。自己側に選民の資格なしだから。そういう信者は信じたが現世で報いなしに終わり、終末では別

人が神の国に現れてもよい。終末、神の国、永遠などの根拠が人側にあることはなく、必要もない。人にできることは自己を超えた他者を信ずことのみである。

3)
　サクラメントで内外に人を区別する仕方は煩悩障の輩という内省から遊離した、神の言葉の伝達に重点を置いた仕方の結果である。内省重視ならそういう区別的方法は思いつきもすまい。神側からの要請と人の内省の双方の一体化した体制の創造を要す。洗礼、聖餐などとキリストのからだとをパウロが結合しているか否か問題である。否なら洗礼不要である。少なくとも必然的ではない。このことと関係するが、キリスト信仰と例えば仏教との間に非信仰者を区別するほどの明確な一線を引きえぬという事実がある。少なくとも信じる人側からは、現世利益的宗教―仏教―キリスト信仰というように連続的であろう。確かに神側からは他宗教信者の排斥には意味がある。サクラメントでの内外区別は神の目からは可能だが人はあくまで人である。人が神の立場にあるかの気持ちでのそういう区別実施は正しくない。サクラメントにしろ何にしろ可視的やり方での救い確保は人の自己へのこだわりから生じる。自我克服に反する。かくて教団の特別視も人の自己へのこだわりからである。イスラエルの民も自己の選民意識へのこだわりのため異民族の救いの後回しにされた（ローマ 11,11 以下、25）。自己の十字架を負う決断が洗礼、聖餐である。それ以外ない。両者の非神話化とでもいえよう。ただ洗礼はイニシエイションの式として不可欠でもあろうが聖餐は異なる。キリストの血とからだについて最後の晩餐でイエス自身そうせよという（マタイ 26,26 以下）。この点は歴史的検証を要す。するなら実際の食事としてやってはどうか。パン、ぶどう酒は日本では食事として一般的でない。食事を共にすることは聖別された人々の連帯感を養うが儀式としてだけではそういう効果はない。十字架前の最後の食事の際行われたのだからぶどう酒の赤はイエスの血を連想させる。そこで飲みながら人類の罪を負ったイエスの十字架に思いを馳せる効果を期待しうる。パンについても同様である。それら二つなら今現在は世界中でイエスの言葉通り実行できよう。

　Ex opera operato（新カトリック大事典 1996 によると儀式自体が必然的に超自然的結果を与える力を持つ。）従って異端者による洗礼も有効となろう。その場合、無効とはどういう内容なのか。教団への加入についてか。あるいは聖餐なら人の罪を赦す効果があるのか。どんな場合も聖書へ立ち返るのがよい。すると旧教会での聖餐のようなものは存しない。また洗礼は一般的には施していない。かくて双方とも教義的には存しない。かくてここでも曖昧さが支配する。パウロはユダヤ人である。そこでユダヤ教のシナゴグが考え方の根本にあろう。それ自体はキリストのからだとして教団に当たるものではなかろう。それはむしろ仏教のお寺に当たりはしないのか。かくて教団がキリストのからだとは比ゆ的に解すべきだ。洗礼は外部への信仰告白の意味合いをも持とう。もとより当人は信じていようが、そういう

意味合いで受け取るべきだ。洗礼、聖餐ともに神の前で有意味なのは受ける人の信仰ゆえである。施す人の人格によってなら（ex opera operantis　同上書によれば恩恵が執行者や受領者の聖性や信仰などの功徳を原因として与えられる。）、異端者による洗礼は無効となろう。そうでもなく、施された儀式（ex opera operato）によってでもない。信仰はどこまでも当人の信仰が大切である。それがすべてである。過去に欠陥のあった神父からの聖餐が有効であれば、それはそれを受ける当人の信仰より儀式重視を顕す。だがこれは本来の考えとしては正しくない。ただ仏教のお寺と違うのは唯一神教なので信仰告白のあること。それに関連して洗礼もある。周辺の他の一神教的世界へアピールする意味を持とう。仮に周辺がそういう世界でなければ洗礼という儀式は不要だったかもしれない。中世以後の教会観はすでに西洋化され、それ以前への立ち返りを要す。秘蹟への先の考えのうちの後者、儀式重視の客観主義的立場は聖職者はキリストの代理として秘蹟を行うのだからと考える。教団という観点からは重要な考えである。洗礼でキリストとともに死んで蘇ると考えることが重大ミスの元である。現実に死んでないので蘇りなどない。水に入って死に、出て蘇るとは悪いたとえである。たとえパウロがそう解釈していてもそれは当時の人としての限界と解すべきである。「キリストがわたしを遣わされたのは、洗礼を授けるためではなく」（1コリント 1,17）ともある。蘇ったことの先取りが種々の不都合を生む元凶である。選民意識も出てこよう。人はどうしても自己に好都合なことを先取りするから。だからこそそれと反対のことを声大に叫ぶを要す。キリストとともに死んで蘇った存在とは正確にはキリストとともに死につつあり、死後ともに蘇らされるであろう存在との意である。聖餐は儀式的でなくイエス自身が行ったのに近い形で行う。多人数ならいくつかのテーブルに分かれて実際にパン、ぶどう酒を食べ、飲み軽い食事をする。そうすればキリストの出来事へ思いを馳せられよう。勿論その際聖職者が式を司る。現実にイエスを神の受肉と信じればこそ、その十字架の死と復活とを再臨の日までのべ伝えるにあたりイエス自身の言葉に基づいて行うことは大変重要である。パン、ぶどう酒は十字架の死、復活へ直結するから。実際の食事をしてこそ食物、飲み物が当人の血、肉となるのだから。ユダヤ人の現実的考え方からもそうすべきであろう。二千年前のイエスの出来事と同時的になるにはこういうやり方を要しよう。パンをイエスのからだ、ぶどう酒を血と各人が信じて、それらは霊的働きをなす。霊としてそういうものになる。これは霊によってイエスが身ごもられたことと軌を一にする。ただパウロはステファナの家の人たち以外誰にも洗礼を施していないという（1コリント 1,16）。また教団も制度としてはなかったので聖餐もなかったであろうが。だから彼では双方ともなかった。かくて一番原初へ立ち返ると双方ともなくなる。彼自身がどう考えていたかとそれが今の我々にどういう意味を持つかとは分けて考えねばなるまい。当時洗礼のような儀式は一般的だった。時代的制約のため存したとも考えうる。そういう宗教のメンバーとなった。しかるにこういう状況下で自国内の異邦人を苦しめてはならないというごとく他宗の人への差別を戒める。むしろこういう

点に当時のユダヤの信仰の特徴を見てはどうか。儀式で一応区別しつつも差別はしない点に特徴がある。当時の厳しい状況下でのこういう対応は驚くべきである。現代において洗礼で自分を安易に選民と考えるのとはまったく異なる。

　絶対的なものを具象的に現すものとして教団、洗礼、聖餐と三つある。それらの関係とか、どれが一番大切かと種々の問題が生じる。そういうものは神が唯一であるように一つあれば十分である。多々益々弁ずとは逆が真である。洗礼なしでも信者たちの前で告白すればよかろう。教団に属していれば主から助けは十分来よう。必要十分な条件を備えていよう。多いほど混乱の元である。少ないほどよい。心が純一になり易いから。一つが最善であろう。イエスが「これはわたしの体である。」（マルコ 14,22）というのは実際の食事の際であった。この場合、ぶどう酒はグラスに注がれており、誰もそれをイエスの血の化体物とは思うまい。儀式的仕方だとかえってそういう考えを生み易い。洗礼も実際の川で行ったのではないか。信者、未信者、非信者、他宗教の信者の前で行われた。こういう状況では当人の信仰告白に重点が置かれよう。社会的状況がまったく異なってきたら状況に応じて告白の仕方を変化させるのが望ましい。それをせず過去の遺物にしがみついていたら信仰をかえって妨げる。信仰の西洋化と組織化された教団の形成とはほぼ同時ではないか。旧教会のように聖書を聖書と決定したのは教会であり、教会の権威が上ともいえる。だがこれは西洋化と同時であろう。それ以前へ立ち返ると聖書と決められたものもそうでないとされたものも混在であろう。そういう原初で考えるとマリア特別視はどこにもない。かくてこれは少なくとも原初の信仰とは矛盾する。

　信仰上の問題を人の論理で解決しようとするのは知性が信仰から離れて独り歩きを始めることである。そのことの信仰的妥当性が問われねばならない。それなしでいきなりそれを信仰とするのは逆立ちである。神の行為を人の論理という狭い領域に押し込めることである。発想の転換を要す。こういう類に憂き身をやつすのは西洋的論理性の罠の中に知らず知らず引き込まれることだ。イエスが人であり神であること自体人の理性では解読不可能である。思うにバルト神学は近代神学の反動でありその限り根は一つであるほかない。

　祈りとは人側からの何かの嘆願というより神の意思が自己の意思でもあるよう、そのことを再確認するごとき性格が基本である。主の祈りでは日常的なことをこまごまと祈る。これは人の弱さを考えてのことと思われる。

　社会的意味だけではなく教団内でも民主主義が必要である。さもないと中世ヨーロッパでのカトリック教会の堕落のような事態も生じよう。

　受洗が自我克服の力を持ちはしないので受洗者と未洗者とを相対的区別はともかく絶対的に区別する理由はない。こういう区別は後者の福音理解をかえって阻害しよう。自我克服欠如の結果であろう。自我克服による一切の区別解消後での区別はそれ相応に成立する。区別でない区別として実現する。これは逆にいってなくてはならぬ区別である。欠くとかえっ

て逆区別、混同を結果しよう。受洗のような儀式なしが自我克服信仰にふさわしい。真正の区別は克服者と未克服者の間にしか考えられない。教団内の人々も殆んど後者であろう。この点パウロが自分らの迫害者が硫黄の火に投げ入れられるといわないことは興味深い。全人類が自我克服へ向けての可能的存在である。彼が洗礼を授けるため働いてはいないという（1コリント 1,17）のは基本は黙示文学的世界にいつつもそこをすでに解脱した信仰の地平へ出ていることを示す。信者たちをキリストのからだと考えても受洗を不可欠要件とはしない。

いかに教団が聖書を聖書として選定したとはいえ、それまでの文書になかった、その内に根拠のないことを教団が後で追加するのは許されまい。許されるのならいくらでも追加しうる。マリア信仰は本来の信仰から外れている。むしろ反対の根拠がありはしないか。「わたしの母、わたしの兄弟とはだれか」（マルコ 3,33）とイエス自身がいうのだから。

4)

「なぜ、むしろ不義を甘んじて受けないのです。」（1コリント 6,7）という。これは日本でいえば"身を捨ててこそ浮かぶ瀬もあれ"に当たろう。自己を捨てる点で共通である。だが教団的組織になると各人の信仰、その経済的状況、師との結びつきなどに応じた仕方での伝道活動ができ難くなろう。その点は日本のお寺方式がよい。信仰のあらゆる度合いに応じた受け入れができよう。規則が厳しいほど未信の人排除か偽りの信へ堕ちるかである。緩やかな連帯がよい。どんな方法で伝えても相手の人格の中に受け入れ要因がない限り伝わらない。無我はすべての人に共通である。だが信仰は特殊内容があり、これが合わぬと受容されない。大衆受けするものほど直接的伝達が可能だが、特殊内容でそうはいかぬ場合言葉で残し伝えるしかない。以心伝心という仕方での伝達は直接的なので伝達確率が低くなろう。

信仰では各自が召命を受けており、例えば煩悩を断じようとの意識が必要以上に強まりはしない。より積極面が強い。元来煩悩ある身を神は生かしその務めに就かせると信じ生きている。パウロを見てもそうである。

禅の法系のような場合直接的伝達だが少数にしか伝えぬから可能である。多数となったら間接的となろう。もっともそれが真に伝達といえるか疑問であろう。信仰では多くへの伝達を考えるので間接的は不可避である。直接的なら禅以上に少数にしか伝えられまい。無我の上に特殊内容が入るから。ただし間接的伝達をしてもどれだけ伝わるか疑問だ。ただそれへ接するのとしないのとでは相違があろう。内容と人格の呼応を厳密に考えると伝達は稀有となる。しかしそういう個人は伝達されずとも自らそうであるほかない。かくて伝え不要でもある。ただ以前の人のものが当人触発の要因である点では伝えられている。かくて伝達は稀有の人から稀有の人へとなる。多くの人には無関係であろう。人は本人の意識に拘わらず宗教的には欠陥ある存在なので救いを目指す存在である。そうである限り稀有から稀有への伝達とはいえ、目指された対象に共通して対応するので大いに意味がある。

真の法を受け継ぐ人が一人でもいれば法は伝わる。そこで真の福音伝達のため教団内にいることが必要なら、そのための負担、どれほど耐えがたくとも、は福音のためであって自己の利益のためではない。真にそうなら耐ええよう。自己とは別個の大義のためなのでなしうる。大義が自己より大いなる存在である。

　例えば書物による間接伝達の利点。自力でそこまで行く種を自己内に持たぬ人は自分の世界へ相手を引き入れて判断する。そこまで行けた人を誤解する可能性がある。そこまでいけぬとは途中のものに引っかかり、そのため相手をそういう濁った目で見るから。自分がいけていればそうはならない。書物によれば、たとえいけても人たる限り種々欠陥を持とうが直接行けた人を見ないので、相手の欠陥を知りもせず誤解も生じまい。いけた人同士は直接的伝達をし合えるが、そうでない人とそうである人との関係は直接的でないことこそ前者のためである。濁りなき目同士は濁らぬ心で直接相互に認め合える。だが一方が濁っているとこれは不可能で間接的がよい。いけた人の人間的欠陥ゆえ福音という肝心のものさえも一緒に濁った目で見てもろともに捨てかねぬから。パウロでも、会って話すと弱々しい（2コリント 10,10）ゆえ人は誤解もしたであろう。イエスを信じる場合も彼を直接知らないからその分信じ易かろう。当人の欠陥が眼に入ると信じ難いから。こちらの信じようとする気持ちがイエスを信じうるものにする面のあることは大切である。

# 第二章　「靖国神社」考

　　　　　　　　　　（一）

　世には百歩譲ってという言葉があるが、ここでは百歩抑えてとでもいっておこうかと思う。

　さて、いささか唐突なのではあるが、ユダヤ民族はユダヤ戦争で国が滅びて以来欧米を中心に世界を放浪して千数百年後に祖国を再興した。だがその間一貫して旧約聖書という厳しい倫理規範が存していた。これがあったがゆえにそれだけの長きにわたって民族としての一体性を維持し続けられたのではないかと推測される。このことは今なお靖国神社[1]と一体の島国根性のため外国、外国人に対して閉鎖的であることとは大変な違いである。なぜなら仮にそうであっては生きていけないから。これら両者を比較すると天地雲泥の開きである。同和主義は同時に差別主義である。例えば外国人を差別することへ通じていくから。区別と差別とは別である。前者は個の主体性を前提とする。こういう日本の状況にあっては新しいものが入ってきて初めて人は人格的に生まれ出るといえる。戦後は個の主体性確立という考え方を導入するのではないが、戦前とは性格の異なった面は確かにあるにはあろう。しかし基本的には国家主義的、全体主義的、同和主義的な考え方に立っている。その結果、個としての責任感に乏しく、我々日本人は自己自身に対して甘い一面があることを結果している。大拙が「わしは神による世界創造を見た。」と述べたと伝えられているが、これは久松が「わたしには煩悩はありません。」というのと同様で、超個に偏している。その最たる例であろう。禅としてはここまで行かなくては不徹底なのである。だが一方翻って、人としての自己を良心的に反省すれば、ここではいかなる自己弁護をもなしえないであろう。良心的であればあるほど自分自身がそう感じるほかないであろう。こういう点はキリスト教の視点からも大切であろう。「万事が益となるように共に働くということを、わたしたちは知っています。」（ローマ 8,28）ということは、信仰の前進という観点に立って初めて

いえることである。それ以外の場に立っていては、世俗的観点から見れば役立つもの、有益なものなどの喪失も起こりうるので決してそうはいえないのである。

　ところで、靖国神社は戦後は国家神道から切り離され、それ自体一つの宗教となった。憲法で思想、信教の自由は保障されているので、死者を一方的に靖国神社へおまつりすればそれはそういう自由と背馳して当然憲法違反である。だがしかし我々日本人はそういう感覚が希薄なのではないかと思われる。なぜならそういう感じ方の前提となるところの個の主体性という観念が強く自覚されていないからである。そこら辺が非常に曖昧である。違反の可能性がある場合でも厳密には誰も取り上げないのである。このことは良心的判断が曖昧、個の責任感が弱い、要は個という感覚が希薄なのである。そこで観客民主主義といわれたり、選挙では名前を車で怒鳴って歩くだけとかという事態に陥る。

　さて、こういう精神的、思想的背景を前提にして靖国神社参拝、靖国奉納の問題を考えてみよう。戦争に赴き戦死した人々は確かに国のために死んだとはいえよう。しかしそれは国を生かすためではなかった。国を滅ぼすためでしかなかった。この点をまず間違えてはならない。全体主義に同調し当時の軍事政権のいいなりになることは決して国のためではなかった。個の主体性欠如、つまり良心的判断欠落ゆえの結果なのである。自業自得でしかなかった。真に国のために死ぬということであれば、当時の政治権力と闘争し、処刑されることこそがそういう意味を持つことであろう。こういう生き方こそ自己を生きることであり、また国を生きる、国を生かすことといえる。ドイツでもナチスに抗して処刑された人々がいたのである。主体性欠如は決して国のためにはならないことを肝に銘じねばならない。軍国主義国家のいいなりになるのは、国を滅ぼすことでしかない。人の良心、主体性、個の存立—これらはすべて一体のことであり、同心円的構成である。ドイツでいえば、チュービンゲン大学神学部の建物の壁にその名を刻まれている人々こそが国のために死んだ人々である。日本ではそういう人々がいることは聞いたことがない。その分個の主体性が欠落していることを表す。ナチスに調子を合わせた人々は国を滅ぼした人々でしかない。それと同様である。したがって靖国神社に祀られている人々は本来の

立場から考えれば"逆賊"といってもよい如き存在に過ぎない。国を滅ぼすために死んだ人々を祀っている靖国神社へは心底より国のことを思うのであれば御参りすべきではない。否、さらにいえば御参りしてはならない。真に国を思うことと国を滅ぼすために死んだ人々を祀ることとは二律背反であるから。ただその他の一般の神社についてはこの限りではない。日本国の存立を無碍即良心という立場から、これと一つのことと思うのなら何ら問題は生じない。ただどこまでも後者優先でなくてはならない。なぜならこの契機はすべての人、したがって全ての国の根幹と共通性のある事柄であるから。そういう点からは「靖国」神社は廃止しなくてはならない。そうせぬ限り我々日本人は自己の心の自由に至りえぬのではあるまいか。もっともそれがあるだけのことで心の自由を失うほど情けない心のあり方であってはならない。だが情けない心境にあるからこそ廃止して自由に至りうる可能性を入手せねばならない。このことは全体主義廃絶、即民主主義確立と一体である。誤解なきよういっておかねばならぬが、個人としての信仰は自由である。ただ神社が独断で個人の意向と無関係に個人を合祀するのは明らかに人権侵害である。そういうことをしてはならない。日本では先にいったドイツでナチスに抗した如き意味で国のために死んだ人は皆無に近いのではないか。それと一体のこととして今でも靖国詣でを続けている。ただ神社信仰では個人が問題になるのではなく、国家が問題、対象となっている。個人はその国家の一要素として存するだけであれば、これは大きな問題である。どこまでも個が優先せねばならない。さもないと国、全体優先では無碍即良心という普遍的要素以外のことが最優先される点で国家主義、全体主義へと人は陥るであろうから。

　合理性を欠いた精神論形成には靖国神社も大いに貢献しているのではあるまいか。そういう意味では日本の行くべき道を誤らせた責任の何がしかはそこにあるといえよう。全体主義を助長する働きをしている。かくて靖国神社には国のために死んだ人々が奉ってあると考えるのはとんでもない誤りである。国を滅ぼした人々が奉ってあると理解しなくてはならない。特攻隊員として死んだのは国のために死んだのだという考え方は百八十度方向転換せねばならない。これができぬ限り我々日本人は個という自覚を欠いたままであることとなる。

国のためということなら、そういう義や合理性を欠いた戦争に参加することを拒否することこそ国のために生きることを意味していた。したがって、「現閣僚」としての参列は誤った行いといえはしないのか。かくて閣僚の集団参拝は二重の誤りを犯している。否、三重である。国を滅ぼすために戦死した人々を奉ってあるところであること、閣僚であること、しかも閣僚集団とは国を代表していること、国と宗教とは切り離されねばならないからである—こういう三点においてである。閣僚の集団参拝は我々日本人の個としての主体性欠如を象徴的に現している現象、というより事件といってよい。情けないの一言に尽きる。主体性欠如と集団参拝とが一である。集団でないと行動できないのである。まさにくず人間である。否、もはや人間ではない。個として自律できて初めて人間である。ただ裸の「個人」としてであれば思想、信条の自由は憲法で保障されており、行くのは自由であろう。人が改革主義者であるか否かについての判断はこういうところでどのように「行動」するかによって判断される。

　従来の意味で国のために死んだ人々を奉るのみが目的であれば、そういう靖国神社は直ちに廃止せねばならない。このことができぬ限り日本は諸外国、国民へ開かれた国にはなれない。閣僚が列を成してなどもってのほかである。ただ過去における偉人を奉っている神社は残せばよい。そういう人々は各々が各人自身の固有な真の意味で主体的でありうるからである。いかに神社が全体主義的、国家主義的としてそういうものとしては廃止するとはいえ、過去に個人として生きた偉人にあやかりたいという気持ちを否定することは必ずしも必要ではない。また何ら悪いことではない。このことは例えばキリスト教国では聖書の中に出てくる人々の名前が今に採用されていることとも呼応したことであろう。John、Mary、Paul、Ruth などの名前が付けられていることも類似の心情の現れであろう。願いがこもっているのである。ただしそういうところへ精神的に依存してしまってはいけないので、個の主体性確立を強力に推し進めなくてはならない。日本の場合、元寇の役では勝って島国根性へ転落した。第二次大戦では敗れてそうなった。勝敗は正反対だが、転落という事態は皮肉にも同じである。かくて神社信仰からは全体主義的、国家主義的要因は除去するように国としても国民個人としても努めねばならない。ただ先の名前はキリスト

教内でのものなので、それら自体が個の主体性確立へ方向付けられているであろう。そこで神社信仰においても偉人にあやかろうとするとき、それら偉人の個としての主体的言動にあやかろうとするという方向でそうせねばならない。

　靖国神社で国のために死んだ人々を奉ると考えることは個の主体性欠如、良心的判断放棄以外の何物でもない。靖国神社を廃絶しうるか否かが日本民主主義実現の天王山との見方もできなくもないであろう。中韓両国、および両国の人々からいわれるまでもなく、自らの判断でそうできなくてはならない。

　当時の日本人は狭逸な歴史観のうちで考えれば、国のために死んだということとなるのであろう。だがより広い、普遍的価値観に基づいた世界観―こうでない限り世界共通性を欠く―より反省してみれば全体主義、軍国主義に抗して良心的判断を貫き、当時の政府につかまって処刑されたのであれば、それこそ国のために死んだといえよう。

（二）

　武田神社のように武田信玄という偉人を祀っている場合、そこへはお参りしてよい。信仰はどこまでも個人のことだから。だが天照大神を祀っている場合、日本という国をその神が創ったというとき、端から「全」体主義的である。そういう神社信仰は個が祀られてはいない。こういう信仰は他国を差別したりの可能性を孕む。そこで御参りしてはならない。祀られているほうもお参りするほうも、共に個人であることを要す。個人は良心において普遍的性格を有しているから、他国、外国人を差別したりの事態へは通じないから。ただ天照らす神が全宇宙、全世界を創造したと明確に告白しているのならこの限りではない。それは直ちに世界という普遍的次元へ通じていくから。この点が不明確な宗教は神社信仰に限らず全て廃さねばならない。個人の良心を「全」体主義、国家主義的方向へ偏するよう促す危険があるから。偶像崇拝へも通じていく。もし「全宇宙、全世界」という点が明確ならそれは旧約の信仰へも通じていく。もっとも旧約は簡単に宇宙全体の創造とはいい難いが。

　聖徳太子にしろ武田信玄にしろ偉人を奉るのはそれ自体としては悪くはない。だがそれが国家主義的方向へいってはならない。必ず万人に開かれた普遍

的方向へ進まねばならない。前者の方向へ行くと外国蔑視ということともなりかねない。常にそういう危険と一つである。そこで偉人を奉る場合、その人の普遍的側面に注目してのことでなくてはならない。決して日本固有な事柄へ注目してのことであってはならない。たとえ皇室の祖神であっても、その神が人類普遍的内容のことを啓示しているのなら、そういう神を信じて何ら問題はない。だがそうではなく日本一国を特別視して普遍的性格の内容を示していなければ廃絶しかない。かくて教えの内容が普遍的か否かが問題であろう。神社信仰では天皇一族と国家とを切り離さねばならない。さもない限り個の主体性確立へ至りえぬと考えられるから。個人は国家に従属したままとなってしまうから。普遍的次元へ超出できぬから。個人として、国家と切り離され一私人となった天皇一家を敬うことは特に問題はない。

　過去の偉人は全員強い主体性を有していよう。それにあやかろうとするのは結構であるが、その主体性という場合必ずしも良心に発してそれと一体とばかりはいい切れない。しかし少なくともそれに反してのものはないことであろう。良心から直に発しないまでも、個々のその置かれた状況の中で当人の良心に発したものであろう。偉人へあやかりたいという気持ちは尊い。だがそれを直ちに集合、全体、国家へと移行させてはならない。あくまで宗教は個人の領域内へ留めておかなくてはならない。全体へ移行させると、そういう宗教を信じない人々の憲法上の権利を侵害することとなる。この点を肝に銘じておかなくてはならない。

　個人を奉るのは差し支えないとしても、複数の人々（偉人）を集団的に奉るのは避けなくてはならない。なぜならそういう方向は個人の主体的な個を無視して集合化していく方向を志向しているからである。今我々日本人に課されているのは個から集団を経て国（全）へという方向ではない。逆に全から個という方向が求められている。このことを念頭に置いておかなくてはならない。「集」団化は不可避的に「全」化を結果してしまう。なぜならより徹底しようと思えばそうするほかないからである。反対に個の徹底は集合的なものを廃する、同時にそれに代わって個と同心円的一を形作る全を生み出すのである。

　神社は元来神武天皇云々に始まるのであるから封建主義、国家主義、全体

主義である。かくて個の主体性前提の民主主義とは相容れない。そこで仮に文化遺産として残すとしても、過去にこういうものがあったが、これは個主体の民主主義に反していたことを明記した上で税金で維持保管することをせねばなるまい。もとより宗教的活動は一切停止せねばならない。こういう考え方もありうるであろう。過去の文化遺産として残しておくのならともかくとも思うが、では誰がその維持費用を負担するのかを考えると、廃止せざるをえぬのではないのか。民主主義的な個の自覚と相容れないものの保持に税金をつぎ込むことは少なくともできないであろう。民主主義的国家体制への転換は人の意識の変革を不可分的に要求する。これを乗り切らなくては我々日本人の民主主義的変革は未達成のままであろう。結果としてだが、中韓両国、さらには他の国々もそこまでやるのならとして種々の面で日本へ理解を示すこととなるであろう。反対にそういうものが残存していると、そこを起点にいつ何時再び国家主義、全体主義が再興されないとも限らない。そういう芽を摘み取っておかなくてはならない。そこで全国の全神社を廃墟とするのが最適であろう。こういう事態は何ら珍しくもない。全国の多くのお城が廃止となり、石垣のみ残っているところは多い。またそのくらいにならないと心の革命は達成できまい。今日ここから新日本の始まりなのだという自覚が不可欠である。過去との決別である。

　国家主義、全体主義の象徴ともいうべき靖国神社は中枢機能移転とともに直ちに廃絶せねばならない。国家主義、全体主義とは個埋没、良心消滅—その限り真っ暗闇の世界—の社会に過ぎない。個が個として生きていないことはすなわち国も国としては生きえない、つまり滅ぶ道でしかないことを認識しておかなくてはならない。ともに生きるかともに死ぬかなのである。個主体の民主主義への転換にとってこういう認識が不可欠である。国より個を優先せねばならない。国と個とを同一の根源において見ることは現実的には個優先を意味する。そうして初めて国、個が同心円的あり方となりうる。

　国家神道的に靖国神社が生きていることは国主体と個主体とが二律背反であることを意味する。神社は国家主義、全体主義前提で不可分に結合しているので、個前提の民主主義とは相容れぬので全神社を一旦廃止せねばならない。神社が存在している限り、我々日本人は個主体的にはなりえぬであろう。この

ことは島国根性への転落とも一のことである。過去においては無碍ということがこういう神社信仰のような全体主義と一体化していたのではあるまいか。神仏混交という言葉が象徴しているようにである。今後はそれを廃して無碍ということを個、良心と一体化していかなくてはならない。全体主義との一ではそれは真の無碍ではない。こうなって初めて真の無碍となりうるのである。

（三）

　宗教はあくまで個人がその主体である。国が主体であることなどありえない。先に述べたが、国のために死ぬことと国を滅ぼすために死ぬこととは明確に区別せねばならない。この区別は個の主体性の存否や良心の声に従うか否かと関わっていることはいうまでもない。

　竹やりとB29というごとく合理性を欠く。国家神道は現憲法が保障する個人の思想、信条の自由と背馳する。戦前においても「お上」のいいなりになることは国のために死ぬことにはならない。国を滅ぼすのに手を貸しているのみである。各自が良心的、合理的判断に基づいて声を挙げねばならない。日米開戦以前に開戦せぬように努力せねばならなかったのである。合理的に考えて勝てるはずはなかったことは当時としては分かっていたのではないか。いたずらに妙な精神論に陥ったために道を誤ったのである。米国の実情を知っていた将軍もいて、開戦に反対したのではなかったか。それに呼応して反対運動を起こすべきであったのであろう。誤った精神論突入は靖国神社も関わっていたであろう。何もA級戦犯に限ったことではない。AからB、C・・・Z（もしあれば）まで責任は同じである。なぜなら軍事政権の暴走を阻止する努力を少しもしなかった点で同罪だから。A、B、C・・・は連合軍の決めたことでしかない。日本人自身には何の関係もないことである。自分らはAではないから責任なしと考えたら途方もない誤りである。責任逃れの何ものでもない。B、C、D・・・級戦犯だからといって被害者意識ばかり持つのは誤りである。何故主体的に当時の軍事政権に反対運動をし処刑されなかったのか。従軍した以上、自己のそういう主体性欠如については自己責任なのである。この点を忘れてはならない。A級戦犯であるとかないとかは無関係のことである。そうではなくて何事につ

け自らが決めることができねばならない。他から決めてもらわねば自らでは判断できぬという主体性欠如では困る。軍事政権反対運動を行って人々が国のために死ぬことをしなかった。その結果として、反対に国が死んだ。国を殺した。そういう意味ではこれも積極的行為である。

　「お上」のいいなりになることは決して国のためになることではない。自己自身の良心へと深く問うていくことこそ国のためになることである。特攻隊員として死ぬことで「国のため」とは、真実に対して正反対のことをしてしまったといえる。そういう意味では靖国神社は国を滅ぼすための最高機関だったといえよう。良心的判断に従うだけの勇気を持たねばならない。このことは孤独であることと不可分のことでもある。戦うべき相手、方向をまったく誤ったといえる。靖国神社や当時の政府を相手に戦わねばならなかったのである。そうすることができなかったことは個としての弱さの露呈である。個の弱さとはすなわち良心の弱さであることはいうまでもない。「お上」自体が国を滅ぼす手先に成り果てている。こういう「お上」をこそ戦う相手とせねばならなかったのである。当時の軍事政権に反対することを現代へ翻訳すれば、片極集中反対を意味するであろう。なぜなら双方とも国のグランドデザインに関わることであるから。しかもそれらへの反対は共に民主主義体制の実体化追求という点で共通である。

　特攻隊員として死んだことはただの少しも国のためにはなってはいない。無駄な、敗北が明らかな戦争は少しでも早く止めることこそ国のためなのである。かくてそういう死に方が国のためとはまったくの誤りである。かくて止めるための努力をこそせねばならなかった。かくて靖国神社は国を滅ぼすための機関にしか過ぎなかった。このことも個欠落が招いた結果である。神道があることと国家主義、全体主義とは当然一体である。個人の主体性を尊重するのであれば、神道のような宗教は存しえぬであろう。したがって解体せねばならない。国、集団などを優先して思考することを廃すれば当然そうであるほかあるまい。宗教はどこまでも個人の問題である。国全体を一体化した宗教は存しえない。靖国神社へ戦死者を祀ろうとするような運動は日本人における個の主体性、民主主義的自覚の欠落の露呈以外の何物でもない。

靖国神社を国から切り離しうるか否かが日本が個の自律前提の民主主義国家に生まれ変われるか否かの試金石とも考えうる。それが出来ぬ限り日本はいまだ戦前型の全体主義国家でしかない。靖国神社というもの自体が厳密に考えれば個人の思想、信条に反し、さらには憲法違反の疑いさえありはせぬか。
　そこに奉られている偉人たちから全体主義的要因を除去して、当偉人の主体的である面を残すという作業はそれほど簡単に行われうるとは思われない。ここでは偉人側が問題というよりも、あやかろうとする側に問題があると考えられる。こちら側が個の主体性を強く自覚していれば、当然のこととして当偉人のそういう側面に注目することとなろう。偉人はどの偉人も共通してそういう性格を有しているであろうからである。主体的であることなしには偉大な事業を達成などできぬからである。問題はそういう面に注目し、それを自己のその後の生の糧としなくてはならぬことである。ここのところこそ肝心要のところである。ここを決して迂回してはならない。傍観者であってはならない。そのためにも幼少よりの主体性確立の教育をこそ重視せねばならない。

（四）

　戦前に紀元節、天長節、明治節、皇紀2600年、靖国神社などと共に軍事教練も存していた。何らかの意味で普遍的原理に基づいた国家を考えていかないと、自国一国にしか妥当しない原理が登場してしまう。自国を他国から差別化する仕組みが不死となる。これは戦前の体制へ回帰する道である。そうならぬには普遍的原理に基づく国家理念が不可欠である。国としての確固たる姿を探求していけばそうなる。たとえ日本一国を祀っていても、それが直ちに国家主義、全体主義へ転落していくとはいえない。だが往々にしてそうなっていく危険が常在である。よほど平素からそうならぬよう厳重に自らを監視していなくてはならない。そういうことが可能か。それよりそういう偏狭なものは端から廃絶しておくにこしたことはない。事実、過去において神社信仰も廃止の時期もあったのではないか。神社信仰が今後とも生き続けるには日本という狭い地域に閉じ込められた性格のものから世界、宇宙を視野に納めたものへの脱皮が不可欠である。そのことが可能か。できねば信仰自体の廃絶が不可欠である。

我々日本人自身が自国へ目を向けたままからより広く世界へ目を開き飛躍して いかねばならない。そういう点からは国家神道のような視野の狭いところから 自らを解放せねばならない。その神が日本一国を創ったという、そういう天照 大御神という信仰は島国根性と一体であろう。そういう神社信仰は廃絶せねば ならない。してもしなくてもよいが、どちらかといえばしたほうがよいという のではない。廃絶せねば"ならない"。そうして初めて我々日本人は世界へ向 かって飛躍していけよう。日本という際の「日」は全宇宙、全世界を照らさね ばならない。日本一国のみしか照らさぬ日は没さねばならない。この辺の事情 を明確に認識せねばならない。

　良心の大道自体が自己が怠慢に陥らぬために自ら要求するものとして、他 との競争というものが存する。自らの限界を認識していればこそこういう要求 が生まれてくる。逆のこともいえる。こういう要求が生まれないこととは自 己の限界について認識を欠いていることを顕にする。ただその競争は良心由来 で良心と一体なので互いに良心という同一の信頼に基づいて行われることとな る。かくて無闇やたらな道義無視の競争へ突入することは起こりえない。

　こういう点から振り返ってみると、全体主義、国家主義を個人的次元へ移 して考えれば、日本人特有の甘え性として現れているといえよう。このことは また何かにつけ個人の責任を問うことを避けようとする傾向、性癖とも一であ る。こういう全体主義、甘え性などは元寇の役で元を撃退したことの結果の一 つである。このことはまた伝統文化の世襲制とも関わっている。何事につけそ うだが、世襲制は明らかに理に適っていない。なぜならそれによって継いだ人 がその特定の事柄などに秀でているという客観的証左はどこにもないからであ る。その上、本人にとっても他のことを本当はしたくてもできないという事態 を招く。つまり本人の人権が尊重されていない。ただ家元の子であるという理 由で何千何万の弟子のいる家元になれるのならそれもよいという理由でなって いるのみでは真の伝統文化伝承とはいえまい。世俗的地位の伝承に過ぎまい。 日本では何事につけ個より全が優先する。それの一環である。会員には内情は 伝わるであろう。そこで後継者を全会員で選ぶという改革を行わねばなるまい。 民主的改革は同時に真の文化伝承の改革でもある。

「全」優先という傾向は社会階層が固定し易い傾向とも関わっていよう。階層ができるのは誰しも悪いほうよりはよいほうへ行きたいと思うから。だがこの心情はいわば正当防衛にも通じるものであり、決して直ちに誤りだとして退けることもできまい。もしこれを否定すれば向上心一般をも否定することとなろう。

................................................................

《　注　》

1)
　『世界大百科事典』2006年改訂版　415頁には靖国神社について以下のような記述が見られる。靖国神社は陸・海軍省、内務省三省で管理運営された特別の神社であった。祭主には祭典の主催に応じて、陸・海軍武官が任命された。天皇の弔祭をうけ、70余りの行啓幸がなされた。境内には遊就館が設置され、近代日本の戦争記念館の趣を持つ。遺家族は合祀の祭典などの際に招待され、昇殿参拝をした。そこで日清・日露戦争を経て戦死者の増大につれ広く一般に浸透した。戦死者の遺家族には肉親が靖国の神となることによって靖国の家という優越感を抱き、誇りとする向きもあった。第二次大戦後は神社本庁下の一宗教法人として存続。だが日本遺族会、郷友連盟などは講和後の1955年より靖国神社、国家護持運動を推進、靖国神社法案の成立を目指している。この問題は、戦没者への国民感情のあり方にも関わるが、信仰の自由に対する認識にも関わる問題である。

# 第三章　慰安婦問題

　　　　　　　　　　　（一）

　この件について考えるきっかけは、米国内のある町に慰安婦の像ができて立てられたという新聞記事を見たことである。ここではあくまで宗教的次元の事柄として扱っていることを最初に断っておきたい。そういう性格の考察において初めて問題の本質が顕になると思われるから。何の関係もない第三国での先のような行いは自我への執着以外の何物でもなく誤った行いではあるまいか。

　国はもとより単なる個人の集合体ではなくて、それ固有の存在である。しかし国家の利害は結局最終的にはすべて個人へ還元されることとなる。そこで国と個人とが外国に対して別々に保証を要求するというのは考ええないことである。個人、個人という次元を抜きにして国という次元はありえぬことである。一体であると考えざるをえない。国民を代表した存在たる国家が署名している以上、過去のことはそれでもって終了とするほかないのではあるまいか。基本的条約[1]には日韓両国の国民は大きな反対もあったが、大局的見地から両国政府は署名したのであろう。かくて法律上の権利関係が、たとえそれがどのようなことであれ、一度済んだことを蒸し返すのは国際信義に反するのではあるまいか。法律的次元を超えた、いわば永遠的真実としてこのようなことが考えうるのではないのかと思われる。

　平和条約を締結した後になって、それ以前の事柄について相手国の責任を問うてみたり、賠償を改めて要求するのは誤りである。そのような事柄は締結時においてすべて終わっていると理解せねばならない。そのための平和条約ではないのか。もとより国に属すことも個人に属すことも全て含まれていよう。ドライに割り切らなくてはならない。それが国際ルールである。平和条約締結後に再び賠償要求を持ち出すのは過去の蒸し返しになる。その条約を無効にすることとなる。ここは悔しい一面が仮にあっても自国政府が平和条約を締結し

た以上、そのことを尊重せねばならない。「ドライ」とは自己への執着を断つことを含意する。蒸し返しは義に反していよう。日本人自身のうちにもそういう悔しい気持ちを体験した人はいることであろう。賠償金のうちのいくらかを個人へ回すよう自国政府へ要請せねばならないであろう。そうすれば自己への執着が異常とまではいえないかも。要求先を取り違えていると考えられる。韓国政府も個人も自己に甘い甘え性を顕にしているといえはせぬか。二重請求をすれば平和条約締結の無意味化となろう。これは国際信義に反することであろう。自我が表に出るときには必ず何らかの意味で義に反した出方をしてしまうものである。あるいは反対にまったく出ないかである。義と一の出方とはどういうものかを個々の場面（局面）で真剣に反省せねばならない。義に反した出方の根は全ての局面において同じである。その同一の根があらゆる場面で発芽してきている。かくてこの根をこそ文字通り根絶せねばならない。個人としてもそういう問題を外へ向かって発散させるのではなくて内へ向かって問いぬかねばならない。そしてその根源に至り得て初めて真の解決に至りうる。内外共にそうなる。内か外かという一方のみの解決はない。またそれでは解決にはならない。日本の靖国神社の場合では自我という問題がまだ発露していない。発露させねばならない。さもないといつまでも自我という問題は伏在させられたままである。それではしかし何の進展もない。問題を具体的形で顕在化させることをまずせねばならない。個人の思想信教の自由は憲法で保障されている。にもかかわらず個人の了承もなく靖国神社に合祀するのは憲法違反であろう。このこともその一つの場合であるが、日本では何かにつけ個より全、集団を優先して考える。こういう思考方式を逆転させねばならない。このことなしに"個主体"ということはありえない。ここでは当人自身が自らの良心的判断に自らあえて反することを選んで言動している点が最大の問題である。靖国の件では個埋没、蒸し返しでは個執着、双方は一見逆の如く見えるが、内実はそうではない。前者ではもっと個の立場を主張せねばならない。それをしないことには個欠落である。だがこれは真の意味では個が無であるのではない。隠然として存している。後者はそういうものの吹き上がってきた姿といえよう。根源は一つである。共に正しい人のあり方、義、良心に応じたあり方ではない。後者で

のように自己執着という形ではなく、それ本来のあり方、良心に対応した仕方で個を埋没状態から浮上させねばならない。

　国が協定に調印した以上、一端和解は成立している。補償のような事柄はどこまでもキリストの十字架の如く一回限りのことである。かくてまずそのことを認めなくてはならない。個人的次元のことをも含めてとなっている以上、個人的賠償の請求権はない。謝罪にしろ、賠償にしろ請求権は国の協定調印で消滅していることをまず認めなくてはならない。和解した点については韓国政府も責任があると判断される。そこでもし何かするのであれば日韓の政府が共同でという形になろう。そうすれば慰安婦にさせられた人々の気持ちも落ち着きどころが出来てこよう。日本側には過去の行為に、韓国側にはそういう人々の気持ちを無視して協定調印した責任がある。そういう人々の気持ちを尊重するのなら協定に調印はできないからである。日本側へのみではなく、自国政府へも調印した点について抗議が不可欠であると思う。日本が単独で何かすることは筋が通らない。むしろ韓国政府のほうがそういう人々の気持ちを無視して協定に調印した点で何か償いをせねばならないことはないのか。協定調印後はもはや謝罪、賠償などは不要であることは自明のことである。さもないと協定は無意味となってしまう。再度の謝罪などを要求してはならない。たとえ国連人権小委員会の人道に対する罪に当たるという判断があっても、この点については何らの変更もありえない。国連が何をいおうとも価値判断には何の関係もないことである。自らそういう判断ができなくてはならない。なお賠償金の高低は問題外である。たとえ一円でも受け取れば過去は問わないという含意である。そのように互いに割り切らねばならない。そういう義務が発生する。締結後に再度の謝罪や支払いの要求はすべきではないし、してはならない。既に終わっていることだから。その上、締結を自ら無効化する行いであるからである。

　賠償金を払ったことは自己の側の非を認めていることを現す。口に出していわなくても謝罪を表している。かくて相手側もそれ以上の謝罪や賠償金を求めないことが必要であろう。それは国際信義に反する上に二重請求となる。一度お金を受け取っているのだから。二重請求は自我への執着からの行いと判断するほかない。そうとすればこの点をこそ問題にせねばならない。なぜなら人

の争いは全て究極的にはそこから由来するから。そういう甘えは国際的にも、否それ以上に人間自身として許されないであろう。

　中韓両国の靖国神社への首相参拝の反対は国家主義前提なのである。そこで両国から反対が出る前に自らの判断により国家主義、全体主義を廃して個主体の民主主義へ実体として転換することと一体に、靖国神社や神道を国家とは切り離さなくてはならない。靖国に批判的であるまま終始しては、中韓両国の主張に調子を合わせただけのことになってしまう。決してそういう意図ではない。信仰の立場、すなわち純然たる良心の立場からはそれと同時に慰安婦の件については批判的にならざるをえない。靖国神社側の主張、また慰安婦についての韓国の主張の双方へ批判的であるほかない。一方だけの主張、つまり中韓の主張に同調しただけでは誤解を招くであろう。そこであえて後者の問題を取り上げた。世俗的損得で判断されているため純然たる良心の立場とは双方とも相反しているといえよう。釣り合いを取るためにも双方の取り上げが不可避であると判断し、あえて記した次第である。

　自我（自己）への執着が全体主義という形で現れている。いかに神社へ参拝とはいえ、決して無我へ至っているわけではない。むしろ反対であろう。個としてよりも国としてまとまると、さらに悪質になる危険性がある。なぜなら個であれば良心的反省が働く可能性がまだ残っており、それが発動される希望がある。一方、国としてまとまると、国という大義名分（？）ができてしまう。そこで国という名の下に個としては良心的に引っかかることでも合法化してしまうからである。したがって個としての自我の主張よりさらに性悪となろう。このように考えてくると、人が個人として自信と責任を持って行いえぬことは全般に義に合致していないといえよう。なぜならそれは良心から由来していないからである。「日の丸親方」という言葉がある。個々人の責任を明確にすることと矛盾しているのではあるまいか。責任ある個々人がそれらを受け持つのではなくて、集合体としての国である日本という国に責任をかぶせることがその言葉の意味であれば、根本的誤りである。国を全体として弱体化させる一途である。

## （二）

　個としてはその本性たる天に属す部分は世に属さない。そこでそういう部分について世俗では問題にはしない。一方、主として例えば身体に属す部分については元来世に属している。そこでこの部分については世俗で問題となる。慰安婦としての身体の部分については世に属しているので、世俗で問題となる。しかるにそういう部分については個は国に対して権限を委任している。そこで国が和解したのであれば、少なくともそういう部分については和解するほかないのではあるまいか。ただし天に属す魂、信仰に関わる部分についてはその限りではない。

　個が主体的であるとすれば、そういう個の形成している国家が他の国家と協定すれば、それが自国内の個人、あるいは個人のグループにとって利益、不利益に関係なく妥当すると思われる。特定個人あるいは個人のグループに不利益が仮にある場合でも、その人、人々がその国家の中で存立を得て、許されている以上、それに対して異論をさしはさむ権利はなくなっているといえよう。外国との関わりにおいては国が取り決めれば、その事柄は当該国家内の全個人に適用されよう。

　個が主体的であり、個に基づいて国が成立していれば、そしてその国が他国と和解すればとりもなおさずその国を構成する個人は和解したこととなる。そうでないのならその和解は何の意味もないものとなろう。そもそも国が主体的であってこそ国に存在意義がある。さもないとその国はいわば幽霊国家となり、存在せぬこととなろう。

　政府間で協定があった以上、各々の政府は国を代表している。当時の政府がたとえどのような政府であろうとも、それをその国の国民が承認しているのである。民主主義政府はいうに及ばず、仮に共産主義政府であろうと独裁政権であろうと、この点は同様である。

　慰安婦問題の究極は自国政府によって彼女らが無視されたことに帰着する。その存在を重大視していれば日本と協定締結などできなかったであろう。この問題の重大性を真に認識しているのであればそういう対応にならざるを得ないであろう。従って彼女たちが何かをどこかへ訴えるのであれば、自分たちの存

在を無視して日本との講和を急ぎお金を受領した自国政府自身であると判断される。自らが終了させたという自覚はないかもしれないが、その点については自らの側に責任のあることであり、対応する相手には何の責任もないことである。韓国政府自体への抗議こそまず最初にせねばならぬことではないのか。肝心要のことが抜けている。自よりも他を責めるという性癖がここにも見られよう。存在を無視したことについて韓国政府自身がまずそういう人々に対して謝罪せねばならない。もし無視していなければ協定締結はなく状況はまったく異なっていたであろう。こういう事態が生じたことに基づいて考えた場合、自国政府自身による無視という事態が究極の問題点である。このことがいわば発端である。この点を見失ってはならない。韓国政府自身が対日本の問題としては終結させているのである。韓国内の問題として如何に政府が対応するかは韓国自身の決めることである。

　日韓協約によって個人的なことも含めて和解したのであるから、たとえ過去にどれほど非人道的なことがあったとしても、それをも含めてであることはいうまでもない。今後は問わないという含意となる。戦争中なのでこの問題以上に非人道的事態も生じていたかも。そういう未発見の事柄をも含めての合意となろう。もしそうでないのなら協定を結ぶべきではない。したがって締結以後では再度の謝罪の必要はないし、お金の支払いの必要もないと考えられる。以後になって過去を持ち出しての何らかの要求は誤った行いである。協約とはそういうものである。そこのところは互いに納得するほかないといえる。割り切らねばならない。自我への執着は許されない。そうでない限り協約の意味はない。韓国の今現在の政府代表者などは自分自身が日本との講和に調印しお金を受け取ったのではない。そこで日本へ謝罪を要求し、賠償金を要求しようという心理が働く。だが日本政府は過去においてそれらのことはすべて済ましている。この点を忘れてはならない。韓国の代表者の代替わりのたびに謝罪とお金を要求されることとなる。こういう状況は誰が考えても理に適っていない。日本は外国への対応は全て終了させている。国連が仮に外国人への日本の対応について何かの要求をするのは一種の内政干渉となりはせぬか。ドイツでナチスの犯罪の追及も国内からの声によってなされている。西洋は全般に自我の文

化だが、良心の判断に従うこともそこへ含まれよう。日本も何かにつけ積極的対応を行うには無我の国ではなく無碍即良心に基づく文化の国へ変身することを要す。無我の立場では良心的判断さえもそのうちに含まれ消えかねないから。個人的に被害を受けた人がそういうように割り切ることが難しいことは理解できるが。かつての自国政府が和解した以上、その後の政府も国民も自制する必要がある。何のための和解だったのかいぶかることとなろう。割り切ることができないのは自己への必要以上の執着あってのことである。この点をこそ自己自身が問題にせねばならない。自己に対して節度を課さねばならない。

（三）

　以上は主として国家の関わりにおいての次元であるが、個人として改めて請求しては二重請求になるのではあるまいか。ところで、最近例えば米国内で慰安婦の碑や像が造られたことが報道されている。まったく無関係な第三国内にそういうものを建てるのは少々節度を外れているのではあるまいか。自らの抑制が欠けた行動であると解さざるを得ない。自我への執着丸出しであり、完全に誤った行いであろう。そう感じるのはわたし一人であろうか。もっとも日本人と韓国人とでは感じ方が異なるであろうと思われる。戦後世代の我々には直接関係のないことではあるが、キリスト者各自が自己の信仰の反省を行うに当たっての一助として考えておきたいと思う。その点にも関係するのではあるが、韓国では国民の約三割の人々がキリスト者であるとも聞く。もし本当にそうであるとすれば、こういう行いは「復讐はわたしのすること。」（ローマ12,19）、「わたしが彼らに仇を報いるとき、彼らはわたしが主であることを知るようになる。」（エゼキエル 25,17）などの言葉にまさに反していることとはならないのであろうか。これらの言葉は世俗的利害ではなく、良心への帰一を求めている。少なくとも第三者的観点に立って客観的に判断する限りにおいては、そのように考えるほかないのではあるまいか。もっとも「求める者には与えなさい。」（マタイ 5,42）というのもある。これらの言葉をそのまま読めば、前者は復讐するな、後者は与えよと解しうる。だがそういう類のことを相手に対して要求せよとの意ではないであろう。あくまでその言葉を聴いた人が自己

自身の態度としてそうしなさいとの意であろう。相手に向かって求めよという意ではないであろう。与えなさいという主体的対応が勧められている。かくて主体的態度に翻訳すれば、復讐はしない、与えよということなので相手にあえて求めることはしない——こういう生き方の勧めとなるように思われる。いずれも相手に対して負担をかけることを求めないことを意味する。こういう考えで一貫している。相手に与えるように求めよの意では決してないであろう。「行って持っている物を売り払い、貧しい人々に施しなさい。」（マルコ 10,21）ともある。だが受けるのが当然の権利ででもあるかのように要求する者に施せといっているのではない。イエスの言葉を聞く人が行う主体的な態度についていわれている。そこで「施せ」とは「求めるな」という意味になる。

　金銭の支払い如何とは関係なく、第三国でのこのような行いはどのように考えてみても、主体性を欠いていると思われる。なぜなら自己自身の良心の中での反省に基づいていないからである。良心的反省の欠落を伺うことができる。もし良心的反省に基づいていれば、たとえ仮に個人的権利が残されていても、国家が和解している以上あえて個人的請求は行わないであろう。これこそ真に主体的対応であると判断されるのである。

　今までこの件について行われた協定などはともかく、原理的にどのように考えられるかという点に立っての考察であることを考慮して読んでいただければと思う。このようなことを書くのは国民の三割がキリスト者であると聞き、もしそうであれば信仰の場に立って判断する点に共同すると仮定すれば、どのように考えられるかと思ったからである。かくて日韓での相違というよりキリスト教という点で共通的判断に傾くという要素のほうが強いのではないかと思う。原理的にどのように考えられるかという点に立って考えていることと相まってそういうことであろうと思う。
　韓国系米国人が多数いるという事情もあるが、碑や像の建立が米国であることは米国内で自国を日本に対して有利にしようという意図が感じられる。本人たち自身がそうだというのでは決してないが、自分を高めようというのでは

なく、反対に人を引きずり下ろしたいという思惑が背後に感じられる。真の意味での個の欠落が招いた結果であるといえよう。つまりそういう行いのうちにキリスト信仰が真に生きているとは思われないのである。自我への執着が反映した行いであり、反信仰的であろう。

　ここで戦時中のことを参考までに振り返ってみよう。当時日本人が住んでいた東南アジアへ米軍が進駐してきたとき、そこに居住していた日本人女性は生きて辱めを受けるぐらいならと覚悟を決めて次々と崖の上から海の中へ飛び込んで死んでいった。米軍兵士はその状況をただ呆然と見ている以外に何もできなかったと伝えられている。もとよりこれは米軍兵士の対応を誤解してのことであったであろう。だが現実にそういう状況に陥らぬという保障はなかったので、こういう態度に対しても一定の理解は可能である。ある状況に自己が陥ることを自分自身に対してどうしても許せなければ、こういう道もあった。それだけの覚悟がなかっただけのことである。ある状況にあることを自己に対して許したことは、自己へ甘い対応を行ったことが根本にある。自己に対して厳しい対応をすればある特定の状況に陥ることはなかった。自己に甘いということは少なくとも信仰には即さないであろう。強制にしろ任意にしろ売春自体がよくないのだから、過去において強制だったと主張し、それを理由に自己を義認することは赦されない。そういう自己への甘さが招いた結果に対して後で他人に向かって保障せよとは自己に対して二重に甘いというほかない。これが信仰に即した対応とはとても考えられない。批判的になるのもやむをえないのではあるまいか。もとよりこれは信仰的観点からである。自らが自己自身に対してこのように自己反省しなくてはならなくはないのか。一般的にはそういう行いはよくないことなので、仮に半強制的、不可避的事情があったとしても、それを自己義認の理由にすることはできない。

　自己の言動に対して甘い対応を行うという罪の特性が現れている。自国政府がそういう人々の存在を無視して日本との講和に応じ、お金まで受領した時点で対日本に対しての問題としては自らが終了させたことにより終わっている。一円でも受け取ればそれは過去のことは問わないという含意となる。これは当然のことである。常識以前のことである。そういう自己自身の不手際を棚

上げしたまま他の人々のことをあげつらってはならない。こういう声が韓国内で出てきているという話は余り聞かない。自国側、すなわち自己自身へ甘い、こういう対応で本当に信仰としてよいのであろうか。相手国には何の責任もないことである。ここでは自己の責任の棚上げという事態を垣間見うる。こういう状況は良心の立場からすれば十戒という厳しい倫理規範のある旧約的世界とはおよそかけ離れている。
　日韓という立場の相違もあろうが、自分自身の信仰および良心の判断という点では万人共通ではないであろうか。まず第一にしなければならないことは、自己が自己に対して甘かったという反省以外のことではない。辱めを受けて生きるぐらいならという覚悟がなかったという事実である。それからあとのことはそこから自ずから出てくるように思われる。
　さらに考えてみると、自害した人々、性別不問、がもし居られるのなら、韓国人としての誇りを以って自害した人々、つまり自律的、自立的で主体性の確立した人々の声をこそ日韓両国政府は共に聞かねばならぬのではあるまいか。韓国人としての名誉を重んじているのだから。だが残念ながらそういう人々はもはや生きてはいない。そこで聞こうに聞けないのが実態である。屈辱を受けて生きるより死を選んだ人々の声をこそ聞かねばなるまい。ここでも世の中は倒錯している。罪のなせる業であろうか。半強制的にそういう状況に置かれた韓国女性の中にも先の日本女性同様に日本人から辱めを受けるぐらいなら死を選択すべきと考え自害した人もいたかも。つまりそういう仕方で生きるより死を選ぶという選択肢もあった。辱めを伴う生か、誇りある拒否しての死かである。今現在語っている人々は前者に属す人々である。
　ここまで来たら国籍はもはや無関係であることが分かる。自分自身に対して甘く当たるか厳しく当たるかの相違あるのみであり、この点が唯一の根本問題である。一度ならず二度までも自己自身に甘い対応をすることとなってしまう。一度自分にそういう対応をするような人間性なので何度でも同じ事をするのであろう。反対に厳しい対応を行う人間は同じく何度でもそういう対応を行うであろう。
　さて、仮に日韓の立場が逆であってもいうべき、いわなくてはならないこ

とは同じである。否、そうではない。その場合にはさらに厳しくいわなくてはならない。

　大戦後は、特に今現在の日本人は、例えば生き恥をさらすぐらいならというような精神的気高さを失っていて、個主体の民主主義に反する全体主義的感覚という悪い面のみを残しているように思われる。

　韓国側のこのような対応を見ても、かつての日本に比べれば最近は日本の評価は下がり気味であろう。そこでこういう姿勢が生まれてきたとも考えられる。なぜもっと早くではないのかという疑問が自然に湧いてくる。そういう点から考えても、日本はしっかりせねばならない。中進国、発展途上国などが今後次々と発展してこよう。そのたびに日本は相対的に後退するほかないのである。そこで外国へは謝罪も賠償もしているので、今後すべきことは日本国内の民主主義体制の真の構築である。先の如き次元とは異なるところで我が国が世界に範たることを示さねばならない。そうすれば諸外国からの日本への見方は変容を蒙るのではなかろうか。

......................................................................................................
《　注　》

1)
　『世界大百科事典』2006年改訂版（第21巻344頁以下）には、日韓条約に関して、その請求権問題では大略以下の記述が見られる。総額8億ドル以上の請求権資金を日本側が供与することと引き換えに、韓国側が個人の未払い賃金なども含む一切の対日請求権を放棄することを取り決めた。これは韓国民衆からはわずかな金で巨大な植民地支配下の痛苦への賠償請求を放棄するばかりか、かえって借金を負わされ、しかもそのひも付き資金が日本資本の再侵入の呼び水になるという不条理なことであった。

上げしたまま他の人々のことをあげつらってはならない。こういう声が韓国内で出てきているという話は余り聞かない。自国側、すなわち自己自身へ甘い、こういう対応で本当に信仰としてよいのであろうか。相手国には何の責任もないことである。ここでは自己の責任の棚上げという事態を垣間見うる。こういう状況は良心の立場からすれば十戒という厳しい倫理規範のある旧約的世界とはおよそかけ離れている。
　日韓という立場の相違もあろうが、自分自身の信仰および良心の判断という点では万人共通ではないであろうか。まず第一にしなければならないことは、自己が自己に対して甘かったという反省以外のことではない。辱めを受けて生きるぐらいならという覚悟がなかったという事実である。それからあとのことはそこから自ずから出てくるように思われる。
　さらに考えてみると、自害した人々、性別不問、がもし居られるのなら、韓国人としての誇りを以って自害した人々、つまり自律的、自立的で主体性の確立した人々の声をこそ日韓両国政府は共に聞かねばならぬのではあるまいか。韓国人としての名誉を重んじているのだから。だが残念ながらそういう人々はもはや生きてはいない。そこで聞こうに聞けないのが実態である。屈辱を受けて生きるより死を選んだ人々の声をこそ聞かねばなるまい。ここでも世の中は倒錯している。罪のなせる業であろうか。半強制的にそういう状況に置かれた韓国女性の中にも先の日本女性同様に日本人から辱めを受けるぐらいなら死を選択すべきと考え自害した人もいたかも。つまりそういう仕方で生きるより死を選ぶという選択肢もあった。辱めを伴う生か、誇りある拒否しての死かである。今現在語っている人々は前者に属す人々である。
　ここまで来たら国籍はもはや無関係であることが分かる。自分自身に対して甘く当たるか厳しく当たるかの相違あるのみであり、この点が唯一の根本問題である。一度ならず二度までも自己自身に甘い対応をすることとなってしまう。一度自分にそういう対応をするような人間性なので何度でも同じ事をするのであろう。反対に厳しい対応を行う人間は同じく何度でもそういう対応を行うであろう。
　さて、仮に日韓の立場が逆であってもいうべき、いわなくてはならないこ

とは同じである。否、そうではない。その場合にはさらに厳しくいわなくてはならない。

　大戦後は、特に今現在の日本人は、例えば生き恥をさらすぐらいならというような精神的気高さを失っていて、個主体の民主主義に反する全体主義的感覚という悪い面のみを残しているように思われる。

　韓国側のこのような対応を見ても、かつての日本に比べれば最近は日本の評価は下がり気味であろう。そこでこういう姿勢が生まれてきたとも考えられる。なぜもっと早くではないのかという疑問が自然に湧いてくる。そういう点から考えても、日本はしっかりせねばならない。中進国、発展途上国などが今後次々と発展してこよう。そのたびに日本は相対的に後退するほかないのである。そこで外国へは謝罪も賠償もしているので、今後すべきことは日本国内の民主主義体制の真の構築である。先の如き次元とは異なるところで我が国が世界に範たることを示さねばならない。そうすれば諸外国からの日本への見方は変容を蒙るのではなかろうか。

．．．．．．．．．．．．．．．．．．．．．．．．．．．．．．．．．．．．．．．．．．．．．．．．．．．．．．．．．．．．．．．．．．．．．．．．．．．．．．．．．．．．．．．．．．．．．．．．．．．．．．．．．．．．．

《　注　》

1)
　『世界大百科事典』2006年改訂版（第21巻344頁以下）には、日韓条約に関して、その請求権問題では大略以下の記述が見られる。総額8億ドル以上の請求権資金を日本側が供与することと引き換えに、韓国側が個人の未払い賃金なども含む一切の対日請求権を放棄することを取り決めた。これは韓国民衆からはわずかな金で巨大な植民地支配下の痛苦への賠償請求を放棄するばかりか、かえって借金を負わされ、しかもそのひも付き資金が日本資本の再侵入の呼び水になるという不条理なことであった。

# 第二部

# 世俗的次元

# 第一章　不義との対峙

### 第一節　世と教団

#### （一）

　教団も世も神なき世界に生きている点は同じである。だが教団内にも世はありうる。否、あるほかない。だから両者の二分は無理がある。世がなければ信じることも不要である。両者は本来別物ではなく、反対に世的であるほど教団的要素もそこに存しうる可能性がある。もっともそれの現実化には人の決断が必要だ。かくて横での両者の分離は不自然でむしろいわば縦に分けるべきである。かくて世界全体が教団であってよい。その中で世的とキリスト的なもの両者間に戦いがある。世しかないところでは世などはない。キリストが入ってきて初めて世となる。だからキリストが世に入ったとき可能的には全世界が教団となった。受洗者のみ選ばれた人々とはキリスト独占であり許されまい。またそうでないとキリスト伝道もできまい。信者だけが仲間だという気持ちではそうでない人々へは伝え難い。すでに信者でなくてもキリストが世に来た以上全員がすでに教団の一員だという気持ちで臨むべきである。どの人の心にも世的要素と信仰的要素があるが、信者のみ仲間という態度では灰色領域はなくなる。教団の内外を含めて大多数の人々はここに属する。それなのにこの領域排除だと内の人へは必要以上に白をつけ、外の人々へは実際以上に黒をつけ差別する結果となる。キリスト受肉で可能的教団となったその可能性を現実化するのがキリスト伝道である。これには各人の決断を要す。教団はその手助けをする。可視的教団に目を奪われると可能的教団の膨大さを見失う。双方は二者択一である。後者へ目を据えることは前者へ囚われぬことである。パウロは迫害者の終末での裁きを書かず洗礼を少しの人々にしか行っていない。可能性に目を向けねば進展はない。未信者は駄目だでは相手の差別意識のため被伝道者として肝心のものを受容できまい。福音自体よりも周辺の事実のためそうなる。後者の問題性が福音伝播を大きく阻害する。人には本来受容し易い福音をそうでな

くすのは人側での種々の問題である。受容し易くしようとすれば脱福音化になり、反対にこれを避けたいと受容し難くするというジレンマに陥る。世が自己同一的に留まる限りそこには世もないといったが、通常はこれを世と考えキリストのからだ、教団外と考える。むしろ世は教団内にしかないと考えるべきだ。通常の世にもキリストがあり、とせねばならない。かくて何らかの神が信じられていれば世とキリストの対立がその原初的形で存する。そこでいかなる神も信じられていない場所はなく全人類がすでにその対立下にある。可能的にはこうなる。身体が有機体として外部から栄養を取り入れるように教団もそうしないと老化する。自身の生命の再生産が不能となる。この養分とは世である。それを取り入れ消化、吸収して自己の養分とする。そうせねば養分不足で枯れる。教団は均質化され生命の根源を失う。世を容れるほど根源が増大しエネルギーも大きくなる。ただ世が大きいほど消化、吸収により大きい消化、吸収力を要す。それを身につけるのに教団は大いに活動せねばならない。これが教団に活力を与える。常に世を取り入れる状況になくてはならない。止めると大きい消化力不要で小さいそれしか保持しえない。不要物は保持しないのが生命体の自然なあり方である。退化である。かくて受洗での内外分離は不都合である。外の、世的なものこそ教団の生命の根源なのにそれを外へ追いやるから。本来なら来るべきものさえ拒む結果になる。一定以上に関われない人の切り捨てになる。逆にせねばならない。イエスは全人類、全被造物のために死んだのだから儀式による差別など一切せず万人受け入れがふさわしい。その時々の人の気持ちを重視して受洗させる処置は疑問である。イエスがヨハネから受洗した（マタイ 3,15）とき全人類がそうした。かくてもはや人は個人としてその必要はない。イエスが罪のため死んだので人が自分の罪のためもはや死ななくてよいのと同様である。人側での時々の気持ちよりイエス側での事柄へ重点を置くべきである。儀式による内外差別は外の人々より内の人々へより大きい害をもたらす。自己へのそういう特殊な認識が自我のよりどころとなり、自我克服に逆行するから。イエス受肉以前は種々の宗教があり、人を差別していた。そこへ受肉したイエスはそういう差別を廃したはずである。ところが今度はそれ自体が差別の源泉という倒錯に陥った。

全地球がイエスの出来事が生じた時点で神の教団となった。そうなりうる可能性あればこそイエスは受肉した。それが直ちに現実性ではないが、全世界が神に対し和解させられた以上神の教団である。自己がそうだと自己認識する前に教団と認定された。そうなのにその内のある特定部分の教団としての区別は意味がない。可能的教団を現実的教団にするのが福音伝達の意味だから。ある特定部分のみの教団化は教団の狭溢化を招く。全世界がすでに教団だとの認識から出発せねばならない。まだ教団でない部分ありと考えてはならない。そうである、ないは人の決めることではない。すでに神が決めている。ここには人の判断の入る余地はない。神の決定に人は口を挟む権利はない。こういう認識に立って初めて信者と未信者との交流も可能だし、有意義ともなる。信じねば仲間外れでは差別が生じる。またここでこそ罪を憎んでも人を憎まぬことも可能となる。さもないと仲間でなくなり人まで憎む。しかも神不信からの差別なので人同士でのそれと違い重大な結果を招く。相対的なことでの違いではなくどっちでもよいとはいかぬから。根本的な和の上での罪との戦いのためには以上のような建前に立つ必要があろう。こうして和戦一如が可能となる。さもないと和と戦とはばらばらとなる。ここでは和は和でなく、戦は戦でない。つまり和は神による和ではない。戦も神による戦ではない。人主導の和であり戦である。和あるところでは和のみ、戦あるところでは戦のみとなろう。だが真には戦は和から出て和へ帰る。和は戦によって生まれ戦の中にこそある。
　こういう考えが背景の実践では洗礼による内外の区別は生じえまい。根源的には全員がすでに内にあるのだから。その点をいかに自覚させるかの問題である。伝えても信じぬ者を外部者として除くことではない。ただこの自覚は禅での悟りのごとく本来内面にあることの自覚ではない。自己外から与えられた自己認識である。与えられて初めてそういう認識が可能な点が異なる。どこまでも信仰を問う人は集団からは排除されるが、罪による弱さゆえ信仰、宗教には一般に人が集団化せざるをえぬ要因があろう。このこと自体が人が罪から逃れ難い要因を持つことを現す。そういうあり方に依存せず、個人として信じればそれだけ罪も少なかろう。神の前に一人立つことと集団の中にあることとは必ずしも一ではない。集団は自分一人が神の前に立てばあってなきがごときで

ある。集団へ自己の責任を埋没させえない。だから教団がキリストのからだとはいえ、終末時に各人が神の前へ出るときそれはもはやそうでなくなる。そのときこそが終末時である。

　自我克服なしなら教団内に居れるはずはなく飛び出すであろう。反対にただの自我克服なら教団内にいる必要はなく、居るも飛び出すも自由であろう。だがキリスト信仰へと自我克服したら飛び出す自由はない。そういう自由を自ら捨てた。あえていえば地獄に留まる必要がある。実践せずとも既成教団内に疎外の形で留まることはただそういう時間の持続を意味するだけではない。自己の人生がそういう疎外的状況で終わるほかないことが次第に顕になる。これが信仰をさらに深化させる。一方、実践すれば何人かを救いえよう。そういう人から師と慕われよう。自分の仲間がいて疎外は消えよう。だがかえって信仰の深化を妨げよう。

　人は集団で暮らす。時間的には歴史的関係で、空間的には同時的関係で。罪は同時的に集団全体へ波及するとは理解し易い。一方、罪が歴史的に伝播とは理解し難い。これはしかし自分が死んでも民族の中に祖として生きるとの考えにも通じる。このように個人であるとともに集団であることは歴史、同時双方で考えうる。

　ただ今日の民主主義国では信仰の押し付けはない。そう感じることは当人がいかに自己実存的に信仰を問うていないかを現す。その点が実行されれば少しも押し付けとは感じまい。心の律法に従っての決断は民主主義の根本的条件である。各人がそうあってこそ多数決にも意味がある。かくて個人のそういう決断は社会的にも重要である。

　「持っていない人は持っているものまで取り上げられる。」（マタイ 13,12）は迫害的状況では、信仰ある、一次的な者へのさらに先の二次的な、イエス復活自体を今の自分のこととして信じる進んだ信仰の授与を示唆する。一次的信仰は前段階のようなものだが不完全なのではない。それはそれとして完全である。今の状況に応じて完全である。各状況に応じた各完全信仰がある。内容の異なるのは当然である。

キリスト教国では教団と世とはまったく重なる。双方の区別は無意味である。そこで教団（世）と個となる。日本のような非キリスト教国でも世から教団が明確に区別されはしない。その線はあいまいである。消えかかっている場合もあろう。結局、真に信じている個と世との対応となる。三者は山にたとえうる。頂上に個がいる。次第に稜線が低くなる。一番裾野が世の端である。個は元来世の方へ向いていない。世はそれに対し世（自己）の方へ向いている。向きがそもそも最初から異なる。ここには連続はない。見えざる教団と見える教団との区別もここに根拠がある。前者は世の方へ向いていない人々から構成される。かくて見える教団より見えざる教団の方が大切である。多くの人には心の律法が第一のことではない。そこで基本的には世の方へ向くこととなる。そのことは心の律法が第一でない多くの人々が心の律法第一の人によって点火を開始された神の言葉を維持するのにかえって役立つことになる。何事も核だけではなく周辺のものがある。多くの人々はこれに当たる。心の律法を第一にしえぬ人々はそうする人へ一種の憧れの感情を持とう。これが信仰を信仰する一半の理由となる。直接的信仰、間接的信仰、それすらしない、こういう三種に分けうる。これらは各々個、教団、世に対応する。中間の人々は現実には世の方へ向いているが憧れとして信仰の方へ向く。

　現代の日本でも教団と世との二世界の区別は成立しない。そこで旧約の預言者がイスラエルの民に悔い改めるよう説くが、そのような呼びかけが同価値的な行いを意味しよう。教団と世とは実際の中身としては区別しえぬのが実態である。同じ人間が構成するのだから当然であろう。これは単に日本での状況ではない。神到来が欠けていればいつでもどこでもそうなる可能性のある普遍的状況である。その分そこから学ぶことも多い。教団と世との相違は神を第一と認めるか否かの相違である。認めても神が現実に支配してはいない。この点は中世の教会を見れば分かる。世は神第一を認めていない。日本はさしずめそういう異邦人世界の一部と考えうる。今の日本では教団と世との区別はまだできていない。教団はいまだ日本社会の中でそれほどの力はない。むしろパウロが伝道していた状況に近い。その点キェルケゴール時代のデンマーク社会は全員キリスト者であり、今の日本とはまったく逆だった。だがこういう状況では

キリスト者の意味が薄められほとんど意味を成さない。そこで異邦人伝道と同じ状況にあろう。アウグスティヌスではそうではなかった。先のデンマークの状況では一人、一人が決断を経てキリスト者になってはいない。その限り教団は同時に世でもある。区別は元来そこにはない。それに比すれば日本の教団は決断を経た人々の集まりであり、一応真に教団といえる。その外にはるかに大きい非キリスト教的世がある。だからそこへの伝道は大切である。かくて構成員各人の決断を経ての構成が真の教団たる不可欠要件である。それで初めて世との区別ができる。思想信教の自由があり、そういう点からの差別なきことが両者の区別成立に不可欠である。差別があると人はそうされない方へ動くから。啓示の神を第一位に立てることを承認し、そう決断しえた個人の集まりが教団である。こういう教団はばらばらの個人的キリスト者が二次的に集まってもできはしない。個人的誕生と教団のそれとは二即一の事態である。同時誕生である。これは人がアダムとエバという二人から最初できたとされることと呼応する。人は一人で存在する次元のものではない。

　教団と世との関係は個々の場所、時代により多様である。各々の状況によりキリスト教側からの働きかけもその形は異なる。臨機応変が必要である。今の日本では異邦人伝道という性格のそれが中心となる。まだ土着化していないから。ヨーロッパに土着化したものの直輸入では受け売りの域を出ていない。禅での主体性重視とは異なる。いつまでも土着化すまい。真の土着には自己実存的に問うことが大切である。その過程にある人はそういう仕方で求めていない多くの人々から離れることも生じよう。一旦そこへ達したら、そこから土着化への活動が始まる。こういう観点からなら教団の中でも外の世にあっても有意差はない。未土着化の教団は足が地に着いていないからいわば宙に浮いている。さしあたり見えざる、土着化した真の教団の誕生を目指した活動が要請される。霊的なものは一般に不可視だがここでもそうである。見える教団も世もともに霊的、不可視の教団へ変化するよう願っての活動である。夢かも知れぬが夢なしに人生は生き難い。未土着化の教団は厳密には参与が未成立であり、真の教団とはいえない。日本のキリスト者が百万以上には増えぬことも土着化欠如が一因であろう。不可視の教団は唯一で一様だが、可視の教団は二様であ

る。土着化したものとそうでないものである。欧米文化圏内のものは前者であろう。だがそれ以外の文化圏内の教団はおおむね後者であろう。少なくとも日本ではそうであろう。

　自己が信じようとするほど逆に周囲の世界のいわば悪魔性が顕になる。自己自身が周囲の準悪魔的世界に埋没しているとそういう効果も出てくまい。拖泥帯水の働きをするほど教団全体を統一させる力が働く。キリストをかしらの団体として生き、働く。ここでは神が自分に何を望んでいるかを考え実行せねばならない。自分が何をなすべきかではない。ただ余りにも心理的側面の分析に関わり、それへのめりこむのは福音的あり方といえない。世への神の受肉の一反映として福音が人の心に宿るのだから。もっともこの二つは切り離しえない。神は人の心の中への福音の受肉の構造分析ばかり望むとは思えない。現代の諸状況にいかに対応するかを神は福音に対し望む。個人の救いの心理構造の分析は二次的事象である。伝道には直接的方法と文書での間接的方法とある。深く考える場合は前者は無理である。本質的、普遍的にそうであるだけでなく、現代文化の複雑化もそれを要求する。文書媒介なので直接的ではない。文書はそれ自体人格を持った独立した生き物である。媒介後次第に直接的関係になるとそれは双方のためになろう。自己以外の他なる何かへ依存しては自己実存的でなくなる。現代での、しかも自己一人のこととして問い抜かねばならない。そこで初めて同時代に生きる人々へ宣べ伝うべきことが認識される。さもないと何を伝うべきか分かるまい。信仰とは個人の事柄と同時に集団の事柄である。パウロもある人は異言を語り、ある人は預言するという（1コリント 14,2以下）。信じ方にも各人の資質に応じた仕方がある。各信じ方の価値の差はない。この点はイエスが百人隊長の信じ方について「これほどの信仰を見たことがない。」（マタイ 8,10）という点にも現れる。

（二）

　世と教団とは重なるが向きは異なる。教団は神へ向き、世は世俗へである。かくてその会員は相反する二方向へ引かれる。礼拝中は神へ思いを馳せ、一歩外へ出ると世俗の思いへ向く。矛盾した統一性なき状況に心はある。あるとき

は主への思いに浸り、あるときは世俗へ集中して生きる。主への思いは世俗ほど集中力を要すまい。むしろそういう集中を弛緩させる。「わたしのもとに来なさい。休ませてあげよう。」(マタイ 11,28)とはこういう点を髣髴とさせる。世俗は集中を要求し、教団はその弛緩を促す。二世界での相反する思いはその様態でも相違する。教団は世に生きる人にとり安らぎの場となりうる。当人は教団内でも世での思い煩いを忘れえぬから。心が一時的にそこから離れよう。現実変化なしでもそれは可能であろう。ただ仕事なら解決せねばならぬので心が離れえまい。仕事に限らず世俗では解決不可欠の案件が多い。心が離れきりえまい。たとえ礼拝中でもそれが気にかかるのが実情であろう。二種類の方向へ人は分かれはしないか。イエスのいうよう「持っている人は更に与えられて豊かになるが、持っていない人は持っているものまでも取り上げられる。」(マタイ 13,12)となる。羊と山羊に分けられる。苦難が来て救いと滅びへである。偽物と本物が明確となる。苦難はかくて本物を選り分ける神からの使いであろう。神はこういう隠れた姿かたちで我々の眼に現れる。直接見たら死ぬのだから。反対のものを通して間接的に知るほかない。人が直に知りうるのは自己と同等の相対的なもののみである。益々与えられる場合、解決を要す問題とともに主がやってくる。前者が来るほど後者も来る正の循環がここにはある。一方、益々失う場合、反対に前者が来るほど後者は去っていく。負の循環が支配する。苦難が主を当人の心から追い出す。最終的には完全喪失である。かくて教団と世との境目は苦難到来で明確となる。持っているものまで失う者は教団にいること自体を無意味と感じ去って行く。こうして教団内は雑草が除かれ純度の高い集団へと華麗に変身しよう。苦難は曖昧なあり方を許さない。益々与えられる場合、そうなるにつれて当人自身信仰の下で世事に当たる意識から主自身が自己に代わり苦難に対応するという意識に変わる。個たる霊の誕生である。苦難が心を世から清める。それに伴い心は自己自身からも自由になる。一段と高いところから苦難に対処する。ここではもはや自己が何かをするという心境ではない。心が自己から自由とは自己を超えた力の到来を示唆する。その力が対処の主体となる。ここにはいかなる困難も解決しうる希望が湧く。こういう信仰に基づく希望は人間的見通し、見込みには拠らない。人を超えたところから

由来する。人がどんな苦境に陥っても消えはしない。人以上の者からの贈り物だから。人起源でなく神起源である。こういう希望は苦難が来るほど湧く。当人にとり苦難より大きい希望を神は与えるから。苦難をしのぐだけのものを要すから。ここではどんな苦難も既に解決済みである。たとえその現実的解決が終末時であろうと。そういう信仰―希望で既に世を出ている。命は世を超えた天にある。神は苦難をしのぐに足る希望を与えるが余りにも大きなものは与えない。それは人を傲慢の罪に落とす危険があるから。神は人に余分物を与えない。用が足りればそれでよい。過不足なしが大切である。苦労を経ぬあぶく銭は人には有害である。それと同じである。余分な恵みはあたかもそれが自己由来かのように思いなす危険があるから。心の自己自身からの離れは究極的には苦難からの離れを意味する。要はあらゆるものから心は自由である。ここで初めて随処作主といえる。余分の恵みはかえってこういう心のあり方を妨げる可能性がある。余分なところで人は神の恵みに陶酔するから。ここから種々の誘惑が生じ、それに引きずられ堕落する。旧約の歴史ですぐ分かる。たとえ心が世からも自己自身からも自由になっても世に人として生きる限りこうなる危険は常にある。人は極論すれば神にもサタンにもなれる。通常の住所を少し変えた場という信仰者の分を守らねばならない。天使の位置の簒奪は許されない。かくて心の自由といっても暫定的意味である。完全な意味でではない。その点自由になりつつあるというのが正しい。自由であるが自由ではない。自由でないが自由である。一種の矛盾した状況にある。自由が現れれば不自由は隠れる。反対は反対である。双方同時に現れはしない。反対に同時に隠れもしない。ただ恵みが苦難より少しだけ大きいことは不自由より自由がその分大きいことを現す。

　世から教団を見れば奇異な集団と映ろう。キリストという特殊なものを信じるから。もっとも世は内容を詳しく知るはずもない。世はどの宗教集団にも特異な印象を持とうがそれは個々の集団の信仰内容への無知を現す。信じない人々なので当然である。世の何割の人が加入かで見方も変わろう。大多数加入なら信仰は水か空気のごとし。未加入の人から見て特異とは映るまい。加入者が多いほど特異との印象は薄いから。人にとって習慣とは恐ろしい。何でも最

初はめづらしくとも慣れると何でもなくなる。むしろ未加入の自分こそ特異かなという反省さえ生じよう。こういう傾向は多い方へつくと心に安心感を与え、少ない方へつくと不安感を与えることを反映する。前者は人が易きにつくことの現れである。反して信仰は多少に拘わらず自己としての決断を反映する。数の多少はここにはない。何が真実かが支配する。かくて多数につくか真実につくかが根本問題である。数と真実との対決である。信仰とは全世界の人が反対でも自分はここへつくとの決断である。だからこそ脱世、脱時、脱自である。時空超えと自己超えとが呼応する。一方のみの現成はない。自己は時空の中にあり、前者超えは必然的に後者超えを含む。逆も真である。大多数の方へつくことは人へ真の安心を与えない。それは単に割合が多いというのみで究極的意味での価値判断は何ら入っていないから。この点抜きでは人は真の安心へ至りえない。人は人格的存在であり人格的価値の考慮を要すから。これなしでは人は人でありえない。単なる動物でしかない。
　教団から世を見ると世俗事に煩わされる哀れな存在と映る。拠るべきところへ拠っていない。そこでそういう無様に陥る。反面教師である。そこには真の希望はない。死の限界内での生しかない。そこを超えた生を知らずでは限界内の生をも十全には生きえない。前者の生に立たぬと自由な立場から後者の生を評価しえぬから。限界内で生きようとすると人は永遠を考えるので無理が生じる。有限の内に無限を求める倒錯に追い込まれるから。有限を無限化せねばという矛盾である。これの不可能は明白である。しかるに必要なので無理がある。それは人自身の生へ跳ね返る。そこで教団からは世とは何と愚かなところかといぶかられる。しかもそういう状況を不思議もなく生きるので二重の驚きである。世から教団を見ると奇異な世界であるが、反対に教団からの世はそれこそ不可思議世界である。心を留めつけるところなしに生きているから。こういう生は生全体を統括する人格原理を当然欠く。結果、その場限りの場当たり的方針しか出てくまい。それでは人格として一貫した生き方はできない。その都度の世俗的都合で左右される生となる。一定の原理に則った生は送れまい。積極的には生きえない。悪いことを避けるのが関の山であろう。それ以上の前進は原理を要す。しかも世を超えた原理なので世自体からそれを得ることは望

由来する。人がどんな苦境に陥っても消えはしない。人以上の者からの贈り物だから。人起源でなく神起源である。こういう希望は苦難が来るほど湧く。当人にとり苦難より大きい希望を神は与えるから。苦難をしのぐだけのものを要すから。ここではどんな苦難も既に解決済みである。たとえその現実的解決が終末時であろうと。そういう信仰―希望で既に世を出ている。命は世を超えた天にある。神は苦難をしのぐに足る希望を与えるが余りにも大きなものは与えない。それは人を傲慢の罪に落とす危険があるから。神は人に余分物を与えない。用が足りればそれでよい。過不足なしが大切である。苦労を経ぬあぶく銭は人には有害である。それと同じである。余分な恵みはあたかもそれが自己由来かのように思いなす危険があるから。心の自己自身からの離れは究極的には苦難からの離れを意味する。要はあらゆるものから心は自由である。ここで初めて随処作主といえる。余分の恵みはかえってこういう心のあり方を妨げる可能性がある。余分なところで人は神の恵みに陶酔するから。ここから種々の誘惑が生じ、それに引きずられ堕落する。旧約の歴史ですぐ分かる。たとえ心が世からも自己自身からも自由になっても世に人として生きる限りこうなる危険は常にある。人は極論すれば神にもサタンにもなれる。通常の住所を少し変えた場という信仰者の分を守らねばならない。天使の位置の簒奪は許されない。かくて心の自由といっても暫定的意味である。完全な意味でではない。その点自由になりつつあるというのが正しい。自由であるが自由ではない。自由でないが自由である。一種の矛盾した状況にある。自由が現れれば不自由は隠れる。反対は反対である。双方同時に現れはしない。反対に同時に隠れもしない。ただ恵みが苦難より少しだけ大きいことは不自由より自由がその分大きいことを現す。

　世から教団を見れば奇異な集団と映ろう。キリストという特殊なものを信じるから。もっとも世は内容を詳しく知るはずもない。世はどの宗教集団にも特異な印象を持とうがそれは個々の集団の信仰内容への無知を現す。信じない人々なので当然である。世の何割の人が加入かで見方も変わろう。大多数加入なら信仰は水か空気のごとし。未加入の人から見て特異とは映るまい。加入者が多いほど特異との印象は薄いから。人にとって習慣とは恐ろしい。何でも最

初はめづらしくとも慣れると何でもなくなる。むしろ未加入の自分こそ特異かなという反省さえ生じよう。こういう傾向は多い方へつくと心に安心感を与え、少ない方へつくと不安感を与えることを反映する。前者は人が易きにつくことの現れである。反して信仰は多少に拘わらず自己としての決断を反映する。数の多少はここにはない。何が真実かが支配する。かくて多数につくか真実につくかが根本問題である。数と真実との対決である。信仰とは全世界の人が反対でも自分はここへつくとの決断である。だからこそ脱世、脱時、脱自である。時空超えと自己超えとが呼応する。一方のみの現成はない。自己は時空の中にあり、前者超えは必然的に後者超えを含む。逆も真である。大多数の方へつくことは人へ真の安心を与えない。それは単に割合が多いというのみで究極的意味での価値判断は何ら入っていないから。この点抜きでは人は真の安心へ至りえない。人は人格的存在であり人格的価値の考慮を要すから。これなしでは人は人でありえない。単なる動物でしかない。

　教団から世を見ると世俗事に煩わされる哀れな存在と映る。拠るべきところへ拠っていない。そこでそういう無様に陥る。反面教師である。そこには真の希望はない。死の限界内での生しかない。そこを超えた生を知らずでは限界内の生をも十全には生きえない。前者の生に立たぬと自由な立場から後者の生を評価しえぬから。限界内で生きようとすると人は永遠を考えるので無理が生じる。有限の内に無限を求める倒錯に追い込まれるから。有限を無限化せねばという矛盾である。これの不可能は明白である。しかるに必要なので無理がある。それは人自身の生へ跳ね返る。そこで教団からは世とは何と愚かなところかといぶかられる。しかもそういう状況を不思議もなく生きるので二重の驚きである。世から教団を見ると奇異な世界であるが、反対に教団からの世はそれこそ不可思議世界である。心を留めつけるところなしに生きているから。こういう生は生全体を統括する人格原理を当然欠く。結果、その場限りの場当たり的方針しか出てくまい。それでは人格として一貫した生き方はできない。その都度の世俗的都合で左右される生となる。一定の原理に則った生は送れまい。積極的には生きえない。悪いことを避けるのが関の山であろう。それ以上の前進は原理を要す。しかも世を超えた原理なので世自体からそれを得ることは望

みえない。ぜひ世を超えた啓示の神から得る以外ない。また世には無数の分裂がある。これも全体統括の原理欠如の故である。神への信仰抜きでは人間社会はまとまりを欠く。分裂は結局人の心での分裂が社会的次元へ反映したものである。人の心は事ある毎左右に揺れる。無数の左右揺れがある。何事にもどっちにしようかと迷うから。これが日常なので当然と思っているが、迷いの連続とは正常ではない。根本的原理があればそこから他の事項を判断しうるので無闇には揺れ動かない。心は多でなく一というあり方を要す。一から多が生じてもそれは一の下での多なので一に帰しうる。一なしの多では多の帰す場がない。そこで混乱は必至である。たとえ多が一時的に解消したかに見えても真にはそうではない。先の多だが一から出ている以上多は多であるままで一である。一方、一なし多は文字通り多である。ここには一はない。そこで多は統一も何もない雑多な多であることを避けえない。

　時と場合によっては世は教団に対し敵対的になろう。歴史上何度もあった。少なくとも現代では民主主義が一般的であり、教団の信じる主とは別の絶対的なものを世が教団へ押し付ける事態は特殊の場合である。世の立てる王が教団の王と異なると、人は二人の主人に兼ね仕ええぬので由々しい問題が生じる。信仰を捨てるか生命を捨てるかである。ここは各団員の自主的決断に委ねるほかない。強制すべきことではない。ある者は益々与えられ信仰の極致に至ろう。世の命を捨てて永遠の命を受けるのだから。これ以上はない。民主主義社会では一般に強制ということはない。かくて現代では教団はむしろ民主社会の基礎を提供する。神の前では各人が互いに同等で権利が平等という理念を支えるから。逆にいえば教団が世の世俗的目的のための方便として利用される局面さえ生じよう。社会的には共通的基盤があるから。その分教団の中に世の勢力が入り教団を不純にする。少なくとも中世ぐらいまではそうではなかった。反対に共通性が少ないとその分両者は相分かれよう。教団の方も常時福音に忠実ではないし、世の方も時所位により変容するから。そこで両者の関係は各々のあり方でいわば大小自在であろう。教団が拡大し世を侵食もする。逆に世が拡大し教団を侵食もする。双方とも人が生きている以上生きた生き物同士の関係である。そこで常時固定の関係にありはしない。流動的要素も大いにある。ただ旧

第二部　世俗的次元　149

約でのレビ族の土地所有不認可が示すように、教団が余りに間接的形でとはいえ世に深入りするのはよくない。両者の一体化を結果するから。やはり教団には世から離れるという要件が不可欠である。そうあってこそ教団は世の光でありうるから。各団員がそうであるには尽きない。教団自体が世の光たらねばならない。「あなたがたは世の光である。」(マタイ5,14)というときの「あなたがた」とは教団の意でもあろう。それには教団の中を世支配の法則とは異なる法則が支配することが要請される。さもないと世の光たりえない。光とはそもそも照らすものだ。闇を照らす。世にある闇の法則を切り裂いて輝き周囲を照らす。世とは教団内とは逆の、利害打算、世俗を究極事とする法則の支配する世界である。心の闇を照らされた人で教団加入の人も現れよう。教団領域拡大となる。世が世的になるほどかえって逆に教団拡大を結果する。世が世とはいえ一定の法則で適切運営されれば、その分多くの人はそこに安住しそれ以上、以外を求めない。そこでこのことは教団拡大を妨げよう。かくて社会不安などは対応が適切なら教勢拡大のチャンスでもある。各団員は教団の法則と世のそれとの狭間にある。二つの別法則の綱引きの対象となる。これはからだには心の法則とは別の法則がある(ローマ7,23)こととも呼応する。確かにからだの法則に従ってもそれ自体が教団に背くことではない。ただ度を超してはならない。節度さえ守れば神の創造したものでそれ自体悪いものは一つもない。かくて団員の心では常に二法則の争いがある。世にあるのみならそれはない。気楽に過ごせる。触らぬ神にたたりなしだが、教団に入り一度触った以上たたりなしとはいかない。その点信仰は世にあってただ世的に生きればよいのならかえって無用の長物である。そうであることと安らぎの元たることとが一である。世からは無用の長物なればこそ世で疲労した人には安らぎを与えうる。世的生き方を促す性格のものはそれに疲れた人を安らがせえない。

　教団と世とへの個人の対応の同異。両者で一部団員が重複する。彼らは二種の生を生きる。本来は前者が後者を規制する。うまくいく限り当人は教団未加入の人より平安な生を送りうる。だが一旦両者間に矛盾が生じるとかえって余計に不穏な生を送ることを余儀なくされる。そこで教団での生は諸刃の剣で

もある。まさに触らぬ神にたたりなしである。だが世での種々の出来事で一々振り回される事態は避けうる。教団にあればそれらを凌駕しうるから。一方、教団外の人はそれらで動揺させられよう。だが教団内の特有問題で振り回されはしない。基本はこうだが、特別の個がそれへどう対応するかである。福音は神による世へのいわば先兵として立つ。かくて双方へ福音を語ることを使命とする。ただ教団は福音を受容しそれを則とする世界である。一方、世はそういうものを持たない。世は世自体を究極目的として生きる。そこで個の双方への対応も自ずから異なる。

　教団へはさらに福音受容をとく。外れた人々やその行為を諫める。つまり福音前提で語りうる。やり易い。一方、世へはそうではない。特定の前提はない。福音説教ではイロハから説かねばならない。説いてもすぐは受容されまい。福音は今までの生の根源的価値否定要求の場合もあるから。かくて世での生を維持しうるような仕方で説くほかない。端から生否定では新しい教義は受容されまい。だが大なり小なり福音にはそういう要因が付きまとう。そこで加入者はそうする勇気、決断を要す。そうさせるものこそ聖霊である。いずれにしろ福音全体の把握はすぐには困難である。受容には種々の葛藤が心に生じる。これの克服なしに当人の心への福音受容はありえない。忍耐強い戦いがここから始まる。同一事でも一度考えたらそれで終わりとはいかない。事柄次第では何度も現れよう。それらをぜひ超えねばならない。それなしに福音受容はできない。福音が説かれるたびに考えることを余儀なくされる。だが大概問題を全部クリアして信じるところへ至るのは至難である。その意味で教団内の多くの人は途上にある存在である。これは信者のあり方、終末までは世にあっては寄留者であることに呼応する。内面的、外面的双方の意味で。後者の意味で寄留者たるは不可避である。だが内面的には少なくとも特別の個は終末以前にそうではなくなる。すでに種々問題解決し真の意味で福音へ至っているから。福音を通し天に至っている。否、そうなればこそ寄留者といえる。一方、教団内の一般信者は寄留者でさえないともいえる。生命は世にあるままで天に至ってはいないから。そこで世での"寄留者"とはいえぬから。世へ福音が投じられて新しい有の方へ舵を切る人と多くのそうでない人々とに別れよう。信仰には分け

るという事態と、それに伴う不寛容の問題が生じる。

　神は一で全である。そこで福音受容ではそうするかしないか不明確ではありえない。イエスかノーか告白を要す。曖昧は許されない。ここで初めて人は神の全一性に応える。曖昧は全一性と矛盾する。曖昧は濁りを意味する。神は清き心を重んじる。曖昧という一種の濁りを神は特に否定する。曖昧だと、受容し神へ向けて探求を開始するのか、今まで同様世で世を目的として生き続けるのか不明である。福音に接しつつこれでは好ましい状況ではない。神へ向けて舵を切るべきだ。だがそれにはカイロスともいうべき状況が神の見えざる手で備えられることを要す。ここには神の手が先か人の決断が先かの問題がある。この点は人は全知でなく帰納的に結果から知るほかない。即ち回心という結果から神の手、人の決断双方の働きがあったと考えるしかない。神の手は常時すべての人を福音へと促す。人がそれに応じないだけである。応じさえすれば回心は直ちに生じる。世への思い煩いが種々あるから。ではこれが解決すれば信じる方へ転じうるのか。それではいつまでも転向は生じまい。人は世に生きる限り思い煩いを脱しえぬから。かくて回心は思い煩いの中に埋没する。そういう自己との決別の意思が大切である。自己の心が思い煩いのある世自体から解放されイエスの許へ至ることである。「休ませてあげよう。」（マタイ11,28）と主はいうのだから。ここには明確に心のあり処変更の手続きが入る。心が世にあるままでそういう決断はできない。かくて教団と世との相違は心のあり処を換えるか否かの一点に帰す。この点さえ明確なら当人が教団内にいなくてもキリスト者である。だが一度換えてもそれで十分ではない。再び世へ戻る事態も生じるから。そこで換えたらその体制が持続するよう注意を払わねばならない。注意力不足は世への舞い戻りの危険と隣り合わせである。常なる目覚めが不可欠である。換えた後も思い煩いは続く。このことと信仰とは矛盾しない。むしろ一である。つまり信仰が煩いからの安らぎを与える。そこには煩って生きる世の人とは異なる別世界があるからこそ世にある人の心を引き付け魅了する。世とは別の光が差す世界が展開する。そういう期待感を抱かす。この光は世の煩いの中に生きる人の心を照らす。「わたしのもとに来なさい。」（マタイ11,28）と呼びかける。次第に思い煩いから離れた心境を教団内で実感する。

これは人の心を教団内に留め続ける。そのためにも教団は人の期待を裏切らぬよう常時自己研鑽、自己検証に励む義務がある。期待の裏切りは神裏切りである。人の心を教団から離れる方へ促すから。教団本来の務めを果たさねばもはや教団ではない。日毎の新しい誕生を要す。既達のところへ留まることは決して許されない。それは世の人を世へ留まらせよう。このことをイエスの最後、「本当に、この人は正しい人だった。」（ルカ23,47）という百人隊長の告白が象徴的に示す。既達への囚われがイエスへの盲目となり、外部の人々を失望させた。人々からの期待の裏切りと神への裏切りとが一とは神への愛と人々への愛とが一であることにも端的に反映する。既達へ留まらぬことは当人の心がいわば宙にあることを示す。既達とはこの地上的世界の中でのことだから。未達のものはまだ地上にはない。かくて信者は常に地上へは離着陸訓練でのようにタッチ・アンド・アウェイでなくてはならない。着陸してしまってはいけない。地への着陸は許されない。地に着いての安心を意味するから。そういう安心はイエスへ心を向けることをかえって妨げる。別の光がそこにあるとの期待、予感が外の人々の回心の動機であることを思うとき、世にあって人が思い煩いの中へ深く沈むほどそういう回心は生じ易い。その方がジャンプ力も大きいから。そういう沈んだ状況に留まったまま世にあって生きえぬから。そのためにこそそういう状況を解消しなくてはならない。その点信仰は死後天国にいく切符ではない。世にあって世に生きるためにこそ不可欠である。だがどれほど沈んでも福音へ繋がらぬ人もいる。当人がこれではいけないとの自覚を欠くから。人格とはそういう要因を心に常に保持することを意味する。これは心の中へビルト・イン・スタビライザーとして埋め込まれている。かくてそれを持たぬことは既に人格たることからの外れを現す。こういう兆番はずれは元への回復を永遠に不可能とする。そこまで心が思い煩いで磨耗し、思い煩いをそれとして感じなくなる可能性なしではない。しばしばの禍を気にしていたらきりがない。そこで人はそれに無関心にさえなる。自己防衛本能からもそうなろう。そうなる前に福音に接し兆番の働きでイエスの許へ心を移すことを要請される。もっとも一度そうなっても変更の可能性はある。そこまで心は固定されていない。常に埋もれた状態にしろ自由がある。これさえ失ったらそれこそ人ではなくなる。

埋もれた自由への欲求が突如出現する可能性は常にある。いかに磨耗してもそういう欲求は消えない。そこで一定限度まで磨耗すると反転が起きる。少なくともその可能性が生じる。そこでここへ福音が伝わると可能性が現実化する。磨耗しつつ同時に意識下では不自由を感じる心情が蓄積していく。こういう一種の堆肥に火がつき反転する。思い煩いが消えぬのに心の自由が多少ともあるとすれば、それは前者によって与えられる。正確にはそれを通して神により与えられる。与え主は神だが神の手たる煩いが与え手である。煩いは神の使いである。煩いで失ったもの以上を得る。「失う者は、かえってそれを得るのである。」（マタイ10,39）という言葉が成就する。失うという現実が次第に反転への可能性を生む。思い煩いとはいえ内容によって心への働き方は異なる。世俗のことと倫理的なこととでも異なる。前者の場合、何か世俗のものを得ようとの心が背景にある。あるいは失うことを避けようとの心が。これらを通して自己の心への反省が生じる。それが反転への契機を生む。得ようとしての他の人々との争いで自己、他の人々の心の醜さへ目覚めもしようから。さらにそういう自己反省の際まったく反対の現実との出会いが契機にもなろう。かくて得ようとする場合は自己の心のあり方の反省と翻るという事態が不可欠である。つまり倫理的次元へ問題が移転される必要がある。一方、倫理的次元で思い煩っていれば移転手続きは不要である。それ自体が転向への契機となる。福音を世で説くとき、教団の場合と異なり端から福音を説くことへの集中が効果的とばかりいえない。教団では福音自体を説けばよいが、いきなり福音では敷居が高くなる。世にあって福音無縁の生を今まで生きた人には自己の生と福音との接続点が見出し難い。よほどのよいこと、悪いことを行った場合接続点を自己の生の中に持つ。だが大多数の人はそういう次元で生きていない。そこで福音は頭の上を通り過ぎる。ひっかかりがない。福音を語る場合引っかかるようせねばならない。上下両端除外の状況で生を送る大多数が問題である。特に悪いことも特によいこともしない。中庸の中にある。山上の垂訓を見ても中庸の人は福音へ繋がりにくい。「幸いである。」とされる人々は中庸の人ではない。この点からは中庸とは世にあっての安全をより確かにするカプセルでもあろう。あるいはハリケーン襲来時の地下室でもあろう。こうして無意識の内に自己保存的作

業を行う。かくて人が福音に接するにはこのカプセルから引き出されることを要す。人は当然そこへ閉じこもろうとしよう。だが人生何があるか分からない。それらが人が自ら、または不承不承出てくる契機となる。カプセルが修理で正常機能まで回復したら人は再びそこへ逃げ込む。そこが長年住み慣れて居心地よいから。かくて福音接続には脱カプセル、脱皮が不可欠である。神信仰は心の上向きを内包する。そこで中庸の人でないことがそれに合致する。中庸の人は心を上へ向けようとはすまい。それがそれまでの自己を安定させるから。しかもこのカプセルは不可視である。そこで余計厄介である。見えれば、それを脱げば神を見るであろうといえば分かり易い。見えぬだけ益々人はそれに囚われる。特にそのことを気にもかけずに。見えざる敵である。この点を信じねばならない。出発点だから。各人がいかなるカプセルの中で惰眠しているかを認識せねばならない。何事でも上中下とあれば日本では中へ目と心を向けるよう教えたのではないか。これもカプセル尊重へ通じよう。中庸カプセルの中にいることもそれへ目を向けさすことも福音受容の障害となろう。二重の障害が福音前進を阻む。そういう教え方が水、空気のように社会全体を包む。その上で各自が自己のカプセルに入る。こうして自己で自己を守る。中庸奨励空気と中庸カプセルとの二重庇護を外すという場合、前者は個人が対応することではない。社会的次元である。教育などで変えるほかない。後者は個人的次元だ。個人として対応しうる。ここで鶏が先か卵が先かの議論に出会う。カプセルから出るのが先か福音を聞くのが先かである。二者択一で考えなくてよい。たびたび福音を聞いているとちょうどそのときがカプセルの破れ時に出会うこともある。啐啄一如である。福音を何度も聞くことを要す。さもないとせっかくのその機会を逃す。聞く機会は多々益々弁ずである。多いほど脱皮の可能性も高い。偶然は神の意思である。信仰が神の意思で与えられたともいえる。神は人目にあからさまに働きはしない。どこまでも隠れた仕方である。あからさまなら誰でも信じよう。それでは信仰にはならない。そこでこうしかならない。啐啄一如が神の意思と信じられたら、そのとき当人は世から離れ教団へと分けられた。かくて分けるとは、世から教団への分けは横への分けだが、内実は神、上へ向けて分けられることである。分けられたら自己という固有性は消える。霊的自

己がそこにはあるのみ。自己は全宇宙へ向けて飛び散った。爆破された。宇宙の隅々まで自己の破片が飛び散って宇宙と自己とは一になる。宇宙が自己化され、自己が宇宙化される。このことは宇宙、自己の両者無化と一である。無化されればこそ宇宙の自己化、自己の宇宙化が可能となる。

## 第二節　世と心の法則

### （一）

　心にある律法（例えばローマ 7,16;22;25）はキリスト者でなくてもある。そこで世の法則との争いは心で生じる。だが世ではこの争いが霊肉の争いとして取り上げられない。そうなるには教団内にいることを要す。ここで初めてそれが人格的事象として問題化する。それ以前では問題として生じつつ消えつつという状況にある。取り上げは当人の恣意による。教団ではそうでなく当人が神の前に立つことで取り上げはいわば義務化され、個人の恣意に任されはしない。こういう仕方で問題化されぬと人格としての目覚めはない。アダムとして誕生する以前である。こういう誕生以前では宇宙もまた誕生以前である。人格が誕生して初めてそれに呼応して宇宙も誕生するから。人誕生は宇宙誕生でもある。かくて前者なしでは後者もない。創世記を見ても自然から始まり人誕生がその意味を与えている。目標なしではすべては空しい。地が造られ植物、動物が造られても、それでは何もなしと同じである。造られる順番と目的とはちょうど逆である。目的物が造られて初めてそこからすべてを見ていきうる。すべてに意味、価値が付与される。これはアダムとエバにもいえる。エバはアダムの助け手という意味を付与される。目的から他のすべてに与えられる意味が生まれる。その点現実に造られるのは地―植物―動物―人間という順でも、神の心の中では逆に人がまず念頭にあってそれが目的としてまず造られ、次に他のものが人に対応するものとして心の中で造られたと考えるのが理に適う。それらが現実には逆の順で造られた。神がまず自己に近いものを先にイメージしたとしても不思議はない。確かに神が声を発して造った順は低いものからである。これはイメージとは逆と考えて差し支えない。少なくとも人の目には目的

をまず意識しその下に種々のものを考えるのは自然である。だが神にあってはすべてを同時にイメージしても不思議はない。

　霊肉争いの前段階として世[1]にあって生じては消える諸問題は水に浮く泡の如しである。根がない。これは人が人というより動物たる人の段階にあることと呼応する。生じて消えるとは基本的にはまだ生じていないことを現す。真に生じていれば二度と消えはしない。それが自己の全存在を賭けた問題であるから。さもないと生じてはいない。消えるとは他の何かの関心事優先を現す。いつも同じではなかろうが、その都度の何かの関心事がそれを凌駕する。そこで意識下へ埋もれる。たとえそうなっても心の律法ある限りいつまでもそうではありえない。再び浮上する。ここに人格的分裂状況が生じる。統一的存在たる人格性が欠けよう。心の律法は人たるゆえんのところで人としての中心的事項である。ここがぐらつくとは人格全体のぐらつきを意味する。その限り由々しい事態である。こういう根源的事態があると種々の方面へ影響する。こういう安定のなさは人の活動を多面的、多次元的に不安定にする。こういう状況は人同士の関係へも反映する。争いの元となる。前段階の争い未解決が社会的な種々の争いの元になる。それを自力で解決しえぬ事態に目を塞ぐという無意識的目的で人は種々企てよう。正面きって取り上げる勇気を欠く。同時にあえて取り上げぬ方へ導こうとする考えもある。こういう方向で解決を試みる。だが人が人たる以上この方向では解決しえない。個人的なことにしろ社会的なことにしろ心の律法に照らして何が正しいかが問題である。だが心の律法を正面きって取り上げ問題解決していない状況では人の判断は利害得失のため揺れる。義・不義より損得優先は心の律法に反するが、その点も心の中で未解決である。そこで衝突が生じる。これが世の実態である。世の原理は損得で、教団の原理は義・不義である。どこまでも相容れない。だからこそ教団と世とである。もっとも法律、法秩序が世にはある。これらは社会を安定化さす。だがそれらはある一定の社会を安定さすためであり、永遠的性格はない。暫定的である。一方、教団内の心の律法はそうでなく永遠的性格で時々の社会、社会法則を内から変革し安定化さす働きを持つ。

　信者たる個を教団は生み出す。教団なしでは母体がなく、そういう個は生

まれない。一旦個が生まれるとその個は逆に教団を育てるよう働く。だが同時に教団は個に続けない面を持つ。そこでイスラエルの民が預言者にしたように、教団が個を非難する局面が生じる。かくて教団と個は二面的関係を持つ。これらは別々ではない。個のあり方は教団の反発を呼ぶがそれは教団を育てる結果となる。反発でなく共鳴の場合も同様の結果をもたらす。反発は個が教団の現状より高いレベルの義を説くからである。特に教団が全体として堕罪しているときである。教団は反発してもいずれ自己に非あるを認識し、悔い改めよう。ここが教団と世との違いである。世は必ずしもそうは反応すまい。徹底的な反発への終始もあろう。もし教団がそうならもはや教団たる性格を失い世へ転落している。イエス処刑を叫んだイスラエルの民のように。だがどんなに反発しても教団たる限りそこは石に書かれた律法支配下にある。そこで世のように離れてしまいはしない。帰着すべき港へ繋がれたままである。いかに遠く離れても自己の本来性を忘れえまい。教団側からの反発で個もまたそれまで以上に自己の置かれた厳しい状況に改めて気付こう。それにより更なる自己進化を実感しよう。こうしてともに神へ向けて進化する。反対に共鳴の場合は端から相互に刺激し合って進化する。

　教団の個への反発の場合、個はそれまで以上に神の方へ押しやられよう。これは個の進化を促す。この場合両者間にサタンの介在があろう。かくてサタンは結果的には両者が以前以上に硬く結びつく契機となる。その意に反し神の目的に奉仕する。両者間を引き裂くために介入したが反対に結合さす結果になった。サタンは教団の内に種々の争い、反目などを引き起こし、混乱を狙う。結果、教団を自己同様反神的存在にしようと目論む。神に反抗し自己王国構築を試みる。それには神に最も近い存在を崩すのが一番手っ取り早い。すると他の存在は自ずからそうなろうから。これはローマ帝国時代に皇帝がキリスト教へ改宗すれば国全体がそうなったのと正反対である。当然これを狙う。そこで個を狙う。そうすれば一網打尽に教団を自己側へ取り込めるから。だがこの企てはうまく運ばない。宇宙が神の支配下にある以上当然である。サタンは所詮神の引き立て役でしかない。主役にはなれない。脇役でしかない。この点だけでも分かるが、サタンは統一混乱の働きをする。分断活動である。分断すれば

社会的混乱を招くから。それに乗じ自己信奉者を増やそうと画策する。混乱するほどわが世の春を謳歌しうる。美酒に酔える。神を含めてすべての他を我欲追求の具にする。これがサタンの本質である。サタンの我欲とは混乱を起こさせ自滅を狙うこと。ただ本当に滅ぶと自己の楽しみの具が消えるので、直前に自制が働くよう抑制しよう。滅ぼしては自己の存在根拠をも失う。その場合神と自己のみ残る。すると神に対抗できなくなる。しかも何の助けも手段もなしにである。これでは神に対抗しうるはずはない。自己の敗北は見えている。ぜひ自己以外の何かを方便利用する必要がある。自己一人では何もできない。まったく無能である。自身の中に力はないので当然である。神のみ自身の中に力が満ちる。サタンは他の何かへは虚勢を張れようが神へはできない。滅ぼしては虚勢張りの相手が消える。どこまでも自己中心である。そこでサタンに侵食されるほど同様になる。結果、争いが益々質量ともに増大する。神は反対に神は愛であるという言葉（1 ヨハネ 4,8）も示すよう他者中心である。他者志向である。これが同時に自己志向の意でもある。神は聖書での啓示範囲内でしか人には分からぬが、これだけは誰にでも分かる。

　歴史的には人はサタンを自己とは別個の存在と表象してきた。だが人があって初めてその表象も可能である。その限り人より後の存在である。人が一人で存在すればサタンは存しなかったかもしれない。人間間で争いはありえぬから、サタン侵入の機会も少なかろう。一人の人の心の中での心理的事象であれば一定のところで止まる可能性もあろう。人が集団として存して初めてサタンもありうる。集団中にあると不可避的に他の人々を視界に収める。そこで一人の心の中に比し何倍にも争いも増大されよう。こう考えるとサタンを実在と考えなくてよい。やはり人あってのサタンである。神は聖書で啓示され、サタンは例えばヨブ記などには出ているが、それ自体の啓示ではない。サタンの誕生、由来、歴史などについて何も述べていないから。他のことの啓示に付随的に出ているのみである。

　信仰ある社会では民の中にはサタンへ魂を売った人もいよう。信仰とはそういう人々との軋轢中で随所作主となり信仰の何たるかを示すのが根幹を成す。神到来で神につこうとする人と反対に神利用志向の人との軋轢が生じる。

生じぬなら神未到来を顕す。到来前提で考えればどこかに軋轢が生じているはずである。そこをとりあげるべきである。元来教団と世との区別曖昧は、教団とはいえ現実には人の集団構成の一契機に過ぎぬ場合もあろうから。だから信仰とは何かを問いたくば教団から一旦出ることも起こる。

　教会論となると、創成期か円熟期かで、また日本でのように他宗教のある社会内でのそれと単一のキリスト教社会でのあり方とでは大いに異なろう。教会へ来るのも種々の関心からである。全員が純粋に信仰への関心からではなかろう。絶対的なものへ相対的に関わる場合もあろう。迫害などが生じると振り分けられその点が分明となる。かくて新約を文献学的、歴史資料的に見て玉ねぎの皮むきのようにすると最後は何も残らぬように、教団員も信仰の皮むきでは誰も残らないのか。確かに人自身の中には何も残らない。そういう状況でも聖なる霊はそこを支配する。人の霊と一になることなく支配する。かくてそこは聖霊と人の魂との争いの場である。教団外ではそういう争い自体が真には生じえない。福音が語られて初めて生じる。人の心へ語られて争いが生じる。ここが世と異なる。世では争い自体が社会的にも人の心でも基本的にいって生じえない。この点どういう関心からであれまず教団への加入が大事である。そこで初めて争いが始まるから。罪の中でまどろんでいてはどうにもならない。その点福音が語られる場たる教団の維持は何より大切である。

　個人は世から教団へ、そして教団から個へと進化する。それに伴い狭い範囲へ自己を閉じ込めて逆に自己拡大する。峡溢化が逆に自己拡大を結果する。個人が個に徹底するとは個人を打破して創造直後、堕罪直前のアダム（真の個）に帰一することを意味する。この個は単なる個人の意でなく超個人としての個、人類全体をも含意する個である。こういう個になれば人は通常の意である人の領域を超えた存在である。だからこそ私が世界を造ったという発想さえ「も」生まれよう。真に主体的な個人とはこういう個へ究極するまで止まりえまい。ここでは全宇宙が自己内へ取り込まれる。自己外には何もない。仮に自己外に何かがあれば個としての進化が不十分たることを示す。神以外のすべてが取り込まれる。「すべてを望み、すべてに耐える。」（1コリント13,7）とパウロも類似のことを吐露する。こういう個は神とともなる存在である。イエスが言と

して神とともにあった（ヨハネ 1,2）ように神とともに今も、いつまでもあろう。見えざる神を信じればこそそういう存在になりえている。そういう神と個は相互を支える。基本的には前者が生んだが、それ以後は後者が前者を支える。前者は不可視でどこにもいるがどこにもいないから。個はエイジェントとして前者を顕すから。こういう状況でこそ「神の深みさえも究めます。」（1 コリント 2,10）とパウロのいう通りが成就する。自己内で霊が生きる。自己の判断は見えざる神の判断である。神秘主義的意味での神との一達成ではないが、別の意味での一達成である。神は一の存在、こういう個もそうである。ここには一と一との呼応がある。そもそも一は一としか呼応しえない。二というごとき内に分裂を抱えたものとは一になりえない。一とは純粋な性格を持つ。一方、二などの多は不純な性格を孕む。そこで神を一と表象する。神は二ではありえない。愛も一途な愛というように一でしかありえない。義も相反する事柄二つを同時に義とはしない。神信仰はかくて純一な心であるほかない。一とは全一ともいうように全でもある。ここでは"多々"益々弁ずではない。一が全で全は一でしかありえない。多は分裂で信仰とは矛盾する。「今は一部しか知らなくとも、そのときには、はっきり知られているようにはっきり知るようになる。」（1 コリント 13,12）という。今知っている多くは一部たることを示す。終末ですべてを知る。これは一として知ること。種々のことを一の中での多として知ることを意味する。心が信仰で純なれば多よりも一がまず心に映る。心の一は世の一を写し取る。世へ一を移し入れ、その一を心へ再帰させる。これが真実である。多を見ても心が一なので多が心へ移ることは基本的にない。これは善悪にもいえる。善から悪まで種々段階があるが善という一のみが心に映る。一般に善は一、悪は多と表象しえよう。善には統一があり、また不可欠だが、悪にはそれが欠けるから。悪は世俗への固執がその性格である。そういうものは多であるほかない。悪もそうである。一方、善は神の方へ向く。神は一なので善も必然的に一たる性格を持つ。ここに一なる善と多なる悪という構図が浮かぶ。終末では多を滅ぼし一なる存在へ全宇宙を再生させる。

　義を貫くのは実は義を守っていない人々への愛を意味する。それが義の道への彼らの引き戻しを結果するから。少なくとも彼らがその方向を目指すこと

となるから。義とは人がそれに則って生きるべき道である。ここへ人を導くことこそ愛であり、それ以外ではない。今にも死にそうな場合以外、物や金の贈与が愛ではない。これはむしろ特殊な場合である。義を貫く人を見れば周囲の人々もいくらかでも心に感じざるをえまい。自己の心に記された律法に照らし自己の生き方を反省しよう。恥ずかしいとも感じよう。何が義かは心の律法と時所位との関わりから自ずから決まる。命の危険さえある状況の中での義追求ならなおのこと愛の実践である。金銭でなく命提供なのだから。これ以上の愛はない。武家社会でも無私の精神はあったが、啓示以前では義がまどろんでいてそういうものとして顕在化していない。

（二）

　世と呼ばれるものは単なる便宜的呼び方であり、教団ほど明確な一体的実体はなく、そこには種々雑多な主義主張が混在する。統一性はない。世自体においてと教団からと二通りの見方がある。信仰的には後者が大切である。福音伝達の観点から見てそれと反対の面が目に映る。同じ面は注意を引かぬから。最も相違する点こそ伝道者に福音伝達への励みの力を与える。教団はいただくべき主を有する。世はそれを欠く。そこで世では人は偽りの主、人にとり主ではありえぬものを主とする。その限り偶像に仕える。偶像とは金、石で造られたものだけではない。そういう像として見えぬ偶像こそより危険で影響も大きい。時代により偶像も形を変える。これは信仰が時代、場所で土着化を要すのと同様である。人は結局何らかの主なしには生きえない。だからこそ真の主を主とせねばならない。これを欠くと人はその都度状況に応じ偽りの主を主とするよう迫られる。世で人は種々の苦境に陥る。何らかの生のよりどころを求める。それが当人の主となる。これは必ずしも宗教に限らない。当人にとりその意味合いを持てば何でもよい。だがそれは元来それ相応の働きを持たない。ここに無理が生じる。宗教とそうでないものとは異なるが、前者は直接的形で真の主の代替をする。つまり直接的に主に反する。こういう宗教を信じつつ啓示の主を信じえない。あからさまに二人の主人には仕ええない（マタイ6,24）といえる。一方、後者では世俗の中の何かを主の代わりとして自分が崇める。

そこで形の上では主を信じつつそういうものを心では主としえよう。前者では積極的排除が不可避に生じる。ここでは直接的に罪を犯す。後者では直接的には退けないのでそういう罪は生じぬ場合もあろう。例えば金儲けを極上とする場合それ自体は罪悪ではなく直接的罪は発生しない。ただやりかた次第では罪の付随的発生はあろう。偶像的性格の前者では殆んど単に相対的なものを絶対的に崇める。そこで根本的次元で認識の誤りがある。結果、団体維持、伝道でたびたび非合理的手段を用いる。こういう事態の自己浄化要因がそういう団体には、多くの場合カルト団体だが、ビルトインされていない。そこで公的秩序に反する事態さえ招く。宗教団体としての自己維持さえ困難となる。自滅である。ここまでに至らぬ団体では社会的に通常である価値観に逆行の要因を含む可能性は低い。そこで啓示のイエス信仰とも通じ合える要因を含む。心の律法に反する要因を含まぬ場合である。ここではあえての改宗要求は不要かも知れない。だがそういう団体とてイエスを主と受領はすまい。かくてまったく問題なしではない。心の律法は単独でも人に発する多くの宗教に呼応する。ただそれのみでは啓示のイエスへ人を導きえない。プラスアルファが必要である。これはしかし人が人へ用意はできない。できるのは人を超えた神、運命などであろう。それは教団側からもどうにもできぬものである。そこで教団としてはそういう人々へ世にある一般人と同様に福音伝達の努力をするほかない。出会いのカイロスは神が備え給う。人はそれへ向け準備をするのみである。伝えるポイントはそういう宗教で十分か否かである。ただ単に批判的ではかえって逆効果である。むしろイエス信仰との共通点を挙げて称えてはどうか。次に、啓示の特徴を述べる。共通的な心の律法は誰でも有するから接木ではない。だが別物をそういう素地へ植え替えることなので簡単ではない。当人の人格はある程度その宗教と一体化済みだから。よほどの何かがない限り改宗は難しい。宗教崩しは当人の人格崩しをも含むから。だがそうさせねばならない。全面的に人格崩壊を起こす危険をはらむ。その宗教に人の人格がかかっている度合いが大きいほど危険もより大きい。これはしかし真の主に出会う可能性の大きさでもある。他宗に深く関わっている方が福音出会いの可能性も高い。第一にその分世俗的事象から心が自由だから。次に深い関わりは心の律法という積極的面へ

も直にではないがその分深く関わっているから。これに対し第一のは消極的面である。こういう消極的、積極的両面で真の主へ近づく可能性を有すから。可能性を持ちつつ正しく、あるいはまったく伝えられていないので信仰へ至っていないとも考えうる。この点で伝える側にも責任がある。ただ一旦何らかの宗教に関わると脱却は大変なエネルギーを要す。できるだけ早期の改宗が望ましい。浅く関わる人々には元来深く関わる資質の欠如が予想される。たとえ改宗してもやはり同様であろう。何か特別のことが起きそれが契機で宗教への深い関心が生まれれば別である。

　次に宗教外へ関わる場合。世に属すもの自体を目的とする。宝を蓄える場所が異なる。心のあり処が異なる。この点の変更を要す。この場合、宗教的次元受容の素地を欠くので素地作成をまず要す。これまた人によって必ずしも達成されえまい。地上の宝、それでの不十分さなどを理解さすことと清き心というべきものの価値を分からすことである。これら双方のケアを要す。一方のみでは至るべきところへ至りえまい。前者のみでは一時的に心が世から離れかけてもいくべき他所はなく再び元へ戻る。後者のみも同様である。双方同時だと互いに牽制したり、助け合ったりして進行しうる。ただ逆の場合、双方互いに批判して互いが縮小する。増大では世からの離れをも意味し、縮小に比し大いに努力を要す。世の宝からの心離れはその清さを要す。世のものへの固執は心の濁りと関係する。清さへの傾斜は濁りを除き世の宝への心を減退さす。清さ追求には世の宝からの心離れが不可欠である。双方が互いに刺激し合う。だがこういう過程を起動さすにはさらに別の何かを要す。過程自体はその中に自己のイニシエーターを持たぬから。他からのスイッチオンを要す。これは人の思惑を超える。予定説など出てくるゆえんである。教団外ではいつ何処で誰にスイッチが入るか事前には分からぬのでそういう事態ありと信じて福音伝達の努力をするしかない。その点伝道は効率悪い働きである。見通しなきところで鉄砲を撃つにも似る。下手な鉄砲も数打てば当たるというが、ここでは逆にいかに上手でも当たらない。その点神の働きと人のそれとは別である。神は路端の石からでもアブラハムの子を造り出しうる（マタイ3,9）。本当にそうなら人のやることに何の意味ありや。石ころからキリスト者を起こせばよい。それな

のに人が伝道するよう定めたのにはそれなりの意味がある。人の自発的意思尊重がまずある。人の行いではその自由が大切である。自由なくば責任、したがって罪もないから。そこで伝道でも人の働き尊重とされた。人のことは人に任す。元来人は神に対しては一つの存在として存する。一人ひとりではない。全体として一人である。かくてこそ手が病むと足も病む。ある部分が苦しむ最中なのに他の部分が涼しい顔とは神の前に立つ人には本来ありえぬことである。この点からも「信仰と、希望と、愛、この三つは、いつまでも残る。その中で最も大いなるものは、愛である。」（1コリント 13,13）はよく理解される。伝道の働きを通して神は人が互いに連帯的であること、個でありつつ全体でもあることを人に理解さす。互いのため互いに苦労して互いへの思いやりを学ぶためである。互いの罪を通して神の義もを学ぶためである。伝道は直に神に関わるので人が人のために行う哀れみ、愛の行いの最初で最後の最も大切な行いである。神に直に関わることの伝達だから。神は各人に自己が直に伝えるのでなく人を介するをよしとした。人が全一的存在たるには信仰による主体性確立を欠きえない。この点がぐらつくと全、一双方とも欠く。罪脱却がないと真に神の前で一ではありえない。神がイエスを備えたのに信じぬと一でなくゼロでしかない。あるいは神の前では統一ある心でありえない。恐れたり哀れみを願ったりで自己都合で分裂した心情に陥る。かくて一でなく二である。あるいはそれ以上である。これでは人類全体を代表しえない。一であって初めて全体の代表である。かくて無数の一の集まりとして全は構成される。だからこそ全一である。全イコール一である。どの一をとってもそれはすべて全体を代表するよき意味でのアダムである。堕罪で人と人とが対立しどの一も全でありえなくなった。啓示信仰でそういう元来の人のあり方へ復帰する。少なくともその方向へ踏み出す。全一的存在とは一人が苦しむと全体が苦しむ。一人の罪は全体の罪である。全体へ伝播する。人は特に人格的存在なので余計にそうなる。一でなくなれば全でもなくなる。これは神が一つでかつ全なる存在たることと呼応する。人は神の像なのでそうなるほかない。

　人は集団として存在する。その限りサタンという表象も生じる。だがそれが一旦生み出されるとそれを実在的に受け取る事態が生じる。結果、それが

人の心を支配する現象が逆に生まれる。ここから中世の魔女狩りなどの悲劇も起こる。人の精神はこうして種々の表象からそれを実在化する事態を引き起こす。天使もサタンと逆の内容の表象から作り出されたのであろう。だが日本のような多神教的世界での神々は別として神の表象の実体化は啓示の神では生じない。啓示の場合、モーセ、イエス、パウロ全員人の予想に合致する仕方で啓示されていないから。思いがけぬ仕方でである。人側からの表象の実体化とは自ずから異なる。彼らの場合脱自という契機がある。かくてここでの"自"の内には人が生み出す表象も入る。思いもかけぬ啓示発のものは人の心の内に生じた表象の実体化ではない。人の外から内へ入ってくる。一方、サタン、天使などの表象の実体化では脱自の契機を欠く。心の内の表象がそのまま実体化される。脱自でなく自己自身へ益々深入りする。方向が逆である。実体化で自己内面を実在として外在化する。表象と実体化されたものとは互いに自己深化、自己への沈潜化、さらに自己絶対化といえよう。神自身による実体化ではなく人の自己絶対化の一歩手前であろう。思いがけぬ啓示では人がそれまで心に抱いていた表象は打破される。それに基づいての実体化とは逆である。形式的には逆だが、内容的には脱自で心の内の表象が一旦捨てられ、それらの元になるものがかえって生かされる。ここに内と外との呼応の事態を見うる。一方のみでは人が真に人格的存在として誕生するには不十分である。表象がそこから生まれる元のものとは例えば「心の清い人々は、神を見る。」(マタイ5,8)とイエスのいう心の清さである。ここからの人の現実への反省より表象が生まれる。表象の元とはかくて心の清さそれ自体である。脱自で表象をも脱したそのもう一つ前の元のものへ啓示は訴える。啓示が結合するのは人による表象でなくその元のものである。結果からこういえる。モーセに柴の間から声があった(出エジプト 3,2 以下)とき、単に心の清さへ訴えるのでなく、彼はその際無から創造され神の僕として立った。啓示は人側の一切を一旦無に帰せしめそこから創る。それが可能なのは人が不安定な存在だから。安定していれば啓示さえもそこへ入りえない。集団暮らしなので個人的にも社会的にも種々の不安定要因が複雑に絡み合う。多くがそういう要因を抱えていても全員が啓示へ応えはしない。例えば山上の垂訓にある清い心が揺さぶられ不安定にされた場合、啓示

は作用し脱自させる。それだけでなく世俗事から不安定になる場合もあろう。誰しも多少の不安定は抱えている。かくてそれが理由ではない。啓示されるのは義、愛である神である。そうである以上、人側に何かそういう神に呼応する要因はある。先のマタイ 5,8 では、そうでない人は神を見ない。ここからも啓示には人側の何かが関係する。やはり心の清さが当人の最大関心事たることが啓示での人側での条件となる。清さに関しては心の安定度は特に問題とはなるまい。安定、不安定いずれでも啓示さえあれば人はそれに応える。神という表象は決して人からではない。ただ啓示的なものの付与のされ方は人により千差万別である。神によることだから。生まれる前に種を蒔かれた人もいよう。神の恵みが最初から授与された者とそうでない者とがある。だがこれは神の意思であり人の論じる資格なき事項である。その点すべて神の意思による。自己誕生以来のすべての経過が神の摂理下にある。死後も神は自己を守り導くと確信しうる。今生きている自己への神の導きを信じうることが生前や死後での神の導きを信じることへ通じる。前者が後者を誘導する。信仰とはどこまでも現在から過去、未来へ拡大する性格である。自己存在の中へ神へ向けての種を蒔かれているとの確信がすべてである。これは神への直接的信頼を生む。パウロが神への直接的信頼に基づいて律法精進したように。直接的信頼あってこそ肉欲へ崩れたり神への過度の恐れに陥ったりはしない。またそれあるゆえそれをベースにイエスを信じうる。心の清さには種々の汚れで覆われた一面がある。それが啓示で除去され、清さを照らしてイエスも心清き人は幸いだ（マタイ 5,8）というように、啓示と清さとが出会う。イエスの言葉は直接的信頼へ余りにも否定的になってはならぬことを示唆する。これはユダヤ的世界では神への直接的信頼があるが、ヨーロッパ化されたキリスト教ではそうでないこととも呼応する。

（三）

　先天的にしろ後天的にしろ人の内に何かがなくては人の心は神へは向かない。人側のものに余りにも否定的になり理論倒れとなってはならない。直接的信頼は人の自己への基本的信頼と呼応する。二つの信頼は一つである。二即一

である。神への信頼はそう信頼する自己への信頼なしには不可能である。神への信頼で自己への信頼も生まれる。反対に自己信頼という自己―自己関係は自己の神への信頼によって確固となろう。逆にいえば少なくとも潜在的、可能的には心の清さが神への信仰を生み出す。これは事実であろう。だがそうして生み出された神は具体的、現実的姿形を持っていない。可能的なものが現実的になるには神側からの働き、啓示を要す。人の心は何かを創造する能力を備えていないから。人の神への信頼に応えて、神はそれに応じた具体的啓示を与える。

　個人と教団とがあるからそこが世であることが逆に顕になる。教団なしならそこが世たることも覆われたままであろう。これは律法によって貪るなといわれ、初めて貪りを知る（ローマ 7,7 以下）ことと並行する。後者は前者からのある特定ケースである。かくて世の成立と教団（個人も）の成立は同時である。一方が先ではない。即「事」的に同時とは即「時」的にも同時を意味する。教団成立以前では世は世でさえない。つまり世以下、世以前である。自然そのままといえる。教団に照らし出されて世は世の本性を現す。相対するものなしではそれは隠れたままである。教団の本性が神の照らしで明なら世の本性は反対の闇である。ただそれ自体に留まり内で自己反省していれば自己が闇との判断も生じまい。ヨハネ伝などでもこういう反省が見られる。山羊と羊である。明と闇、清と濁、一と乱などの対比も用いうる。だがこれはあくまでその可能性ととるのが適切である。教団において明、清、一が完全に現実であるとは考ええぬから。終末ではそうなろう。世は教団到来前では苦しみの中にあってもその苦しみが生みの苦しみであるという性格を持ちえまい。自己がその中にあっても何かを生む可能性を持つ状況にあるとは自己認識せず、またできないから。暗中模索の苦しみである。通常人が目的に向けて苦難体験するときはその意味が分かってそうする。ここでは否である。進む方向への認識を欠く。方向とてはない。あるのは精々死を避けるというネガティブなそれである。積極的意味をここでは見出しえない。

　啓示に現れるものは無限の神に発しており、人の目には制約ありと見えても時空を超え永遠の真理を現す。世自身は世をどう見るか。世は全体として一ではない。多様で多くの主義主張がある。そもそも世は自己反省などあえてす

まい。そのための統一的見解を欠くから。したくてもできないのが実情だ。時々の見解、主義はあるが、それは普遍的、持続的性格を持たない。そこで一時的にある見解が支配してもすぐ幻想たることが顕になる。特定哲学による見解はあってもそのとき限りである。全体を把握したと思っても必ず抜けている部分があろう。それらはすべて人に発する。そこで人の有限な理、知性によるゆえそれ自体も有限たるほかない。バベルの町建設中止（創世記 11,1 以下）後の世界に象徴されるように何らの統一なき世界である。そこで世が世をどう見るかが問題にさえならない。真の意味ではそれすら起こらない。そういう問題意識が生じぬこと自体が問題である。信仰なしでは全一でありえぬことに応じて全体を視界に納めえない。部分、部分である。たとえ信仰しても今は部分的にしか見ていない。まして世にあってはなおさらである。部分をすら見ていない。部分をあたかも全体かのように見誤るから。全体が見えぬとは部分も見えぬことである。信仰からは世は消える定めにある。だが世は世が永遠に続くかに思いなす。そういう誤った自己認識下にある。誤りを感じつつも意識下に埋もれさせ生きるのが実情である。ここで人は不可避的に無理な生き方を強いられる。生きている間にできるだけ享楽しようとの心も生じる。だが何をしても有限であり飽きえない。しかしそこから直ちに啓示へ赴きえない。その勇気は生まれない。それには今までの自己の否定を要すから。最初の少しの相違が一生に渡りその点を持続拡大させる。これこそ重要な点である。極小が極大へ展開する。人は永遠を考えうる。そこで自己の生きる世を本当はそうでないのにそう考えるよう促される。他の世を知らぬから。その点生まれると直ちに信仰的世界理解を教わるのが大切である。知らなくては信じようもない。それが個人の魂を救う場合もある。ただ人として普通に生きればそれでよいと思う人もいよう。ここでは特別のことは何もない。何かへの固執もなく生きる。特に問題を抱えることもなかろう。だが予期せず問題は生じる。そういう安穏な生活を乱される。何とかして再び安穏生活へ戻る。それの繰り返しである。ここに世にある生の原型がある。ここから種々変型が生じる。大きい生きがい追求もこの土台からなされる。それが未実現なら安穏生活へ逆戻りしよう。世に生を受けた以上死まで生きるほかなく、易きにつくそういう生き方が自然体といえる。何か

特別目的のためのそういう生き方の放棄は一般的ではない。世にある生維持にはそうするしかないから。前後左右と種々振れようが、世での最大公約数的生は易きにつくことであろう。これは「まず、神の国と神の義を求めなさい。」(マタイ 6,33) という生き方とは大きく異なる。基本は先のようだが、いわば冒険的な生き方をする人もいよう。だがそういう生き方が主流にはならない。そういう生は持続性が問題だから。永遠を考えうる人にとり暫時的でしかない生をあえて求めることは一般的には困難だから。特殊な場合に留まろう。かくて安穏生活を支配する力が世を支配する。多くの人がその下にあることを願うから。そこで世では大半の人々が世の神、世で崇められる神、つまりサタンの下にあることは不可避である。ここでは心の律法と自己の良心との葛藤も真の意味では生じえない。多くの人は既にサタンの下に勝ち取られているから。安穏生活への不安、恐れが良心的判断の曇りを生む。良心への忠実はそういう生と矛盾する。ここではあれかこれかである。双方ともはない。世の神と啓示の神双方同時には仕ええない。安穏追求は前者への奉仕である。多くの人に共通のそういう精神の上にサタンは腰を据える。その座はまったく揺るがない。ニーチェは"神がそこにいた背後の世界、イデアの世界が消えた"と考える。人がエデンの園を追放されて以来終末での世の解消まで世は消えない。殆んどすべての人がそうなので、個人を超えた何かが働くと自己が感じても不思議はない。ここにサタンという表象が生まれる。だがこれは単なる表象ではあるまい。安穏追求途上の人には人を超えた現実性を有していよう。簡単に願うものが得られればそういう表象は生まれまい。得難いものを得ようとして生まれる。願うという行いは自己以上の存在を想定せざるをえぬから。それが何かを自己へ給う形式になる。得難いものであるほどそういう傾向は強まる。ここからサタンが生まれる。願うものが世に属すものだから。もとよりそういう存在の実在性は人には分からない。だからこそかえって存すると信じうる。これは得難いものを得たいという心と一である。サタンは人へ不都合よりむしろ好都合なものを給うので人を超えたと信じうる。恐れさす場合は人はそういう存在を忌避しよう。表象もまた生まれまい。好都合物授与を媒介にしてサタンは誕生する。それを通して人の心を自由に操る。人は最終的に操り人形となる。人は一般的

に霊的世界を見る能力を欠く。だからこそサタンのような霊的存在を信じうる。

その点神への信仰と同じ契機を持つ。しかし、これは愛する神としての真の神信仰に似てはいるが、その実体は真の信仰の頽落態である。こういう傾向は世支配のサタン信仰へ近づく。人が安穏追求する限り、それに応じる宗教は何処から始まってもそこへ帰一する。ここでは愛する神は一種の偶像とされる。もとよりこれは真の信仰ではない。かくてサタンの悪い働きはあくまで世にある人の心を支配する手段である。それ自体が目的ではない。そのために人をそそのかして反神的行動をさせることもあろう。だが目的は神の代理を狙う自己へ人々を繋ぎ止めるためである。神とサタンは人へその恵みを施しつつ支配を争う。神は恵み、サタンは人を害するばかりではない。サタンは人ではなく神へ対抗する。人はそのための手段である。神はそうでなく人は単なる手段ではない。神の像であり天地創造の目的である。自己と対話しうる存在である。重い価値を持つ。一方、サタンには単なる手段なので人自体は何の価値もない。そこでサタンの恣意のままに操つる。人の立場で考えるはずもない。サタンには自己がすべてである。一方、神は無でもある。両者には全と無との対比ほどの相違がある。世の一般人のように神と無縁ならサタンが神に替わろう。世支配の神である。多くの場合こういうサタン的なものはサタンとして信じられていない。特に日本ではご利益的宗教の形を採る。その内実は信仰からはサタン的なものの礼拝である。こういう神々では人は神礼拝で自己都合に合わせ、神は神で人を自己都合に合わせる。相互に都合し合う。かくて真にはどちらが上ともいえまい。心の律法が神の律法と位置づけられて初めて神は人の上に立つ。神と人とは現実の存在だが、サタンは架空の存在であろう。前二者に比し自立性、自律性はないから。神は啓示で自己を示す独自性がある。人は人として自律的である。一方、サタンは啓示や他の方法で示されもしない。ただ架空的とはいえ人への力が弱くはない。それは人の堕罪ゆえである。サタンには大きな働きの領域が用意される。だがこのことは同時に神の働きの場も大きいことを示す。だからこそ教団も個人も働きの場を持つ。サタンの場と神の場とは重複する。真の信仰さえあれば神、人の間のサタンは吹っ飛ぶ。無化される。未信仰では逆が真である。神でなくサタンが第一位を占める。しかも基本的に

は全現実性を占める。サタンは神の現実性も人のそれも基本的には消す。人は少なくとも一人の主を持たざるをえぬという根源的状況がそういう状況を造り出す。こういう状況は古代でも現代でも不変である。人が信仰へ転じぬ限りサタンの一元支配である。イエス一元支配かサタン一元支配かである。二者択一である。双方同時はない。こういう状況下ではサタンは神という衣を着て現れる。偽装する。神礼拝の名の下で実はサタン礼拝を行う。そのことに気付かない。気付こうともせず、できもしない。これが現実である。サタンはわが意を得たりとどこかで秘かに微笑む。神はそういう状況を強権発動であえて変えようとはしない。神は忍耐強い。これは人には幸いでもあり不幸でもある。さもないと人は滅ぼされよう。人には幸イコール不幸、不幸イコール幸である。人の罪の現実に対応する。幸なら幸のみ、不幸なら不幸のみとならぬところに堕罪した人の人たるゆえんが露呈する。人としてはそうなりうるよう最大限の努力を要す。心の律法—失っていればもはや人ではない—を有する人としてそうであるほかないから。一時的にそうあること、そうあろうとすることを失ってもいつまでもそうあり続けられまい。神はどこまでも人を追い続ける。人は神の目から永遠に逃えない。神の忍耐力は人のそれとは異次元的に桁違いである。神の超忍耐力に対し人はその誠意に感謝し誠意を以て応えるべきである。これなしでは堕罪の状況から神の方へ向き直るのは難しい。そういう誠はどこから心の中に湧くのか。これをこそ神が人に賜る。人が一切を捨ててもこれに固執せざるをえぬそういう資質、力である。資質というと何か生来備わっているとの印象である。事実はさにあらず。そのとき初めて与えられる不思議な力である。どんなに強大でしかも見えぬ障害であれ、可能的なものも含めて既に心の内で圧倒的力で克服している力である。無から湧きあがる、創造的力である。すべてを、生をも死をも蹴散らす力である。一種の充実感である。自己を止めうるもの無きことを実感させる力である。充満した力の内にあって自己という存在をもはや感じないごときである。制約された自己は存せぬごときである。自己の存在全体をある力が貫いているから。その力で自己はどこかへ連れ去られる。自己はあって無きがごとく、なくてあるがごとし。全宇宙を貫く力が自己をも貫く。かくて自己は全宇宙であり、全宇宙は自己である。自己とい

う枠が取り払われた。神の忍耐力は神の無限に応じて無限である。神には千年が一日かのように無限忍耐も少しの有限なものでしかない。神にあっては有限と無限の区別さえない。それほどに無限である。人の考えとは矛盾するが、有限イコール無限かもしれない。それもそのはず。そもそも"限"ということ自体が神の目には存しえぬから。何かを現実的に造るときにばかり無限であるのではない。一旦造ったものを忍耐するときにもそうである。人の目からは神の無限忍耐は好都合とばかりはいかない。"主よ、とく来たりませ"という祈りはその点を現す。早く来て反福音勢力を滅ぼしてほしい。だが神は忍耐強い。それが人にはいささか辛抱しきれない。人はこういう神の無限忍耐を忍耐せねばならない。いかに辛くとも人は神の忍耐を学ぶ要がある。「苦難は忍耐を生む。」(ローマ 5,3) とはこのことである。

## 第三節　世の法則

(一)

　世支配の原理は現世を第一とする力である。その方向へ人の心を導く作用を意味する。現世を究極の世界と解するとき働く力である。その中には種々の反倫理的行為へ誘う力も入ろう。特に信仰と反する方向へ行こうとする力である。ここが一番肝心である。現世的生活第一が原理である。「神のことを思わず、人間のことを思っている。」とイエスのいう(マタイ 16,23) ようなあり方である。人、世界を神より優先する。地上に倉を立て地の宝を保持しようとする(ルカ 12,18 以下)。教団は特別の存在である。世はそうではなく人の自然発生的誕生に伴い、そのまま持続しているに過ぎない。かくて人格「主義」的には教団で初めて人は誕生する。世の段階では人たる素材が生成したに過ぎない。人以外の自然の生き物とも共通的次元である。そこで世が人を神の方、上へではなく、反対に下へ向くよう導くことは想像し易い。そこ自体での生安定へと作用する。だが信仰とは世、そこの力とは逆の方向への力を意味する。人へは各人の資質に応じて種々の方向へ安定させる力が働く。人により志向する方向は異なる。ここに不可避的に争いが生じる。避けえない。一つの世の中に多数の

安定志向的力が共存するから。かくて世では分裂騒動が不可避的に発生する。一方、教団ではいつも統一方向への力が働く。ただ現実は教団内に分裂が生まれたりだが、これは統一方向への一歩と解しうる。世ではそういう力がいつも働いてはいまい。分裂が常態であろう。統一原理を元来欠くから。教団ではそういう原理が潜在的には常時あり、作用する。背後では神が働く。だが神は人にとり"分明"には働かない。そのように働く神を人が「見る」ことが不可欠だ。だがそれでは人はその瞬間に死ぬ。神を見た者は死ぬのだから。隠れた仕方でしか働かない。そこで人には見えぬものへの信仰が要請される。さもないと神をも信じえない。人間界での不分明にはいずれ分明になるとの期待がある。一方、神ではそうでない。不分明が原則である。終末では分明になるかも。少なくともそれまではそうではない。これは人と神とが相対と絶対という関係にあるから。前者は後者を今現在分明な形で保持したり関係したりしえない。ただ不分明なものとしては分明でなくてはならない。つまり極めて不分明でなくてはならない。そうあってこそイエスの啓示を啓示として受容しうる。不分明な点が不分明ではそうできまい。イエス以外では神はあらゆる点で不分明でなくてはならない。さもないとイエスの啓示は迫力を欠く。この啓示以下、以外では神は明確に不分明でなくてはならない。

　神以外を恐れるなとは、不分明にもかかわらず信じる人の実存的態度に呼応する。神が分明ならそういう態度は不要だから。換言すれば神を畏れることである。畏怖である。聖、義、愛なる神への態度である。敬うことを意味する。神のためなら自己の一切を賭けることを意味する。否、そうでなく、今すでにそうであることを意味する。神へ関係を保っていると同時に保っていないともいえる。不可視のものへ可視的な一切を賭ける。これは通常の価値観とは逆のそれの当人の心への支配を意味する。通常は可視のものが不可視のものよりは心を占めるから。実存的には自己の生命を神に渡すことである。この逆転生起には実存的に「心の清い人々は、幸いである。その人たちは神を見る。」（マタイ 5,8）がその契機である。これは必要条件であろう。十分条件として当人がそこに生きる社会的状況が考えられる。清い心に応じてない周囲である。反対的状況が清い心を益々刺激する。これで心は磨かれる。汚れの方へはいかない。

一種の危機的状況の中でこそ救いへ定められた者は特性を発揮する。神の呼び声を聞く。エレミヤが三度神の召命を聞いたように。無意識に清い心にこだわりつつ聞く。清さへのこだわりを意味する。これはしかし無でなく無と一体の清さである。そうあってこそ人の心の清さを超える。無とは人に属す一切の離脱を意味する。ここで初めて清さは神由来となる。この清さは清さを超えた清さゆえもはや清さというに値しない。清さとは内容的に反対の概念たる汚さという性格をも持ちうるから。だがここではそういう次元を超える。人のどの言葉もふさわしくない。無からの創造がそこで行われる無たる清さである。こういう無即清さからすべてが生み出される。必然的にそうである。創造の元である。ブラック・ホールはすべてを吸収するが、無（清）はすべてを生む。だから神イコール無ともいえよう。少なくとも人には神は不可視である。そこで清さと一の無は神を現在の人に対しいわば代替する。清さとは無色透明である。いかなる色にも染まる以前のものであろう。色にしろ形にしろ何かの存在は神の創造を阻害する。
　神の霊到来に人がついていけず絶望するとサタンの声が侵入する。人はそちらへ堕ちる。一方、日本では神を欠く。そこで神の前で恐れたり萎縮したり絶望したりなどの現象は生じない。反対に人は自己を規制する主を有さない。結果、人自身が膨張する。そこから心の律法に反してさえ自己義認して行うという自家撞着に陥る。しかもそうと認識することもなく。傲慢に陥る。信仰を中心に据えるとその両側にサタン的なものは各々位置づけられる。旧約、新約、中近世欧州で批判される人々が左なら現代日本は右であろう。絶望のみではなく、自己の世俗目的に神利用を企てる人も登場しよう。これも左側に属そう。神到来への反応は相反する両側に分かれよう。ただ神利用企画の人は右側に属す傲慢な人とそういう点で共通的性格を持とう。世は究極的原理を欠くので種々の混乱を招く。人は各々自己に好都合の暫定的原理に基づき行動するから。エデンの園からの追放、バベルの町建設中止後の世界はこうである。こういう状況下では人は救済策を求める、意識するしないに拘わらず。そこで人の個性にもよるが、啓示受容の素地はできている。だがそれが直ちに受容を生まぬ点が問題である。個人としての決断が不可欠だから。

世が教団を生む素地を形成する。そこ自体は思想的に統一もなく真の原理もない世界だが、動物なら不便はなかろう。だが理知性ある人には不十分な状況である。そこで人はどこかへ向けて動かざるをえない。だが自己内からは究極的原理は生み出しえない。自己存在の根拠付けにはこういう原理が不可欠である。不可欠のもの欠如である。まだ余裕のある少々不便という状況ではない。ぜひ何らかの仕方で処理せねばならない。追い詰められている。だが相手は全貌が分からぬ、正体を知りえぬほどの次元の存在、あるいは非存在である。姿かたちさえ見えぬ怪物に人は対応しきれない。そこで人に発せぬ解決策しかありえない。ここに啓示の意義がある。

　心の律法に聞くか否かである。今すぐにもそうしようと思えばできる。何の手続きも要らない。サタンへ魂を売り続けるのか、神へ向き直るのか、それが問題である。悪霊という以上、人の意思のそれによる支配が必然だ。意思が心の律法に反すると感じつつそういう方へ積極的に決断した。ユダのイエス裏切りもそうであろう。悪霊の客観的存否は証明しえない。存すると信じれば実在するし、存せぬと考えればそうでない。啓示の神を信じ、神の実在を疑わぬ人には悪霊の実在を含めて他のことはどっちでもよい。「外部の人々を裁くことは、わたしの務めでしょうか。」（１コリント 5,12）という。同様に悪霊という信仰外の霊のことは私たちの知ることでしょうかとなろう。悪霊とは信仰外のことで、一方、聖霊は信仰内のことである。今決める必要はない。終末で自ずから明らかになる。それまで待てばよい。待てぬのは見えぬものを信じるのが信仰だが、それの欠如である。信仰出現のところで悪霊も出現する。信仰が心の闇を暴くから。そこから人は益々悪霊に魂を売ることさえ生じる。信仰の歴史は悪霊の歴史でもある。


　世は自身を自己目的とする。自己が最高目的である。超越的世界は排除されるから。他の目的設定はできまい。自己の上には何をも頂かない。結果、啓示の神をも自己目的のため利用する、しかも自覚的に。無意識のうちに図らずもならまだ許容されよう。だが意識的では魂をサタンに売っているとしか思われない。教団内にもこういう輩がいないか。これぞ教団内の雑草である。自己

を目的とすれば他は自ずから目的としては排除される。同時に目的を二つ立てて二人の主人に兼ね仕ええない（マタイ 6,24）から。ただ世による自己目的という状況は明確に意識して立てられてはいない。実際には世にある具体的なものを目的としては立てるから。つまり世が全体として目的にはならない。かくて自己という目的に達しえない。だがそういう個々の目的は人に究極的満足を与えない。精々一時的でしかない。そこで次の別の目的を立てねばならない。この過程は際限なく続く。しかも人はついに満足には達しない。こういう探求と満足との繰り返しの間隙をついてサタン的欲求の人の心への侵入が起こる。無限を自覚しうる人がそういう有限な暫定的なことで満足しえぬから。暫定的目的も人相互間の争いのため実現せぬこともあろう。この場合人は常に不満を抱えて生きる。そういう目的はそのときには世を代表するものである。だがこれこそ暫定的である。満たされれば次の設定を迫られるから。暫定から暫定への梯子である。だが目的とは最終的性格なしではそうといえない。かくて人は世では目的なしで生きる。そこでこういう状況の中でまどろんでいるか、一転して真理への道へ踏み出すかの岐路に人は立たされる。この点人は常に世にあって神への道へ踏み出す定めにある。暫定的目的は文字通りであり、満たされると同時に次の不満を生む。そこが終点とはなりえない。しかもその目的さえ満たされぬ場合も多い。むしろこの方が一般的である。ここから神への道へ目を開かれる人も出よう。世では人は川面の上の泡のごとき存在である。目的なしでは生きえぬので目先の事を真の目的かのように思って生きる。この意味では人は自己を欺いて生きる。自己に対し正直には生きえない。かくて世にあるままでは神への向き直りは難しい。これにはまず自己を欺くのを止めることを要す。心の律法に照らしての自己の今現在の生の反省が不可欠である。自己が良心の声に忠実か否かである。声に従うだけの意思を要す。意思の有無が問題である。良心の声は人が人たる限り消えない。だが意思はどうか。意思は良心の声以外をも考慮し決定する。その声に百パーセントは聞きえない。例えば当人の世での損得である。これをその声以上に重視すればそれから外れる。ここに岐路がある。良心に聞くことは自ずから神への道へ通じる。

　だが損得重視では世へさらに深入りする。こういう分岐点での決定は大切

だ。その後の生き方に影響するから。これら二つの声は多くの場合異なる。良心に聞くと世での損得に反する決定となる。損得重視は良心、心の律法に反する。つまり神への道ではない。人の堕罪、世のサタン支配下にあることなどは先の二つの声の相反する事態の中に凝集し現れる。こういう状況での良心に聞く意思決断は人に努力を求める。自ずからはそうならない。世での得失判断を超越する決断である。これなしでは良心に聞きえない。損失が大きいほど決断が難しい。ここでこそ滅びへの門は広く救いへの門は狭い。そういう不都合を押し切って決断して初めて良心の安らぎ、平穏へ至る。損得による決断では多少とも良心の呵責が生じよう。これの抑圧のため何かする必要に迫られる。うその上塗り的事態である。こういう出来事の繰り返しが日常化すると後戻りできなくなろう。理由は自己のそれまでの生が虚偽となるから。そこで最初の決断で良心に聞くことが大切である。学校教育で良心に聞く大切さを教えねばならない。損得超えの決断で個の主体性が確立される。周囲の人がどうであれ自分は良心に聞く決断をする心構えが大切だから。個人として周囲からの自律が不可欠である。心の中での激しい葛藤の克服を要すから。意思と良心との一体化が大切である。しかも良心主導が必要である。逆では不都合の場合も生じる。良心は不可思議で心の律法に従おうとする。生来回路がそう設定されている。人を超えた存在によるとしか思われない。人により異なることはない。民族、人種、居住地域などの相違を超えて共通である。だからそういう相違を超えての対話が可能である。こういう良心の不可思議は神のそれに匹敵する。後者の人の内への内在化である。その限り神の具現者である。モーセが神から石の板に書かれた掟を受けた（出エジプト 31,18）ように各人は心にそれに替わるものを受けている。良心に聞くのは神に聞くのと同じだから。だが時と場合により良心の声は損得勘定で曇る。だがそれでも消えてはしまわない。一時的な隠蔽である。その意味で良心は神に聞くかサタンに聞くかの戦場である。後者が勝つ限り良心は平衡状態へは達しえない。動揺の中にある。良心は元来神の声を聞くよう最初に回路設定されているから。ここからサタンに聞くことの繰り返しでは心は本当にサタン的になる。魂のサタンへの売り渡しのような事態も生じる。二極の間に良心はあるが、損得と神とでは対等な仕方で良心へ関わっ

てはいない。後者に聞くには努力、決断を要する。一方、前者に聞くのはそれらは不要である。良心に反してそちらへ引きずられる。良心に聞くべきだと思いつつそうなる。良心が弱い。あるいはそれと一体の意志が弱い。良心が崩れる。損得へ勝ち取られている。良心は機能停止へ追い込まれ、黙す。損得優先に良心が抗議しない。この点良心には抗議が不可欠である。人は常に損得優先の選択をする危険の中にある。良心は見張り役である。これが十分働らかぬと種々の罪へ人は陥る。人の一挙手一投足へ目を光らせねばならない。良心という見張り役の見張り役は神である。神が良心を見張り、良心が人の言動を見張る。かくて人の言動は二重に見張られている。良心という見張り役が機能不全に陥ると神が直ちにその役で出動する。ここに裁きが不可避的に生じる。これで神は良心を本来の位置へ戻そうとする。

　心の律法というとき心とは良心と解してよい。そうなら良心は何かを何か別の基準に照らして合致か否かの判定をするのではない。良心はそういう内容を有す。だが心と良心とを別とも考えうる。パウロも心に書かれた律法というが、良心に書かれた律法とはいわない。良心はそういう律法に照らして人の言動を判定する。良心は心と意思による言動との間で言動が心に従うよう制御するを要す。かくて良心は心と言動（換言すれば律法と意思）双方の支配を要す。この意味で良心はそれらより上に位置づけられよう。だが心や意思はそれ自体が内容を持ち、これらの方が良心より上ともいえよう。見方でこのように上下関係が逆になる。こういう状況をすべて考慮に入れて心が一番上といえよう。神により直接そこへ律法が書き込まれているから。良心はこれで判定するし、意志はこれに基づいて言動の判断をすべきだから。心は他の二者へ規範を与える。これは単に人の心がそうするのでなく神自身がそうする。それだけこのことは重い意味を持つ。良心は心の律法に照らして個々のケースで判断しそれに聞くよう意思に伝える。ただ意思へは種々の方面から種々の欲求が持ち込まれ、そこでいつも良心からの通知へとはいかない。従えないときは悔いが生じる。良心をさいなむ場合もあろう。悔いが強いとそこから逃れえない。ブラックホールへ落ち込んだようであろう。逃れるには良心が過去の所業から目と心を離すことが不可欠である。目を向けていても良心の在り処が変わるかである。ど

ちらかを要す。双方を成立さすものがある。福音である。強い悔いは自己の罪深さへ目を向けさす。その中で福音に接し自己と対比してのイエスの言葉の新鮮さに気付く。清きイエスを知る。これが救いになる。彼を神の子として知りうるから。ここには自己の心の清さから神を神として知る知り方とはまったく別個の知り方がある。清さと罪深さは神へつながる作用をする点で類似性を持つ。人にはまったく異質の性質が神へつながる面で同一の働きをする。清さのみが神へつながるのなら多くの人は排除されよう。罪深さもそういう契機となる。双方とも人が自己の現実のあり方から目を離す点では同じである。イエス、神側へ目を転じる。転じた後、悔いの情は消えようが完全消滅ではない。だがその後は神の清さ、救いを通して自己の過去の有様を見る。ここに清められた心で自己の所業を見る目が与えられる。それを過去として自己から一旦突き放して見うる。今までのように良心を苛む性格は減少する。

（二）

　世とは神と対立の世界である。その限り堕ちた世界である。世界という一語で現せる統一的世界ではない。世界は神の一、全に対し相容れぬのだから必然的に多、不全である。不可避的に分裂、分派、不統一、混乱など要は一、全と異なる状況のデパートである。決して道徳的悪のみの支配する世界でもない。悪統一の世界ならパウロが律法精進から福音へ転じたように一度に反転する可能性がないとはいえず神対立の世界にはなれまい。善、悪両者の部分的支配の世界である。人に心の律法ある限り現実に悪の一元支配の世界が現象はしない。そういう世界は一時的にあっても持続しえない。その点"世"といえども中に混乱ありともそれなりのビルトイン・スタビライザーを持つ。神は世が余りにも自己から離れぬよう則を定めた。人が神の目から何処まで逃げても逃れえぬように世も神から離れ切れない。もし可能なら世は神の被造物でなくなる。かくて世のメルクマールは悪ではなく混乱となろう。乱れが指標である。しかも世は自力でそこから回復しえない。全体統一の何かを欠くから。バベルの塔のあと言葉が乱れた（創世記 11,7 以下）。これは世の性格を象徴的に現す。乱れで互いの意思疎通が不能となった。ここでは不可避的に争いほかの統一阻害

要素がさらに増す。混乱の上に混乱が重なる。混乱の二乗、三乗である。心の律法がヘゲモニーの体制構築がない。言葉の乱れはこういう状況を倍化さす。人が互いに疑心暗鬼になるから。むしろ逆かも。分かるとかえって疑心暗鬼にならされる。相手の本心を疑うから。心の内は見えぬから。分からぬのがかえってよいこと自体が本来の秩序逆転を表す。たとえ善ヘゲモニーの体制ができても人は自己の"世"性のためそれを正しく機能させえまい。機能不全が生じる。何がヘゲモニーをとるかが確立されていない。人の世での安穏優先の動きも"乱"倍加の要素である。多くの人がその目的で動くと争いが起こるのは明白だから。かくて乱とはミクロには各人の心で何がヘゲモニーをとるかにつき統一的理解が欠ける点に帰着する。社会が極度に悪へ傾斜し崩壊はせぬよう心の律法があっても、ヘゲモニー確立が不可欠である。これは社会的次元のことで各人に心の律法があっても自ずからは生成されない。個人を超えた社会的規範となる体制がないと混乱必至である。だがたとえそういう体制があってもそれを機能不全にするところに"乱"の乱たるゆえんがある。こういう乱処理のため人は世にあって種々雑多な偶像に依る。いわゆる像もあれば現実の何かが神の地位へ祭り上げられたものもあろう。何かそういうものなしでは人は世に生きるに当たり苦難克服の際耐え難くなろう。ここで雑多な偶像が出会う。人間相互間のヘゲモニー争いが偶像間のそれへ展開する事情を見うる。益々の混乱である。二重の混乱である。個人の心の中の混乱は不可避的に社会的混乱へ拡大する。偶像間での代理戦争となる。勝った偶像が真の神であるかのよう崇められる。ここに至り混乱は頂点に達する。誤った統一らしきものに到達したから。それより混乱の方がまだましである。正しい神へ至る可能性を残すから。誤った偶像崇拝で凝り固まっては如何ともし難い。逃れるのが極めて困難である。流動的状況にあれば正しい方向へ動く可能性もそれだけ大きい。もっともどんなに深く堕ちても心の律法ある限り反転の契機は人自身の中にある。ただ集団同士の偶像でのヘゲモニー争いで一方が滅ぶことは過去の歴史を見てもいくらもある。この場合神は特に干渉はしない。堕罪した人々を罪の状況に委ねる。神は混乱の世を一括して同一扱いはしない。この点各個人を異なった扱いとするのと同様である。千差万別の扱いとなる。偶像争いの中で滅ぶに任すこ

ともあろう。余りにひどい状況だと神が積極的に意思発動する場合もあろう。反対に世で比較的神の意に沿う動きの人へはそれをさらに促進し、教団の方へ導きもしよう。だが教団へとは異なり世は世に委ねることを基本とされよう。ただ世が教団と関わるときは干渉されよう。教団を神は自己責任において導く。一方、世は全体としてはそうではない。神の目からは見捨てられた世界である。人自身へ委ねたのだから。人が自己の自由に基づき自己の考える世界を築きうる世界である。だがそこには全体統一の原理はない。混乱必至である。個人が自己を持て余すよう世は世を持て余す。そこに胚胎する罪を自己の力で処理しきれぬから。これには真の他者たる神の関わりを要す。処理しようにもそう試みる自己自体が罪を帯び適切対処ができぬから。処理できてないのにできたかのような幻想にも陥ろう。否、世はそう思いなすほかない。真の処理は自分では不可能だから。罪の処理が完全除去をいうのならもはや問題外である。神にさえそれはできない。まして人にはできない。罪を自覚して自己にそういう制約あることを知ることである。これこそ処理の意味である。これが人自身発ではできない。自己に罪あることは他から知らされるほかないから。こういうことを世は世自身についてなしえない。自己に対しそう反省する根拠を自己内に持たぬから。基本的には世の人は自己の判断で突っ走るのを止める契機を自己内に持たない。そこで留まるところなく自己都合優先で進む危険を孕む。一旦禁断の木の実を食べ怖いもの知らずとなった。暴走の堰が切って落とされた。自己を神に替えた。自己偶像化である。十人いれば十の偶像である。混乱不可避である。

　世での人による善悪判断は世での立場により人によって異なろう。善悪より世での自己の損得優先が実情である。かくて主義主張の百家争鳴という事態を招く。混乱である。もっともどの考えも生じたときはそれなりの合理性があったであろう。だが一度立てられると特定の時所の場合のみでなくより広く妥当とされる。後には別の考えも生まれる。必然的に争いが生じる。前の考え、制度で生まれた利害関係によって立つ人々が後の考えによる人々と争おう。争いの連鎖が生じる。時代が下がるにつれ同様なことが起こる。何重にも重なった形で争いが起こる。こういう争いの元はすべて世での損得である。善悪優先

で損得は二の次なら制度も変えられる。その前にまず自己の心を変えねばならない。これは世にあって世に浸っているままではかなわない。世から教団へ出ることを要す。今までの世にある自己からの脱出である。その点脱自という性格である。脱世でもある。世自身は自ら神の方へ向きはすまい。罪の重石のゆえである。これが世にある人の全活動を規制する。方向を決めるから。精神的、身体的なすべての動きに随伴する。しかも動きを支配する。付随的に後から従うのではない。反対にそれが先行する。人の動きを誘導する。先行、規制、誘導などを行う。ただ理念的に考えるのならそういう罪的制約を脱したことを考えうる。残念ながらそれを十全に実行する力を欠く。実行力なしの理念だけでは理念倒れで無意味である。罪の重石が心が理念のように宙に舞うのを禁じる。禁じ手となる。心のみ天を飛翔しても不十分である。魂がからだを離れることはからだからだけでなく、罪の重石をも離れて天を巡ることを意味する。教団へ加入して特別の場合そういうことも起ころう。ここでは悪い面よりよい面のときに重石ということをいえる。前者での重石とは反対に重石がよい方向へ人を向けることをも意味するから。かくて重石とはよい方への阻止要因であるばかりか悪い方へのそれでもある。ある限度を超えて悪い方へいくのは自己存在の安定でなく逆に自己を危うくするから。そこで自己保持という自己最優先の罪は人が一定限度を超えて悪へ堕すことを除く。もっともこれには心の律法というよい要素も関わるが。そもそも世は神からは捨てられた世界であり、神が世についてそれ自体を目的に何かをなすことはない。あくまで自己の民である教団との関わりで取り上げるに過ぎない。それ自体としては無価値である。神からは深淵の中へ既に沈んだものでしかない。全体としては失われた世界である。神には無なる世界である。黄泉の世界が恵みの対象外であるようにそこへと去った世界である。そして教団との関係で神のいわば代理として役立てる目的で適宜使役される世界である。人の目からは華やかに飾られた世界でもある。だがそこは神の意に応じる次元に属すものを欠く。天を離れてそれを自己目的として地の華やかさを競うこととなる。だがそれは正しくない。それが自己目的だから。地は地を目的として生きているから。地以外のどこへも行かない。地から出て地へ帰る。あたかも人の一生のようでもある。こういう世に対し神

はあえて罰を下す必要もない。触らぬ神にたたりなしである。教団、神に属す民でないのであえて特別処置はとらない。その意思の伝達と無関係な民へ神は特に関心を示さない。ただし教団に関わりうる、現実に関わっている民へは干渉されよう。このように神と世の間には無限な距離があろう。介在する罪の処置がまだだから。いかに罪の処置が大切か分かる。教団でさえ代表者以外神への接近は許されない。世はいうに及ばない。罪の介在はかくも重大である。罪はこのように神と世を分ける。だが二次的には再結合の要因ともなる。それは世単独では自立しえぬことを表すから。その点罪こそ世を神へ帰一する方へ向け直す要因である。その意味で罪は神へ向けて世をブーメランのように帰す働きを持つ。神から離れるほど神へ向けて働く力もそれだけ大きい。離れるほど自己では自己を回復しえぬことを実感できるから。離れ方が激しく自己のそういうあり方に絶望してない限りそうである。ただ世は神を避けたがろう。自己自身の中に閉じこもっていたいから。にもかかわらず神の方へ向くことはそれまでの自己喪失の覚悟なしにはできない。自己を捨てるか神を捨てるかである。可視的姿で神が目前に現れれば別だが、不可視の神のために自己を捨てることは世にはできない。見えぬものより見えるもの優先である。まして見えるのが自己自身ならなおのこと。見えれば五感の内に入る。その限り自己へ属すという性格を持つ。かくて不可視より可視とは他より自己という意味合いでもある。罪はこのように何処までも自己自身への固執を促す。そこでそれができぬ状況にならぬ限り自己から目を離すことはない。例えば固執するだけの価値を自己へ感じなくなったときが考えられる。例えば余りに重大な罪、殺人を犯したときである。自己のそういうあり方に固執しておれる状況ではない。かくてこの場合は自己から目を離せる。そういう方向への芽が心に生じる。あるいは逆にあるがままの自己を見る側の自己に変化が生じる。そういう自己が何か他なるものに出会って自己を見る目に変化が生じる。人の心には律法があり、それに訴える何かに出会い、それを契機として自己を見る自己に重大な変化が生じるときである。この場合も結果としては神の方へ向く可能性が芽生えよう。主体の側か客体の側かのどちらかで自己変化が生じれば、そういうことが生じうる。あるいは同時という場合もあろう。こういう出来事が生じる点に神の恵みを感

で損得は二の次なら制度も変えられる。その前にまず自己の心を変えねばならない。これは世にあって世に浸っているままではかなわない。世から教団へ出ることを要す。今までの世にある自己からの脱出である。その点脱自という性格である。脱世でもある。世自身は自ら神の方へ向きはすまい。罪の重石のゆえである。これが世にある人の全活動を規制する。方向を決めるから。精神的、身体的なすべての動きに随伴する。しかも動きを支配する。付随的に後から従うのではない。反対にそれが先行する。人の動きを誘導する。先行、規制、誘導などを行う。ただ理念的に考えるのならそういう罪的制約を脱したことを考えうる。残念ながらそれを十全に実行する力を欠く。実行力なしの理念だけでは理念倒れで無意味である。罪の重石が心が理念のように宙に舞うのを禁じる。禁じ手となる。心のみ天を飛翔しても不十分である。魂がからだを離れることはからだからだけでなく、罪の重石をも離れて天を巡ることを意味する。教団へ加入して特別の場合そういうことも起ころう。ここでは悪い面よりよい面のときに重石ということをいえる。前者での重石とは反対に重石がよい方向へ人を向けることをも意味するから。かくて重石とはよい方への阻止要因であるばかりか悪い方へのそれでもある。ある限度を超えて悪い方へいくのは自己存在の安定でなく逆に自己を危うくするから。そこで自己保持という自己最優先の罪は人が一定限度を超えて悪へ堕すことを除く。もっともこれには心の律法というよい要素も関わるが。そもそも世は神からは捨てられた世界であり、神が世についてそれ自体を目的に何かをなすことはない。あくまで自己の民である教団との関わりで取り上げるに過ぎない。それ自体としては無価値である。神からは深淵の中へ既に沈んだものでしかない。全体としては失われた世界である。神には無なる世界である。黄泉の世界が恵みの対象外であるようにそこへと去った世界である。そして教団との関係で神のいわば代理として役立てる目的で適宜使役される世界である。人の目からは華やかに飾られた世界でもある。だがそこは神の意に応じる次元に属するものを欠く。天を離れてそれを自己目的として地の華やかさを競うこととなる。だがそれは正しくない。それが自己目的だから。地は地を目的として生きているから。地以外のどこへも行かない。地から出て地へ帰る。あたかも人の一生のようでもある。こういう世に対し神

はあえて罰を下す必要もない。触らぬ神にたたりなしである。教団、神に属す民でないのであえて特別処置はとらない。その意思の伝達と無関係な民へ神は特に関心を示さない。ただし教団に関わりうる、現実に関わっている民へは干渉されよう。このように神と世の間には無限な距離があろう。介在する罪の処置がまだだから。いかに罪の処置が大切か分かる。教団でさえ代表者以外神への接近は許されない。世はいうに及ばない。罪の介在はかくも重大である。罪はこのように神と世を分ける。だが二次的には再結合の要因ともなる。それは世単独では自立しえぬことを表すから。その点罪こそ世を神へ帰一する方へ向け直す要因である。その意味で罪は神へ向けて世をブーメランのように帰す働きを持つ。神から離れるほど神へ向けて働く力もそれだけ大きい。離れるほど自己では自己を回復しえぬことを実感できるから。離れ方が激しく自己のそういうあり方に絶望してない限りそうである。ただ世は神を避けたがろう。自己自身の中に閉じこもっていたいから。にもかかわらず神の方へ向くことはそれまでの自己喪失の覚悟なしにはできない。自己を捨てるか神を捨てるかである。可視的姿で神が目前に現れれば別だが、不可視の神のために自己を捨てることは世にはできない。見えぬものより見えるもの優先である。まして見えるのが自己自身ならなおのこと。見えれば五感の内に入る。その限り自己へ属すという性格を持つ。かくて不可視より可視とは他より自己という意味合いでもある。罪はこのように何処までも自己自身への固執を促す。そこでそれができぬ状況にならぬ限り自己から目を離すことはない。例えば固執するだけの価値を自己へ感じなくなったときが考えられる。例えば余りに重大な罪、殺人を犯したときである。自己のそういうあり方に固執しておれる状況ではない。かくてこの場合は自己から目を離せる。そういう方向への芽が心に生じる。あるいは逆にあるがままの自己を見る側の自己に変化が生じる。そういう自己が何か他なるものに出会って自己を見る目に変化が生じる。人の心には律法があり、それに訴える何かに出会い、それを契機として自己を見る自己に重大な変化が生じるときである。この場合も結果としては神の方へ向く可能性が芽生えよう。主体の側か客体の側かのどちらかで自己変化が生じれば、そういうことが生じうる。あるいは同時という場合もあろう。こういう出来事が生じる点に神の恵みを感

じよう。かくて世は恵みによって神の方へ引き戻されよう。そういう意味で神はいつも世を自己の方へ引き戻そうとする。その点世の内にある、起こるすべての出来事によって疑問が先の二側面のうちどちらかについて感じることが起ころう。すべての出来事により神はそれに接するすべての人々に呼びかける。常に無数の機会を無数の人々のために用意する。それによりどれだけの人が神へ向き直るのか。伝道とはかくも無駄多きものである。神による伝道さえかくも無駄が多い。まして有限な知力しかない人による伝道などいうまでもあるまい。自己のあり方と自己を見る見方との二面は別個ではない。前者の変化は不可避的に後者の変化を伴う。逆も真である。あり方で見方が強い変化を受けるとしよう。この場合見方が質量ともに変わる。量的変化が一定限度を超すと質的変化をもたらす。つまり自己から目を離すという変化である。そこまでいかぬ場合まだ依然として自己へ目を向けることが続いているし、続こう。自己への固執が続く。自己を見る見方の方が大きく変わる場合にも同様の変化が生じよう。かくて世を世自身に任せるのは神の恵みによる。仮に神が直接管理して神の意に沿うよう有らしめようとすれば世は全面的に消えるほかない。「時が満ちると、神は、その御子を女から、しかも律法の下に生まれた者としてお遣わしになりました。」（ガラテア 4,4）というが、そういう神の忍耐はそのときで全面的に解消はしない。依然続く。神の忍耐が続けばこそ人もそれに倣い、苦難、忍耐、練達（ローマ 5,3 以下）の前進のように人の忍耐も続く。すべての人の忍耐の総合計より神の忍耐は大きいであろう。桁違いの忍耐が必要であろう。忍耐とは自己の意思実現がまだの状況の中で実現するという希望を持ち待ち望むことである。その際障害が現れれば忍耐を要す。障害の大きさと忍耐の大きさは比例する。世に犯罪あるたびに神の忍耐が試される。滅ぼさぬことは神の忍耐なしではありえない。人は神の立場に立てぬが推測はしうる。犯罪のような出来事をただそういう人間的目でしか見ぬことこそ問題である。本当は神の立場に立ち神の忍耐へ思いを致して見ねばならない。そういう神の心に触れて人の心も大きく変わる可能性を見出しうる。人は自己自身への目から離れえよう。人の心の清さをはるかに超える神の清さを思うとき神の忍耐はいかばかりかと思う。イエスにおいてそれまでの人の罪についての忍耐は報われた。

だがその後も人の罪は続く。確かにこれも可能的には赦されており神の忍耐は不必要とも考えうる。だが現実に罪が続くことに対しまったく無頓着とはいくまい。その限り忍耐が不可欠であろう。

　人格的根拠欠如だと真の意味で強くはあれない。そういう可能性自体を端から欠く。正しさと強さとは不離一体である。そういう内容欠如の強さは単なる破廉恥に過ぎない。「あなたには、わたしをおいてほかに神があってはならない。」(出エジプト20,3)との一句に生きるには、それに反するものとの確執は不可避である。そうして初めて「持っている人は更に与えられて豊かになるが、持っていない人は持っているものまでも取り上げられる。」(マタイ13,12) という言葉が成就する。抵抗排除し自己自身たろうと脱皮、脱自するから。これは各自が自らの心の律法に従って判断し決める事柄に属す。神の方へ向き直るかサタンの方へ向いたままかである。自己自身が誰よりもよくこのことは分かっているはずである。心の律法があるのだから。

(三)

　信仰については世に元来ある法則と抗う面と世の悪を暴く面とを考えうる。

　世の悪の由来。人は生来善悪の観念を持つ。一方、人は自然的生命として生命を維持する。これら両面が必ずしも一になりえぬからである。前者が後者犠牲を要求もしよう。反対も生じよう。ここに悪の生起の起源を見うる。仮に人が常時善悪観念に従えばこういう問題は生じまい。だが現実はそうではない。なぜならたとえ死んでもそれへ固執する覚悟で日々を生きねばならぬから。これは簡単でない。一般にそこまで人の心は純にできていないから。それを犠牲にしても生命維持優先の場合もあろう。それどころかこれに奔走さえしよう。ただこれが直ちに悪ではない。正当防衛の考えも認められる。そうであってもそれが悪へ通じ、悪を併発しうる。本人の期待に反しての場合もあろう。人は全知全能でないから。かくて善悪と生命維持との葛藤に悪の芽生えがある。これを封じるには人が常時前者に従い判断、行動することを要す。しかも人間全員がそうせねばならない。これはキリストの復活、あるいはそれ以上の奇跡かもしれない。誕生から死まで一度も後者へ堕すことなき生の維持は誰にも叶う

まい。それが人の現実である。かくて悪の存在は人類普遍的である。こういう悪は何かを欠くという消極的性格ではない。善より自己の生命維持強化に好都合なものの選択は不可避的に善に反することの採用を含む。ここには人の意思によるその方向への決断が介在する。だから信仰的にはアダムの堕罪にも比しうる。先からの二つの命題について人はいつも同じこと、方向を具体的場面で追求はせぬのが実情である。そこでこういう事態に陥る。人が善悪を採ると決めていてもそうはいかぬのが実態である。人一人で生きてはいないから。仙人のような生き方を基準に判断はできない。アダムもエバを伴っていた。かくて本人がいかに決心してもそれのみでは不十分である。人以外の生物も全般に集団生活する。そこで集団の中にありつつ自己の生命維持発展を目指す宿命にある。それに有利な方を選ばねばならない。そういう制約下に生き、生かされている。これを忘れてはならない。個人として善に生きようと決意しても家族をも考慮せねばならない。それがそういう生き方の犠牲を求めもしよう。家族は個人と別だが共同生活である以上完全切り離しはできない。一連託生である。避けえまい。悪への傾斜の原因が自己内でなく周囲にあることもあろう。アダムの堕罪もエバの発言に関係する。図らずもそうなった。こういう場合の方が始末が悪い。自己のみで悪対抗しえぬから。自己より周囲の人が悪傾斜を止めねばならぬから。自己の意思のみで対処し切れない。ここに人は集団としての善悪対処を要請される。人一人で生きえぬ以上そうあるほかない。かくて悪回避は一人のみでは行いえない。だが集団内ではその内で自己の生強化という意識を持とう。結局、元の木阿弥である。集団としての善への道は人には閉鎖である。やはり個としての道しかない。悔い改めが個人向けであることで分かる。人は個人として集団内にあっても、否そうなればこそ個人として決断要請される。そうあってこそ決断も重く、慎重であるほかない。他人とは無関係に神の前に立つ。そうでない限り決断という語は不要である。ここで真摯に反省すれば自己の限界に気付く。そこからイエスのメッセージへ向かう。
　悪につきさらに。この点では自然界全般の中での人のあり方も関わる。人も他の生物同様競争状態にある。それゆえ進歩もありうる。不正な画策さえ生じる。そこでの競争も起こる。社会的混乱が生じる。この中でこそ人はかえっ

て反省を迫られる。ここから人本来のあり方への立ち返りもあろう。その場合それが信仰へ連なることもあろう。だがそうとは限らない。益々深い不正競争への突入も起こる。ここでは人の心自体が歪む。少なくとも社会的正義など善を端から信じなくなろう。そうなると良心も働くまい。外れたことが正常となる。良心は心の一隅へ押し込められよう。出番なしとなる。出番あるには改善可能性ある状況を要す。もっとも競争の結果そういう状況の出現はある。だがそうでなく競争制限で結果的に不正状況出現もありうる。適正競争は不正除去に必要な施策である。過当競争も反対の過少競争もともに社会的不正を結果する。後者の方が事態はより深刻である。あたかもそれが正しいかの誤った観念が支配し、その下で行われるから。各人がいかにその体制が正しくないと感じても直ぐに正されぬ点が問題である。社会体制は一度できると簡単に変わりえぬから。過当の場合利益を受けた人はそれを支持しよう。そこで変えようとの運動は良心合致ゆえ善であってもそういう人々は支持すまい。ここで争いが生じる。また過少の場合、過当の場合以上に体制との確執で争いが生じよう。かくて良心に従う道はいつも十字架を負うことなしではありえない。適正競争が反良心的行為へ人が赴くのを防ぐ。

　適正競争は人の心を適正に保つよう働く。そうでない場合以上に人は自己の心を正しく保つよう促される。これには相互監視ともいえる社会的要因が作用する。それが各自に自己反省させる心理的効果を生む。人を見つめながら自分だけ不正に精を出しえぬから。他人の姿を見てわが振り正す。一方、過当競争ではそういう余裕は互いにない。自分の利益追求しか考ええない。わが振りを顧みる余裕はない。そういう心理的作用は生まれない。自己の立場を有利にしようと全力努力しても自滅しうる。ここから不正へ走る。分かっていてもそうなる。それ以外自己存在を維持しえぬなら最後の手段に訴えることにもなろう。反対に過少の競争では余裕あることがよい方向へ作用するとは限らない。余裕あるゆえ悪く画策して他人を陥れることにもなりかねない。しかもこの企ては本人に生存のためやむをえぬ事情よりの由来ではなく、いわば興味本位からの場合もあろう。この場合善悪との問題からは人の悪い面を見せ付けられる思いがしよう。生きるためやむをえずやったのならまだ釈明の余地がある。だ

がこの場合弁解、釈明は一切通用しない。ただ自ら悪の道へ進んでおり、心の内にはそれへの芽がないにもかかわらずあえてそうしている。そういう思いが起こるときサタンが宿る。後はサタンの企画、実行を意味する。余裕とは空虚を意味する。ここへはサタンのではなく神の思いを宿さねばならない。そこで人は自己の思いをそのまま放置してはならぬことが分かる。常に人は自己の心を自己の支配下に収めていなくてはならない。さもないと放浪の旅となろう。すると余りよい方へはいかない。悪い方へが通例である。貧乏暇なしがまだましである。心は自ら自己の自由を捨て何か他の奴隷となる。心は自由に耐えがたく、罪へ堕しもしよう。そこに自己の主たる存在を見出しうるから。本来からは主でありえぬものが主となる。結果、心は主を得る代償に自由を失う。自己が自己の主であって初めて心は自由なのに、こういう無様となる。何かにつかまらぬと自らを維持しえない。こういう自由は真の自由ではない。人の心は善悪の問いを凌駕してこそ自由を感じうる。こういう状況ではそうでない。善悪が前に立ちはだかる限り自由の問いの前に立つ。それの突破には自己廃絶しかない。そういう問いを感じる心の滅却である。まったく別物が心に主として移り住む以外にない。心が自己へ関わり自分で対応しきろうとして問題が起きる。それでの限界を知り、主となりうべきものを受容すればそういう事態は起きまい。

　過当競争の場合自己を顧みる余裕はない。善悪問題は視野から消える。余裕あってそうなるのでなく、そこ自体で既にそうである。歯止めは自ずからは効くまい。際限なく悪化すれば社会が全体的に消えかねない。事実は歯止めが効いている。長いものには巻かれろなどの処世術で自己生存を保つ。善悪を捨て生存優先となろう。社会全体として活力を失う。ただ上に立つ者が合理的対策を立て実行すればその方がかえってよい場合もあろう。かくて歯止めが効くとはいえ善悪無視と引き換えでしかない。これでは善悪尊重ではない。すり替えに過ぎない。善悪を捨て生き延びたに過ぎない。霊長類の名が泣く。ましてホモ・「サピエンス」の名が泣く。人格としての生とはいえない。何かにつけ待つとの契機も大切であろう。だがこの場合もはや何をも待ってはいない。待ちも期待も何もなしである。人格的要素はまったく欠く。何か積極的に行って

こそ待ちの契機も生きる。前者なしでは後者も生じまい。そういう行為の不能時はそれなりの生き方を自ら生み出す知恵を持つ。その意味で融通無碍である。この場合はそれ本来の意味ではない。人も生物の一種なので地上の生息第一に考えるのは止むをえまい。歴史的にもどんな圧政下でも、人は暴動を起こし自滅する道は選ばなかった。生きること最優先である。確かに生あってこそ何かが始まる。だがすべての理念を捨て生き延びて、真の生といえるのか。耐えて生きる無限の可能性を人は秘める。どのようにも変容しうる。神に近いとはこういう意味でもいえよう。自己の在り方変容では神を巡っての可能性の方がより大きい。創造的にも、反対にそうでなくもなりうるから。

　過当、過少いずれの競争でも人の創造性は十分生かされない。創造には主体性が要るがそういう条件下では人はそうあれまい。過当では相手を打ち負かすことが人の意識を占めすぎて自己本来のことへ注意が向くまい。そこで創造性は発揮されない。反対に過少では心での緊張を維持し続ける契機が弱くなり、やはり創造性には好ましくない。緊張感を維持し続けうる適正な競争が不可欠である。ここでは緊張の適切保持が第一である。過当、過少ともに中庸へと引き戻されよう。結果、人を適切な精神状態に維持しよう。そういう状態を崩したがるのは人自身である。他人より上にいたいとの欲求があるから。それに従えば自ずからそうなる。その欲求は適正な競争と釣り合う考えではない。無競争にせぬ限り止まりえない。適正競争は対等な人間関係を前提とする。だが人間関係で真の対等は多くの人により望まれてはいまい。これは人同士の対話が我―汝でなく我―それになることと並行する。その点競争だと思われる場合も必ずしもそうでない。個々人の才能を考えればこの点はすぐ分かる。心底からの競争はないようでもある。競争前から結果は出ているのが通例である。だからこそ不正な手段を使って自己がライバルの上に出る画策を行うことも生じる。かくて誰一人他人と公正な競争を望んではいない。それは当人に辛いから。人は全般に易しきを望む。あえて辛いことを望まない。もっとも何事にも例外はある。自己を高めるのにあえて辛い状況を望みもしよう。だがこれも根は人より上にいたい欲求にあろう。つまり競争を望んでではない。だからこそ適正な競争があるよう務めねばならない。適正競争が人にとり最も辛い状況であろ

う。過当も過少もともにそうではあるまい。過当ならまともでないと考え真剣に対応すまい。過少なら楽なので益々強く望もう。最終的に無競争を望もう。社会主義体制は基本的にそういう性格を持とう。やはり適切な自由主義が最もふさわしい。適切規制が極度な自由を抑制し、自由、平等、博愛の三語一体で表されるように一方には巨万の富、他方には極度の貧困という状況に社会が陥るのを防ぐ。これらの内一つ、二つのみでは適切な自由主義とはなるまい。この種の自由主義は適切な抑制主義であろう。この点適切たることが大切である。個々人の社会の現状に応じて具体的には各々異なる。そこで適切の内容は一般的に是々と具体的に規定しえない。かくて結果から逆に考えて具体的内容は考ええよう。その分適切判断は難しい。

　悪霊とは神、心の律法に背くこと。単なる呪術的なことはここには入るまい。神の前で自己の罪に絶望し、そこからさらに堕罪する場合であろう。聖霊を欠けば悪霊をも欠く。不注意のため意思に反し罪を犯す場合はそこに悪霊は存しない。意思による決断がある。神へ向けての決断とは反対への決断介在である。積極的に罪を犯す方へ、心の律法に反する方へ決断する。組織化されず個人がたまたま嫉妬に駆られ何か仕出かす場合は多々あろう。これとは別に個人の行為だが長期にわたり持続する場合、本人のそういう方向への決断を暴露する。悪霊は実在するとしても信仰にとってはそうでない。信仰で無力化されるから。その実在性は見えない。それを実在と見る目を失っている。それと反対に真に霊的なものを見る目を賜っているから。信仰とは信仰と不信仰、救いと滅びとの二面に対し中立的見方を受け付けない。いわば救いへ一面的に偏る見方である。これは予定説でパウロが救いへ重点を置くのと並行する。

## 背景的状況　(a) 罪との霊の抗い

　信仰でも無前提からの思索が大切だが、それが大衆に受容的とは限らない。これも世が悪霊下にある一現象である。何が真実か判断する力を多くが欠くから。仮にできても受容は自己を苦しくしてしまおう。かくて悪霊支配は激烈な形態ばかりではない。むしろ一見平静な状況内にこそ問題がある。こういう基

礎的状況がときにそういう形態で沸騰する。その点真実は実現していない。それを終末で実現さすのが信仰である。"主よ、とく来たりませ"との祈りの切実さがここにある。

　教団と世俗との関わりを平均的状態として考えるには、社会全体がキリスト教である場合（中世欧州）と伝道開始の状況である場合（パウロ時代や現代日本）とを外すのがよい。両極端排除である。一般には全体の三割ないし五割の信者割合を想定しうる。だがこれら二者はまったく別物でもない。旧約から現在まで俗界はもとより教団界でさえ真に信仰に達し神信仰に生きる人は少ないから。即ち究極の信仰に立てば教団と俗界との区別は明確でなく暫定的以上ではないから。これは信仰が常に原初へ帰り改革を要す事実と並行する。自己実存的に問い詰めたら周囲の世界は自己疎遠な砂漠となろう。アウグスティヌスには世俗、ルターには教会がそうだった。原初的にはパウロでのように世界全体がいわば砂漠であることが本来的状況であろう。神の教えのある場所において神につくか反するかの区別が生じる。そこで世俗という神と無関係な世界は世俗でさえない。これは律法の到来で罪が生き返ったこと（ローマ 7,9）に呼応する。教団内に信仰的部分と世俗的部分が生じる。罪の生き返りはそこでの霊支配を示す。霊的世界であり、世俗界ではない。そして教団外の世俗世界の三部構成となる。俗界とは神の教え、霊とは無関係な人が自然的生き物として生きる世界である。教団内での抗いは霊支配下にある。そこで全員がその下に立つ事態は承認しえよう。一方、俗界はそうでない。霊と罪が覇権争いをする。一方、教団内での俗的部分は霊覇権下での争いである。そこで前者の抗いは霊罪の覇権争いなので後者以上に激烈にもなろう。サタンは覇権を霊へ渡すまいと全力で歯向かうから。教団内は霊支配下にありサタンといえども霊の下では自己覇権を主張しえぬから。しかもサタン支配下ではそれへの同調の種々存在が集結、覇権維持を狙ってあらゆる画策を図るから。サタンは自己一位にこだわる。人が霊にあれば自己の位置に関心はない。何が正しく何が正しくないかが大切である。それさえ貫徹なら殉教も止むなしである。これは「同胞のためならば、キリストから離され、神から見捨てられた者となってもよい」（ローマ 9,3）という心境とも一脈通じる。自己以上に大切なものがあるから。サ

タン支配下では自己第一が最も大事である。これは創世記でアダムが神を差し置き自己を最優先したことと並行する。罪ある人の自己最優先は誤謬である。自己内に胚胎の義を第一にせねばならない。しかも義と自己は一である。神を奉じるとはこれである。霊の人は義第一とするがサタン支配下の人はそう考えず自己を第一としてしまう。霊の人はサタンに魂売りの人との抗いを避けず引き受け霊をさらに増進させ最終的には世（教壇内の世俗部分ではない）から心離脱して来るべき世を疑いなく信じる信仰へ至る。それには一センチたりとも譲歩せずとの覚悟を要す。一歩の譲歩は霊の一滴喪失を意味する。

　教団内にいても世俗にいても真に信仰を問い、維持、増進させようとすれば自己の周囲の世界と抗う以外ない定めにある。教団か世俗かの区別は信仰の究極に立てば有意差はない。ただ一般信者にはどっちにいるかで生き方が変わる。真に信仰を問えば教団内のものさえそのままは受容されない。そこで教団、世俗ともに相手となる。そういう抗い中に当人が逃げぬ限り当人信仰の成長契機が見出されよう。逃げれば後退しよう。常なる成長過程にない限り後退する。「霊の火を消してはいけません。」（1テサロニケ 5,19）とはこれを指す。いかなる人も今の時所位で信仰を問えば周囲との抗いは避けえない。

　一体制存続は即「義」の喪失である。神政政治は人にはできぬから。喪失克服は人による法的強制力を有する政治の持続的改革を要す。パウロはローマ帝国の法制には伝道を助く面があるので少なくとも反対はしない。だが本来的にはそういう体制とはいえ無欠陥ではない。便宜的と本来的とは区別を要す。制度は一旦できると自己維持のため自己求心的となる。不可避的に異質なもの排除へ動く。争いが生じる。そうならぬには自己が無であることが必要で有ではありえない。形あるとそれに反するものが反対として生じる。自己無形を要す。そこで無"制度"的であるほかない。いかなる制度も是認されまい。これは終末なしにはありえない。制度は形ある限り自己に反するものを生み出すから。光が来て闇が顕になるごとし。制度はそれ自体光ではなく、いずれ闇となる。制度は世にある一つの力を現す以上、それに反する力は生じざるをえない。改革を要す。

　集会へ来る人は色々だ。だから一切を捨てればどんな状況の人の気持ちを

も理解しえよう。"捨てる"ものは自分には宝でなければそれでよいが、他人からは自分にはそうでないものが宝に見えもする。かくてそういうものは、自己の良心に反しない限り他人の良心、信仰のために捨てねばならない。

　イエスを信じれば救われるというのは逆だ。全人類は一括的にイエスで救われている。だからイエスを信じよとなる。全員を執り成す。誰をも除外しない。最後の審判で悔いればすべて救われる。さもないと十字架の死、復活は無駄となろう。神、究極者との和解は既に成ったことに基礎を置き、そこから出発せねばなるまい。和解あるゆえ我々は何をも恐れずとよい。それなら人側の態度に依存しない。人がどんな罪を犯してもイエスの恵みの及ばぬところはない。いかに自分が信じ難くともそこでも既にイエスを通して神は和解した。だからもはや何もこの和解から人を離しえない。和解が神の御心の中にあるのだから。多くの人はそう信じればよい。だが「自分の十字架を背負って、わたしに従いなさい。」（ルカ 9,23）との言葉をイエスから受けた人はそれを受け、血を流しつつ進まねばならない。和解を可能的にだけでなく現実的に考えねばなるまい。だが一般的に考えれば個人として信じれば救われるが、さもなくば地獄行きではいけない。たとえ信じずとも最後の審判で悔いれば救われよう。すべての人が救われるのだ。漏れはなしだ。既に救われたのでそれを信じるのだ。そういう神の恵みに人の答えとして信じることがある。最後の審判はそれまでを清算して天国、地獄を決める場でなく、全員が前者へ招かれているしるしである。そういうものなしでは人が最終的に悔い改める機会を失おう。現世に生きていた間の所業に基づき悔い改めの機会もなく直ぐ裁きなら救われる人は多くいまい。徹底的に厳しくて初めて徹底的にやさしくありうる。中途半端に厳しいとやさしさも半端であろう。十字架同様最後の審判も人への神の愛のしるしである。終末信仰は義の究極的価値信仰と同価値的である。人自身の力で地上に義実現しうるのなら別だが、ヨハネ黙示録でも義実現がその本質にあろう。神信仰は結局そこへ究極する。

## (b) 抗いの様相例

　サタンへ魂を売ったらしき人と争ってもそれは神の怒りを招くまい。売るには大変な勇気、エネルギーを要す。可視的世界を超えた存在を信じる点で同じだから。ただ日本はキリスト教国でなく欧州中世ほど人の心の闇が抉り出される事象は質量とも劣る。神の光到来で照らし出され闇は闇の本性を顕す。それまではいわば眠っている。この点そういう相違の元は信仰の有無である。戦前、西田など翼賛会に協力的だった。反対にドイツではボンヘッファーのように殉じた。既に述べたが、チュービンゲン大学の建物の壁には殉じた人々の名が刻んである。こういう相違がある。

　自己の我欲達成のためキリスト教を利用などは地獄の火で焼かれるに値する罪である。これはいつでもどこでも生じる可能性がある。だからこそ逆に個の主体性確立が重要となる。啓示の神を日本的な"八百万の神"と取り違えてはならない。そういう力との抗いは人を霊的に成長させよう。これには感謝の必要があろう。究極的には神に対してである。人間的諸存在はすべて神の経綸のいわば歯車でしかないから。原理的には感謝も反発もないといえよう。もっとも一時的な気持ちは人として自然に生じよう。

　日本では小悪魔とでもいうあり方になるのではないか。中世などでは魔女狩りさえやっている。神が欠けると人も悪へ堕ちても一定範囲で止まろう。神を欠くと人は人自身の許容範囲で上下する。上下いずれへも一定限度を超えて行き過ぎはしない。小悪魔、小悪党の類である。神へもサタンへも近づかない。神が来ねばサタンも来ない。自己自身への絶望という契機は現成しない。自分で自分を救おうとするのはまだ魔女狩りの状況に比すれば中途半端である。神信仰では自分の救いは無理と感じ、ここから自己への絶望という順で事態は悪化する。最後までいくと後戻りは効かぬ。ルターはその一歩手前で神の方へ向き直った。自己への絶望も自己へのこだわりである。これは禅的立場で打破以外ない。その点でルター的信仰は禅へまでは行かぬままでの最後の策といえる。

　秀吉時代の一茶の切腹も茶の心を大切にしたから。特に義の問題でもない。それを何かの目的に使うのを拒む。自己目的である。これは多くのことでいえ

る。スポーツ、芸術皆しかり。何かとの区別という次元のことではない。ある一事に徹底するにはすべてについていえる。邪念の排除である。これ自体が人格的内容でもある。だがそれはネガティブである。ポジティブな内容として例えば義などをいってはいない。この点こそ問題である。

　自らを向上さす努力は人全員すべきである。国際的、国内的な競争原理の働く時代である今当然である。その努力なしでは落ちこぼれは当然だし、そうでないと社会的公正は守れまい。戦前の反動の甘やかせにより堕落させてはならない。いずれにしろ神の意に沿うことは、旧約時代のイスラエルで富者、貧者ともに努力を要求されたように、社会的甘えを許容する状況を生まない。これは各人が心の律法を有し、誰でも小ヨブにはなりうる可能性あることと一である。そうなることは"世の光たれ"でもある。後者について「立派な行い」（マタイ 5,14 以下）とあることでも分かる。ここでは愛、義が重視されるが、むしろ義が念頭にあろう。この箇所の直前が山上の垂訓である。かくてそこでの生き方が即世の光である。確かに哀れみ深い人々が出ているが、全体としては心の清い、義に渇くなどがあり、こういう方へ重点があろう。愛が盲目でないためにはその愛は是非義の貫徹を要す。哀れみ深さという弱い人への愛も義の一角を形成するから。かくて愛は義への愛といえる。決して愛と義が別個に並存するのではない。この愛はトーラーでのヨベルの年の定めなどに現れる。こういう制度は現代流にいえば社会保障制度であろう。

## （c）愛と甘え

　キリスト教との関連での甘え。甘えと非知的、非合理的であることとは一事態の両面である。前者は積極的に他へ要求する一方、後者はあえてそうはしない。自己自身へ真摯に向き合っていない。過去を理由の自己弁護は許されない。個としてどこまでも自己の生き方へ責任をもたねばならない。神の前で弁解はない。自らの言動を正さず社会的差別の排除など要求するのはまったくの筋違いである。神を恐れぬ暴挙で甘えの極みである。過去には社会的差別で人格の価値を下げたが、甘やかしでも同様な結果を招く。過ぎたるは及ばざるが

如し。"宗教的"の名目で自己への愛を考えるのは反宗教的である。宗教的とは自己へ矛先を向けることだから。自己が愛されるのを宗教的とは我欲へ愛というレッテルを貼ること。自己の甘えへ愛という美名を着せるに過ぎない。愛とは他を愛することで自己が愛されることではない。これを求むのは自己を甘やかすことである。愛とは自分からは何をも求めず無私が前提なのでこれは正反対である。愛は人を立てるが甘やかしは人を駄目にする。甘やかされるとは他からのそういう扱いをいう。愛の求めは自ら甘やかされることを求める意である。その点二重に甘えている。それはそれが甘えに過ぎぬのにそのことを認識できていないから。自己の真の姿への認識欠如である。自己への愛を他へ向かって他から要求すること。自己への愛の強要である。他人の良心の自由、選択の自由、要は他人の自由侵害である。社会的愛を求めるのならまだしも、私的な意味での自己への愛の求めは超えてはならぬ一線を超えている。人としての分を超える。決して他人の良心を侵害してはならない。甘えでは元来個人的、社会的両次元の区別はない。前者次元での甘えは後者の延長線上に生じる。後者の事態解消すれば前者もそうなろう。甘えは精神構造の問題だから。前者次元の甘えはもはやそういう言表ではすまされない。後者次元のは特定個人へ直接的影響は及ぼさぬから。一方、前者は他人への人権侵害を意味するから。それに対し愛という美名を着せる。愛は基本的にこういう事態とは正反対を意味する。自己愛要求で他人への愛を捨てる。他人への愛の放棄は、第一には神を愛すること、第二には隣人を自分のように愛することという掟（マタイ22,38以下）と正反対の事態である。そもそも自己愛と他への愛とは二律背反である。「隣人を自分のように愛しなさい。」（マタイ22,39）は双方の二律背反を示唆する。他人の良心を侵害するのはその他人をいわば殺すこと。殺人である。組織化され政治団体化されたものへの愛などどこにも説かれていない。徒党を組んだものは対象外である。

　無私の愛は人を立てる。甘やかしはそれと異なる。これは人をスポイルする。甘やかしは一種の自己愛で相手のため自己を捨ててはいないから。自分のため自己を捨ててくれた人がいると知れば当人を生かしめよう。だがそういう他人からの愛で人は自己の主体性を確立できまい。そういう人は自己へ愛を示

した人の行為へ依存したままであろうから。自己自身の中に自己存立根拠を持ってはいないから。しかも相手も自己同等の人間たることは変わらず、その相手に何かあるとその都度自己の存立基盤もぐらつく。一時的緊急避難にはよかろうがいつまでもそれでは済まない。やはり自己自身の中に根拠あるあり方へ転じねばならない。イエスという人を超えた存在、神的存在の中へ自己の根拠を見出す方向へ行かねばならない。天は自ら助く者を助く。他なる人間へ依存ではいけない。その点発展途上国への援助でも物、金のばら撒きでなく、自らを自らで開発する手助けをすることが基本であろう。単なる贈与は自主独立精神を萎えさす点、真の主体性確立に有害とさえなる場合もあろう。この点キリスト教より仏教の方が適切だが、ここでは人格的内容はなく主体性確立可能かとの懸念は消し難い。結局、他なる人間によっては愛によるにしろ主体性確立はできない。他なる神によるほかない。確立への寄与こそ愛実践である。「信仰と、希望と、愛、・・・その中で最も大いなるものは、愛である。」（1コリント13,13）もこの点より考えてよい。仏教では特別の人格的内容はなく、特にそう考えられる主体性確立は問題になるまい。このことは未熟な信仰では駄目で、本人が直接イエスをキリストと信じる以外ないことと呼応する。ここから信仰伝達は間接以外ないこととなる。さもないと伝える人に余りに依存した信じ方になり、いつまでも人間依存的、二次的な信仰形態から脱却できぬから。中間に媒介物なく直にイエスを信じてこそ、キリスト信仰である。直接はイエス直結を目指し、それを達成する。一方、間接は人間媒介的結合を達成するに過ぎない。かくて伝達者はイエスが隠れた神である以上に隠密存在たることを要す。人媒介的、人依存的信仰、二次的信仰の蔓延化は真の信仰、主体性確立と一の信仰の達成に有害となる。前者的信仰に生きる人々の現象的あり方とは裏腹に不可避的にそういう結果になる。人は自らの意思で自律的、自主的に生きようとせぬ限り長期にわたり自己を生きる、自己が生きることはできない。イエスを現代の我々は直に見ては信じえない。同時代の人はそうできた。つまりそういう人々はイエスを見て彼に依存の信じ方ができた。だがこれはたとえイエスへとはいえ可視的なものへ依存した信じ方となる。当人の主体性がそれに依存してしまう。これは真の主体性からは好ましくない。イエス自身いう「見

ないのに信じる人は、幸いである。」(ヨハネ 20,29) と。見ぬままの信仰は可視的次元に依存せぬ信仰を意味するから。これに主体性確立は呼応する。見えぬ神信仰なのだから可視依存せぬのは当然である。その点イエス当時の人々より我々現代人の方が好条件下にある。

## (d) 愛と自立阻害

　物提供の愛は相手の依存心を助長する。自立をかえって阻害する。しかも相手を自分より一段低く見てしまう見方が続こう。自立促進の愛は真の愛だが相手が自立すれば自分の好敵手にさえなろう。だがそれこそ真の愛であろう。自分と対等な自立した人への成長を促すことが愛の基本である。これは水一杯飲ますのとは異なる。これは社会保障のない時代状況での話である。主体性確立では仏教の方がよい面もある。自らが浄土へ渡るのを助けるのだから。愛が最大のもの (1 コリント 13,13) だが、愛が相手の主体性確立を促進するからであろう。神は人を創造したが自己の意思に自動的に従うようにではなかった。人に対し従うか否かの自由意志を与えた。これが愛の基本である。自己から独立で自己といわば対等な立場に立ち対話しうる存在として造った。この点からも人が人に対し相手が自己対等になる支援こそが愛の基本である。ものの提供は決してそういう方向へはいくまい。相手をいつまでも精神的、経済的に自己へ繋ぎ止める結果を招こう。双方の意味で自立でないと愛が働いた結果とはいえない。これは彼ら自身の損失であるだけでなく人類全体に不幸である。全民族が自立し、そういう民族同士が異質性を超え和するところに世界平和がありうる。依存心植え付けでは彼らはいつまでも人類全体のお荷物であろう。自立が不可欠である。依存心助長支援下では彼らが我々の意に合う対等なパートナーとなり互いに発展するという構図は描けまい。イエス当時の「わたしの弟子だという理由で、この小さい者の一人に、冷たい水一杯でも飲ませてくれる人は、必ずその報いを受ける。」(マタイ 10,42) は当時の社会状況の反映といえ普遍的とはいえない。砂漠の多い地域での判断である。現代の状況へ引き当てれば主体性確立が宗教の目標であろう。同価値的といえる。それが人を立たし

め生かしめるから。社会保証も何もない時代とは人の生きる状況が根本的に変わっている。イエスの先の言葉は当時のイスラエルのユダヤ信仰を前提とする。水をあげる人も受ける人も信仰を持つ。すると前者はそれで自己の信仰を確認しうる。後者はそれで益々神信仰へ促進されよう。それにより主体性確立をさらに強める。双方とも信者ならこう考えられる。例えばやもめなどへの贈与を勧めるのも彼らの生活が立ち行くようにである。それによりさらに主体性が確保され神信仰へ心が向くようにである。極度の貧しさは世を必要以上思い煩うことを余儀なくされ神へ心をその分向けにくくなるから。当時としては正しい仕方で神へ心を向けることが主体性確立の道だった。人はパンのみで生きはせぬ（ルカ 4,4）から。だが現代では事情が異なる。主体性欠如だと愛と甘えを区別しえない。

　発展途上国への援助も餓死の現実がある。他国への対応だが、個人はもとより国家対応にも限界がある。彼ら自身自らの意思で自らを生きる生き方の認識へ至らぬ限りいかんともし難かろう。物、金の一時的供与は根本的解決にならない。自らの意思で自らを高めようと意思するよう助力すべきだ。そういう教育への協力こそ唯一意味ある援助であろう。一時的贈与の援助は長期的には無駄になりはしないか。自立の阻害を結果するから。聖書でのやもめに落穂を拾わすという律法の場合、彼女たちも自分たち同様の自覚を持つことが前提である。だから一時的にやもめという事情で困るのを経済的に助ければもともと意識は高いのだからそれで立ち直れる。かくて発展途上国の場合とこういう場合とでは愛の形も具体的には変わってこよう。現代国家ではこういう場合は社会保障制度として制度化されている。かくて古代イスラエルと現代国家とでは社会のあり方の根本が変わっている。後者では個人では対応し切れぬ人類史の経験が基礎にあろう。

　物の贈与は世俗的欠乏の充足だけで終わろう。人の実存的あり方は何ら変わらない。主体性確立にはそういう直接的、世俗的あり方の転換、翻りが不可欠である。なぜ満たされないかと自問の状況に陥ることを要す。そうなるとなぜかと不可避的に自己のあり方に疑問を持つ。ここから主体性確立へ向けての道が始まる。一方、今にも死にそうな場合物贈与は不可欠である。生物として

の生存に関わることだから。これは主体性以前の問題である。近代国家では主として社会保障制度として制度化されている。物の提供は当人を益々世俗界へ閉じ込めよう。元来その根はそういう世界にあるのだから。そこから脱するにはそこにある自己への反省が不可欠だ。それには満たされぬという体験が不可欠であろう。主体性確立は単に人の内在的要因からのみでは生起しえない。一度自己反省的に自己を対象化して脱自する手続きを要す。それには自己の直接的な世俗の欲望、欠乏の単なる埋め合わせではいけない。精神的意味での依存からの自由は現実的依存からの自由の前提である。これは他人へのお荷物的状況変革へ通じる。個の自立あってこそ自主的、自律的に言動しうるから。欠如だと心の隅のどこかに他人を当てにする気持ちが残るから。それが他の人々へ精神的、現実的に負担を掛ける結果を招くから。かくて物の提供は餓死の危機の場合以外むしろ有害であろう。宗教はとりわけ個の自立促進を目的とせねばならない。人々への愛とはこれ以外あるまい。直接的欲望の充足の助力でなく、自己への翻り的反省へ目を向けしめる、自覚させることへ助力せねばならない。そういう目覚めへの契機提供が大切である。

　主体性欠如では愛を受けるとそれは愛実行者の意図に反し甘やかしを結果する。愛、甘やかしは紙一重である。前者は愛を生かすが、後者はかえって殺す。愛の鞭というが真実であろう。主体性確立へ互いに努力せねばならない。愛はかくて競争原理と両立するような性格たることを要す。さもないと甘やかしである。そうでないと本人のみならず民族全体としての活動をも弱体化さすこととなろう。

## （e）愛と主体性確立

　愛による平衡維持には今現在の状況でも仏教的風土だけでは不十分である。だがキリスト教的要因があってもまだ十分ではない。宗教改革でのフスの焼殺でも分かる。民主主義とキリスト教双方を要す。後者は平衡の原理、前者はそれ実現のシステムである。信仰、霊による主体的な個の自立、自律と義の確立とは同時である。前者が大多数で欠ければ必然的に結果として社会的には義喪

失の事態を招く。得より義を選ぶ心構えが大事である。義喪失は究極するところ一人ひとりの人の心の中に義への思いが胚胎せずという事実の社会的反映である。義喪失が現実なので終末でのその回復が要請される。神の栄光の顕現の内実である。社会的次元での義喪失状況は個人としてのアダムの堕罪で象徴的表明を見る。かくて個人としての堕罪からの回復は社会的次元での義の回復と呼応する。義の喪失という結果は究極すると各人が自分の信仰に徹底しえていないことから由来する。信仰的にそうなっていれば他宗教へ寛容でありうるから、この点の不寛容が義喪失を結果する。

　忍耐とは信仰も含めて正しいことへ固執して世俗的不利益を蒙る場合である。世俗的利益のため不正ないしそれに近似のことに調子を合わせることを忍耐とはいわない。この場合はただ単にサタンに魂を売り渡したに過ぎない。忍耐とは世俗の不利益覚悟で真実固着を願うときにある。「忍耐は練達を、練達は希望を生む」（ローマ5,4）とはこの点をいう。サタンの発する電波に周波数を合わせてユートピアへ行くより神と共なる地獄行きを選ぶ覚悟である。信仰とは神と共ならば地獄へまでも赴かんとする覚悟であり決意である。サタンの庇護下で神信仰とは笑い話にもなるまい。目的のためには手段選ばずとは人には許されない。神にのみ許される。たとえ目的が正しくても手段が不正ではすべて誤りである。

　いわゆる日本株式会社が倒産したのに相変わらず時効となった考え方に固執しては取り残される。個の主体性は宇宙の中でのそれとして大きい視野で理解せねばならない。いかなる人も「神聖なものを犬に与えてはならず、また、真珠を豚に投げてはならない。」（マタイ7,6）とあるが、そういう存在であることは許されない。

　神から賜った自己の人格を貶めることは神からの賜物を土足で踏みにじることだ。そこで自殺同様重い罪と断ぜられよう。また他の人々の良心の問題、迷惑などを何かにつけ考慮せねばならない。「兄弟をつまずかせないために、わたしは今後決して肉を口にしません。」（1コリント8,13）とある。本当のキリスト信仰が如何なるものか知らしめることは彼らの良心を救う。これは「持っている人はさらに与えられて豊かになる」（マタイ13,12）という語と同一

事実の異なった面を表す。羊は山羊が現れて益々羊たることを明白にする。同時に山羊は山羊たる本性を顕にする。自己の正反対があって、それに照り返され本性が無意識の内に現れる。ここで罪の現実性と抗う方向へ心を向けていくこととなる。これは個の主体性確立を含む。どっちつかずは「あなたにはわたしのほかに、神があってはならない」（出エジプト 20,3）という句の実存的欠落が原因である。こういう情けない状況については神の前に立つ個として弁解しえない。

《　注　》

1)
　赤穂浪士のように（忠）義のため捨て身になれれば、キリスト者であればキリストにある義のため捨て身になれよう。当時キリストはまだ宣べ伝えられていなかった。義に殉じる点両者とも共通的な面がある。当時伝道はまだだったのでそういう形態は取れなかったが心情的には類似性があろう。だが武家社会で敵ながら天晴れとの精神あれどもそれ自体が体制内へ組み込まれ、批判精神として働く余地を欠く。体制より上位にあることを要す。旧約での十戒はまさにそうである。日本は一神教的世界ではない。だがその分余計に一般的場合として考えうる。俗界の法則と信仰のそれとの対抗を普遍的形で考えうる。その点旧約、新約、中近世欧州などは特殊な場合ともいえる。特定の宗教的、文化的形態支配下での心の中の善悪という心の律法が直に現れた霊肉の争いを見うる。「おまえはどこにいるのか。」（創世記3,9）との呼び出しはキリスト教に限らない。人の人としての誕生だから。日本では赤穂浪士でもこういう要因が働こう。一人ひとりが決断した。全体的あり方への埋没から呼び出される。悩んだ末の決断である。悩みは個たる決断を示す。石打にされつつ淡々と死んでいった（使徒言行録7,54以下）場合を思い起こす。封建時代の義は君主への奉仕を意味する。「仕える」点では賛成しうる。だが「君主に」は大いに疑問である。それは心の律法と常には一致せぬから。一致は偶然である。かくて全体としてはその時代の義は推奨しえない。形式はともかく内容が不可である。もっとも信仰へ殉じても義にそうでない場合もあろう。日本古来には義と類似の考えがあったが、仏教伝来でかえってそういう要因が裏に隠れた。
　日本では特に罪の掘り起しを要すが、たとえキリスト教思想に馴染んでも人は自己の罪顕在化を好むまい。これを怠ってはなるまい。これこそ日々の宗教改革である。怠ると教団は

直ちに世俗界へ転落する。

　現代文化の高度化により実践と思想的追求とを同一人が同時に行うのは難しい。かくて十字架を負うことが誰の目にも分かる場合（前者）とそうでない場合（後者）へと分化する。実践でも当人の人格に合った方法があろう。全員が辻説法する必要はない。当人がどういう人か分かれば人の方から集まるぐらいの権威を要す。実践で果たして自分のいうことを分かる人がいようか、あるいは一旦始めたら止めえぬなど色々考えるのは、そこまで達した自己をもう一度捨てられないから。できて初めてインストルメントである。禅でも同様である。向上の死漢である。無の立場が宝となっている。そこに留まるのは向上がまだ頂まで未達だから。

　日本のように長いものには巻かれろという社会では信仰的倫理観は特に受け入れ難い。だからこそ人として世に生きる条件が許容すれば、大いにそれを受容すればよい。だがこのことと苦しみがあってもインストルメントであることとは矛盾しない。むしろそういう社会はそうあることには好条件といえよう。

　自分が真に純粋な信仰のため集まってもいないのに、来ていない人を区別する資格はない。洗礼などでの内外区別は合理的でない。信仰とは人がそのために集まるのでなく、できるだけ避けたい宗教だ。罪のためにそうである。自分の十字架を負って私に従えといって、どうして多くが集まれようか。これは他宗教は宗教だが、信仰はそうではないことに呼応する。宗教は人の安心立命を目指す。信仰はそうではない。

　人の善悪判断は虚妄という考えへの安住はわけの分からぬ主義主張、輩をいつまでものさばらせる結果になろう。国政の改革は夢のまた夢に終わろう。個人としての責任追及はできぬから。無、空では個人たる責任追及の対象となりうる存在が欠如する。個人がその社会での地位に応じた責任を取らねば合理的、社会的システムは構築しえない。

　キリスト信仰「的」世は信仰を求めもせず、信仰を求めないことを勧めもせぬ社会である。信仰にも反し、反信仰にも反するのか。洗礼、聖餐などで閉鎖的教団を作るのと一見矛盾するようだが、並行する。多くの人が少なくとも表向き求めるのは救いの中の救いであり滅びもある救いではないから、救いを求めつつも求めえぬという矛盾した状況に陥る。教団としては救いの中の救いという特別の恵みに与るとの発想から誰にでも開放的とはいかず閉鎖的枠を設ける。反対に滅びもある救いに与るというのなら誰をも歓迎できはせぬか。それに与りたいと望む人は少ないから。救いへの集団は閉鎖的で、滅びへの集団は開放的なのはなぜか。後者では集団はもはや不成立であろう。集団形成は不要だから。十字架を負い滅ぶのが生きる道なら集団構成を世へ訴えることもなかろう。滅びて生きようとしても集団にはなるまい。まして教団のいう仕方で救いの中の救いに与って生きようとしてはならない。

　信仰「的」と信仰とではまったく異なる。前者は世俗的と一である。信仰的世界以外世俗

界はないのだから。信仰、信仰的世界、一般の世間の三つがあるのではない。前一と後二の二つしかない。後二者は一だ。信仰外の世界があると考えるので自称キリスト者はそういう世界を世俗世界として区別しうぬぼれている。もしキリスト教が全世界へ伝道、全人類が信者となったと仮定したらどうか。彼らはもはやいい逃れできない。いわゆるキリスト教国は一つの国としてはそういう世界ではないか。いい逃れしえぬ世界である。

　民とは神の前に引き出されていない大衆である。そこで真の意味では個人として確立していない。個人と全体としての民の区別も不要である。旧約でのように、個人とともに民族でもある。ここより個人が呼び出されその人は個として民の中から独立していく。

　田辺のいう類、種、個とはまったく異なる。田辺では信仰的立場が前提ではないから。後者はその点からの選びが関わるから。前者ではどういう観点からにしろ選びとの契機は入らない。しかも類が最大で大切な次元の存在であろう。一方、選びでは個が一番偉大である。世は一番下の位置づけである。多数になるほど価値が下落する。かくて前者では個から類へと人の目的は向かう。後者では世（多）から個へと人の目と心とは向かう。向きがちょうど逆である。しかも前者ではある価値観、倫理観胚胎上でのことではない。要は人を自然的存在として見てである。後者では世とは最終的には滅ぼされるべき次元に属す。そこで世は一応個―教団―世と表示はするが、あってなきがものに過ぎない。滅亡予備軍である。その点これら三者は同一次元上の三種ではない。三者三様の次元の存在で、明確に区別さるべきである。前二者は救いへ定められ、しかも個は預言者のように神の直接的僕という存在で別格である。その点三者は各々別個で田辺での類、種、個のように連続的存在ではない。特に個は神の特別の召命を受けた存在である。三者間に連続はない。これは神、人の間の連続性なしを反映する。だから神による分断がある。三者相互間に神という絶対的存在が介在する。人間的観点からは三者とも人に変わりはなく同一面が眼に入り易いが、信仰的観点からは各々別個の次元の存在である。神由来のものへ触れるか否かで区別されるから。少しでも触れれば聖別されるから。神的なものにはそういう力がある。人の目にどれだけ変わったかの問題とは異次元である。肉のでなく霊の目で見る。人の目にいくら変わったと見えても福音拒否では霊的に変わってはいない。

## 第二章　異和の立場から

　　　　　　　　　　（一）

　日本では何事につけ個々よりも全体が優先して考慮される傾向にあると考えられる。島国という国情が影響していることはいうまでもない。個々を重視すれば当然異尊重となろう。ところで民主主義とは個の主体性が前提である。つまり異を重視せねばならない。そうしてこそ外国をも異国として尊重できよう。他の人を重んじることも、他国を重んじることもともに異重視なしにはありえぬことである。同は廃止である。今までの日本では全体優先ということは同重視ということである。今後はそうであってはならない。異への転回が不可欠である。主体性の自覚なしでは民主主義は成り立たない。

　同から異へとは集団から個へとの意となる。個へ視線が向けられて初めて個が人格的に成長していくという発想が生まれてくる。個々人が成長して初めて国家もまた成長していくといえる。国家を構成する個々人の成長なしでは国家もまた生長はしない。戦前の日本という国家がそうであったと判断しうる。先進国に追いつけという思惑のために個人の成長へ目を向ける余裕がなかったのである。個人は国として追いつくための手段でしかなかった。そこで個人が真に成長することはできなかった。

　集団優先の発想がもしないとすれば、そのようなことは行われないと思われるので、そういう状況の一形態として行われている事象として問題となると思われる事柄をここで二、三取り上げてみたい。

　集団にしろ個人にしろ個別的な次元での記述はあえて行うつもりはない。ただまったくそういう要素を除いては記述そのものができなくなってしまいはしないかと思う。また一般的にいって、そういうことだと例えば不正なことを行った人や組織に何らの影響もないこととなろう。そういうことは社会的公正の達成という観点から考えても、受容すべきことではないであろう。不正に対してはそれ相応の対価があってしかるべきであろうと考えざるをえない。不正

にしろ、義にしろそれへはふさわしい社会的対応があるべきであろう。これは社会全体でのことなので、教会の中に雑草が茂る程度のことではすまないのではないであろうか。広がりの規模が全然異なっているからである。

（二）

　いささか唐突なのではあるが、ユダヤ民族はローマ帝国とのユダヤ戦争で国が滅びて以来欧米を中心に世界を放浪し、千数百年後に祖国を再興した。その間一貫して旧約聖書という大変厳しい倫理規範が存していた。ユダヤ民族はドイツ国内でも戦前も差別を受けていた。例えばカール・マルクスも本当は大学教授になりたかったと伝えられている。

　こういう状況を考えると、過去において社会的待遇で同様の一面が一部にあったにしても今現在ではその反動であるのか、日本では当時とは大変な開きがある状況が展開されているように思われる。しかしながら如何なる日本人も自分をユダヤ人になぞらえることは許されない。旧約の如き厳しい倫理規範を有してはいないから。

　先にも述べたように、特に日本ではいまだに各種の集団が個人を主体性欠如的存在へと変えているのであるから、そういう性格の組織へ依存すればするほど個人を堕落させているといえる。なぜならそうすることによってその個人を当人の良心的判断から離れさせているからである。たとえそういう状況に陥ってもその個人に責任のあることは変わらない。どんな状況になっても良心にいい逃れることは許されないからである。

　組織の上層部の一部の人間の自己の権力欲を満たすという我欲のために組織の内外を問わず多くの人々が利用され、迷惑がかかっている。上層部が一般構成員を利用するという逆転現象が生じる。悪へと逆転することに呼応している。同時に組織は徒党という性格を持つこととなる。こういう組織として例えばそれが直ちに犯罪的ではないが、税金の無駄使いを行ういわば悪の組織として多くの特殊法人が挙げられよう。廃止に値するものもあることであろう。それ以外にも民間の組織もあるであろう。これらも廃止すべきであろう。

　組織が他者から見ればわけの分からぬことをするのが常態化していれば否

定的判断に傾くのは当然である。これは人として、また一市民としてぜひともそうでなくてはならない。そうである義務があろう。そういう点について甘いことこそ市民社会に生きる一市民としての義務を放棄することといえる。少なくとも日本に比べてキリスト教国ではこういう点について歯止めがかかっている。組織、個人両者をともに同じ「主」が治めており、日本でのように一人ひとりが皆いわばお山の大将であるのとは根本的に事情が異なっている。第三者から見れば正体不鮮明な組織はすべて、そのうちの個人が主体的であろうとするのであれば、自己改革を目指すべきである。例えば全体主義と一の同和主義的発想を旧態依然のままに留まらせている。そして本来進むべき方向とは反対方向へ、つまり逆方向へと道を急がせているのである。人を引きずりおろそうとすることは、その前にまず自己自身を引きずりおろすことであることを忘れている。そうでない限りそういう行いはできないから。

　組織はすべて構成員利用で上層部が権力欲を満たす。構成員はそのことによって自己の存立をそこへ依存させるという関係が生まれる。相互依存関係である。そうなってこそ組織は組織として機能する。だがここに落とし穴がある。それは悪い方向へも同時に作用する。こういう関係があると互いに足を引っ張り合い、デフレ的に悪い方向へ転がり落ちるという現象さえ生じかねない。構成員に虚偽をいったり書いたりすることを要求する、さらには場合によっては命じることさえ生じかねない。組織自体を大切にする態度ではない。組織を裏切っているとしかいいようがない。もっとも自己の良心に則って生きていればこういう事態に陥ることはないであろう。組織構成員一人ひとりが確固としていないからそういうこととなる。そのためにも教育において個としての主体性確立の大切さをとくと教えねばならない。よい方向へインフレ的に向上していくのとは逆である。しかも組織を作っていくとどういうわけか前者の事態は生じても後者のほうは生じることが少ないのである。これは人の罪のなせる業であろう。そもそも人が組織を作るのは人が自立、自律しえていないからである。自律していればあえて組織を持つ必要もないことであろう。支えが欲しいのである。上層部がとても公正とはいいがたい権力欲満足のために構成員を出しとして使うという本末転倒が生じる。しかも構成員は、たとえそれが心の律法に

反していても、自己の世俗的利益に一見見合うようであればそれを黙認する。ここに二重の本末転倒が生じる。このようなわけの分からぬことをしていてはそういう組織が排除的扱いを受けるのは当然である。ぜひ必要な区別である。発想のベースがそこにある限り、区別が消えることはないであろう。こういう区別をしなかったら、善悪の区別をしないことである。これではもはや人間とはいえない。組織は全般に個人に対して多で挑む。ここに何のいさおしがあろうか。自分らの敗北を端から認めているに等しい。自己反省欠如の一言に尽きる。

　どんな組織でも一般的に考えればよいことも悪いことも考えたり行ったりしている。この点は個人と同様である。しかし誤ったことを考えたり、行ったりすることが常態化していれば、その組織自体に対して拒絶反応を示すこととなろう。これは心に書かれた律法を持つ人間としてごく自然のことであり、また民主主義社会に生きる一市民としてそうせねばならないことである。

（三）

　ところで、どのような組織にもこういう事態は生じうることではあるが、ある自己の有する目的のために組織外の人、あるいは人々を手段として利用しようとすることが起こりうる。あるいはある人々をある目的に向けて誘導しようとすることが起こりうる。そのための具体的方法としては差し当たり人の五感を刺激するものが採用されることが考えられよう。例えば音、色、味、匂、数などが使われうる。このうち最後の数は視覚的にも、聴覚的にも考えうる事象である。数や色を使うこと自体をどうこういうのではない。そうではなくそこで取り扱われる個々の課題が問題となっているのであろう。国家予算の語呂合わせによる読み方をも思い出させてくれる。そのように二重に使用されうるという意味では最も便利な事象ともいえよう。数字の背後にあるのは人間の我欲である。後者を前者で包んであたかもそれが何らかの客観性を持っているかのように見せかけている。人の生活にはありとあらゆるところに数字があふれている。それらを自分らの都合に合わせて利用するわけである。そういう仕方で自己自身の良心を欺いている。ここには二重の良心的虚偽が存している。そ

れが誤りであることを知りつつ、しかもなおそういうことを行うことを自己へ許容しているから。こういう事柄は信仰の根源的次元から考えれば、特に重要な事項とは思われないが、それ自体として考えれば社会的にはきわめて重要な事柄に属すといえよう。相手の平素からの行動様式を事前に承知の上で自分にとって好都合な結論が出ると予測しうる舞台を用意する。自分の良心をごまかす手続きといえよう。意図的に偶然を作り上げる具体的方策として数を使う目的のため、その準備としてである。そういうことに囚われ、数による有無による繰り返し的示唆に一一反応しようとしていたら精神的平衡を失い、ノイローゼにさせられてしまうであろう。それ自体何の内容もない単なる数字を操って人心を支配し、その結果として例えば人を引きずりおろすことを狙い、期待するとはまさに狂気の沙汰ではあるまいか。そういう意図の有無に関わらずそうさせられてしまおう。そういう非生産的なことに憂き身をやつすのはどう考えてみても、正常な神経の持ち主の行うことではない。そういう暇のあること自体が問題である。競争原理が適切に働いていないからである。働いていればこういう行いは自ずから排除されるであろう。かくて全体主義への依存として初めて可能な状況である。個の主体性欠如の一典型といってよい。

　いわば真実を覆い隠すために数が利用されている。真実を数字のゲームに変えることは許されない。誠実さの喪失以外の何物でもないであろう。ただこのように五感に訴えるやり方は、五感は人固有ではなくて動物一般に共通的であることにより、人間固有な方法とはいえぬこととなる。それだけ次元の低い方法となってしまうであろう。こういう事情は京大霊長類研究所でのチンパンジーの仕草を髣髴たらしめるものを感じさせる。そこまで退化したのである。人の世界には言葉という有益で便利なものがあるにもかかわらず、そういうことをするのは退化している証左といえる。クロマニヨン人を通り越して、まるでいわばチンパンジーへ逆戻りしているのである。いわば歌を忘れたカナリヤのように言葉を忘れたヒトとなってしまったといえる。そればかりではない。そういうことを企画する人々自身が自らの人格をそういうレベルへと貶めていることを顕にすると考えられる。こういう類の考え方はそれが世界中のどこにあってもそれらすべてについて同様のことをいいうるであろう。また色は野球、

サッカーなどのスポーツのチームカラーとして使われている。例えば巨人は橙色、阪神は黄色、西武は紺色である。サッカーでいえばわたしの現住所のファジアーノ岡山なら臙脂色である。ユニフォームから球団旗まで同色である。確かに分かり易くて便利である。このように数は背番号などにおいて使われている。宣伝などを行う際にはきわめて便利である。王選手のホームラン数55はやっとつい最近バレンティン選手に追い越された。野球史上に残ることであろう。何かにつけこういう類の数字は利用されよう。もっとも今度はどこまで行くのかが話題となろう。数、色などはこうして人が自己自身を心理的に支配するものとしても利用されよう。だがそればかりか他人を心理的に誘導したり、利用したりするためにも使われる可能性を有している。前者は自分が自分に対して行うことなので何一つ問題はない。だが後者は一概にそうとはいえない。ある人間、あるいはグループが他の人あるいは人々を自分にとって好都合になるように誘導するのにそれらが使われるからである。ただこういう発想は国旗というものへも連なっているであろう。国旗へ色や形を使って国を現している。そしてそういうものによって人は自己を精神統一させている。ただ色、数などはこのようにきわめてオーソドックスに使用される以外種々に利用される可能性があり、それらには少々問題が存していよう。スポーツなどでの数の使用をオーソドックスとすれば、今ここで問題としている使い方は例外的と考えられよう。以上述べたようなことは日本に限定して妥当するのではなくて、世界中どこにおいても通じる考え方であると思う。

　数の法則に依りつつ自身がそれに従っていない点が大切である。自らがそれに依った法則を自ら破っている。それもそのはずである。世間の中にある数字がそれほど自分から自身にとって好都合にできているわけはないからである。だがこういう破れは逆に恣意の正当化という欲求の現われともいえるが、ここには心に書かれた律法が隠れた形で現れている。こういう場合といえどもその律法は死滅してはいない。他からそのように信じられることによって本人がそうだと改めて気付くことであろう。かくて単に性善説というのではない。他者との関係でそう在らしめられているのである。もっともそうであることは元来のことであり、他者との関係は外せないことが分かる。その最たる者は啓示の

神という他者である。

　このような不当な場合はともかく、数や色での一貫性は人間本来の活動においては必要であるとも思われない。人自己の考えを言葉で既に表明済みであれば、それらで表明することは必要条件でも十分条件でもありえまい。そこでそういう仕方で見ての表明が仮に支離滅裂であっても少しも良心上矛盾を感じる必要はない。否、むしろ支離滅裂でなくてはならない。なぜならそうであってこそそういう仕方での表明から心が自由であることが顕になるからである。言葉による表明とそれらによる表明とが矛盾するのみではなく、後者の中自体において矛盾のあることがふさわしい。決して一貫性があってはならない。言葉による表現にのみ一貫性があればよい。それで十分である。またそれ以上のことはありえない。個々の事柄においてどのように判断するのが正しいかと判断していけば自ずからそういう結果となるのである。

　どんな組織であれそういうものを使って種々の計画を行い他に迷惑をかけ続けている限り、必要不可欠な区別はなくなることはないであろう。そういう迷惑組織の実質的解体が不可欠であろう。形式上、名目上の解体は無意味であろう。組織が存し続けると、新たに差別的事象をかえって生むこととともなろう。そういう意味では生じるはずのない出来事を自ら招いているともいえよう。こういうことを続けていると、一時的には得をしたかのように思われるかもしれないが、決してそうではない。深く静かに人々の心の中に潜行していくだけである。姑息な手段を弄しての、目的のためには手段を選ばぬやり方は真の意味においてその目的を達成することはない点を認識せねばならない。自らがまず襟を正さねばならないであろう。通常以上に公明正大にやらねばならないであろう。区別が必要ということだが、人格が人格であることとこのこととは一のことである。決して分離はできない。これを差別と認定してしまうことは当人の心が自己の利害によって毒されていることを逆に顕にしている。正当と判断される区別はなくなることはないであろう。またなくしてはならない。

　人間には自然的次元で既に例えば人種というものがあるのだが、その上さらに数などを使って人間の種類わけを行い恣意的に利用するとはいかがなものであろうか。自らの主張と裏腹のことを行う結果にはならないのであろうか。

サッカーなどのスポーツのチームカラーとして使われている。例えば巨人は橙色、阪神は黄色、西武は紺色である。サッカーでいえばわたしの現住所のファジアーノ岡山なら臙脂色である。ユニフォームから球団旗まで同色である。確かに分かり易くて便利である。このように数は背番号などにおいて使われている。宣伝などを行う際にはきわめて便利である。王選手のホームラン数55はやっとつい最近バレンティン選手に追い越された。野球史上に残ることであろう。何かにつけこういう類の数字は利用されよう。もっとも今度はどこまで行くのかが話題となろう。数、色などはこうして人が自己自身を心理的に支配するものとしても利用されよう。だがそればかりか他人を心理的に誘導したり、利用したりするためにも使われる可能性を有している。前者は自分が自分に対して行うことなので何一つ問題はない。だが後者は一概にそうとはいえない。ある人間、あるいはグループが他の人あるいは人々を自分にとって好都合になるように誘導するのにそれらが使われるからである。ただこういう発想は国旗というものへも連なっているであろう。国旗へ色や形を使って国を現している。そしてそういうものによって人は自己を精神統一させている。ただ色、数などはこのようにきわめてオーソドックスに使用される以外種々に利用される可能性があり、それらには少々問題が存していよう。スポーツなどでの数の使用をオーソドックスとすれば、今ここで問題としている使い方は例外的と考えられよう。以上述べたようなことは日本に限定して妥当するのではなくて、世界中どこにおいても通じる考え方であると思う。

　数の法則に依りつつ自身がそれに従っていない点が大切である。自らがそれに依った法則を自ら破っている。それもそのはずである。世間の中にある数字がそれほど自分ら自身にとって好都合にできているわけはないからである。だがこういう破れは逆に恣意の正当化という欲求の現れともいえるが、ここには心に書かれた律法が隠れた形で現れている。こういう場合といえどもその律法は死滅してはいない。他からそのように信じられることによって本人がそうだと改めて気付くことであろう。かくて単に性善説というのではない。他者との関係でそう在らしめられているのである。もっともそうであることは元来のことであり、他者との関係は外せないことが分かる。その最たる者は啓示の

神という他者である。

　このような不当な場合はともかく、数や色での一貫性は人間本来の活動においては必要であるとも思われない。人自己の考えを言葉で既に表明済みであれば、それらで表明することは必要条件でも十分条件でもありえまい。そこでそういう仕方で見ての表明が仮に支離滅裂であっても少しも良心上矛盾を感じる必要はない。否、むしろ支離滅裂でなくてはならない。なぜならそうであってこそそういう仕方での表明から心が自由であることが顕になるからである。言葉による表明とそれらによる表明とが矛盾するのみではなく、後者の中自体において矛盾のあることがふさわしい。決して一貫性があってはならない。言葉による表現にのみ一貫性があればよい。それで十分である。またそれ以上のことはありえない。個々の事柄においてどのように判断するのが正しいかと判断していけば自ずからそういう結果となるのである。

　どんな組織であれそういうものを使って種々の計画を行い他に迷惑をかけ続けている限り、必要不可欠な区別はなくなることはないであろう。そういう迷惑組織の実質的解体が不可欠であろう。形式上、名目上の解体は無意味であろう。組織が存し続けると、新たに差別的事象をかえって生むこととなろう。そういう意味では生じるはずのない出来事を自ら招いているともいえよう。こういうことを続けていると、一時的には得をしたかのように思われるかもしれないが、決してそうではない。深く静かに人々の心の中に潜行していくだけである。姑息な手段を弄しての、目的のためには手段を選ばぬやり方は真の意味においてその目的を達成することはない点を認識せねばならない。自らがまず襟を正さねばならないであろう。通常以上に公明正大にやらねばならないであろう。区別が必要ということだが、人格が人格であることとこのこととは一のことである。決して分離はできない。これを差別と認定してしまうことは当人の心が自己の利害によって毒されていることを逆に顕にしている。正当と判断される区別はなくなることはないであろう。またなくしてはならない。

　人間には自然的次元で既に例えば人種というものがあるのだが、その上さらに数などを使って人間の種類わけを行い恣意的に利用するとはいかがなものであろうか。自らの主張と裏腹のことを行う結果にはならないのであろうか。

自分らが批判している対象的事象を自ら最先端で推し進めることとならないのであろうか。批判されている考え自体がそこでは最も強力に生きていることとなりはしないのか。自己自身の意識の中に差別的感覚があるので、区別一般をそう感じてしまうのではあるまいか。人として異なったものを異なったものとして区別するのは当然であるし、またせねばならない。さもないと科学一般が成立せぬこととなろう。

　ただ、人の能力的、体力的差異があり、しかも向上心のある限り社会階層がなくなることはない。仮に階層が何らかの理由でなくなっても、それに代わる別のものが再度生成されてくるであろうからである。自ずからそのようになるであろう事態である。そこで個人が社会的差別を受けていなければ、社会や国としてはそれ以上何もすることはないといえよう、だが現実には社会階層があるため個人的資質が同じでも、例えば保護者の所得により同等の教育が受けられない場合などは奨学金などでの対応が必要となろう。

（四）

　何事につけ異なったものを異なっているとして区別せねばならない。良心が働いていれば自然にそうなる。それをしないならばそれこそ差別発生となろう。また誤った認識を承認することとなるし、科学は成立しなくなろう。個としての主体性の確立があって初めて客観的に正当な認識が可能となり、ここに初めて科学が成立となる。個の主体性確立があって初めて互いに対等な存在として認識し合うことができる。この契機が欠けていると、人を自分より上と見るか反対に下と見下すかすることとなることを避けえないであろう。結果、ここには対等な人間関係は成立しうる可能性は最初から存しない。上下関係において見ることしかできない。こういう事態が不可避的に生じるのは主体性欠如の人間が自分を誰よりも上位にあると認識したいという欲求が心の中に渦巻いていることの現れであろう。そういう欲求さえなければ誰をも自分より下と見ようとする欲求は生まれまい。ただし異なることは異なると認識する、またせねばならない。同時に同じことは同じとして認識する。

　人を自分より上と見るか下と見るかという結果となる。ここには傲慢か卑

屈かのどちらかが介在することとなる。人の有する現象的な事柄に囚われることなく、人を自分と対等として見るという結果にはならない。そしてこのことは異なったことを異なったとして見、認識することを含んでいる。何を異なると見るかは当人のものの考え方によるといえる。かくて万人が同じ尺度で見てはいない。またそれでよいし、そうであるほかあるまい。人各々考え方が異なるのは当然だからである。決して一律的なことを強制することは許されない。それでは社会主義となってしまう。個の主体性、良心の自由に基づいた民主主義ではなくなる。主体性が欠如していると、異を異として認識するだけではすまない。客観的な異質性に基づいて、それを自分にとって好都合な方向へもっていこうとする結果になる。自分が下にあると感じれば、それを差別だというであろう。だが反対なら差別とはいわないであろう。要は客観的に「中」の立場に留まりえぬのである。換言すれば我―汝の関係にあることができず、不可避的に我―それの関係へ堕してしまう。人格対人格という関係は期待薄である。個の主体性が確立して初めて我―汝関係は成立しうる。しかもここでは自己が主体性確立していれば、それでよいのではない。相互関係である以上、お互いにそうでなくてはならない。いくら自分がそういう対応をしようと思っても、相手がそうでなくてはそうであることは困難であろう。かくて真の人間関係成立には各人が個としての主体性を確立していることがいかに大切かが分かる。自己の主体性確立が欠けていると他の人々の主体性確立を阻害する結果を招いてしまうのである。ここに各人の責任が求められることとなろう。つまり個としての主体性確立は自分のためだけではない。相手となる他の人々のためでもある。というより自分の周りにいる人々のためにこそ自己の主体性確立をせねばならないのである。それが第一のことという事態を認識せねばならない。主体性確立はいわば各人にとり易しいことではないが、それはとりもなおさず周囲にいる人々のためなのである。厳しいことをあえて志すのは他の人々のためである。何事でもそうだが、自分のためだと思うと、何だかエゴイズムというイメージが湧いて余りよい印象をもてない。だがこの主体性確立はそうではない。他の人々のためにこそなのである。そのように感じると、主体性確立の探求がより求め易くなってくるのではあるまいか。その探求は自己のためという

より他の人々のため、社会全体のためなのである。そのことはさらに広い視野で考えれば世界全体のため、宇宙のためなのである。

（五）

　こういう類の問題を考察するに当たっては、それが我々日本人の精神構造改革のための一里塚であると考えればよいのではあるまいか。
　いかなる人も社会生活を行っている以上、その基礎的ルールぐらいは守らねばならない。それすらできないのであれば社会から追放すべきであろう。これは差別でも何でもない。きわめて正当な区別である。せねばならない区別である。甘やかされ増長させられていてはならない。さもなくば公正な社会生活は期待できない。日本が国として全体主義的であることがこういう傾向を誘発している。こういう状況が日本人特有の甘え性を生み出している。そこでこの点は必ずしも当該の人々の責任ばかりとはいえない。全世界的次元で考えてみても、同和とは自己自身を高めて他と同じレベルへと高め、至ることである。そうでなくてはならない。決して人を引きずりおろすことが視野に入ってはならない。異和をこそ目指さなくてはならない。同和主義は改革ではない。単なる反動ではあるまいか。個の埋没という点では何の変更もないからである。これは主体性欠如という点からは重要な観点だが、あるマイナスをそれよりさらに悪い別のマイナスで置き換えただけである。さらに悪いとは益々激しく個欠落の方向へのめりこんでいるからである。大袈裟にいえば国を滅ぼす企画といって差し支えない。さらに、場合によっては自分らをある動物にたとえることはその心には心に書かれた律法が生きていることを逆に顕にしている。心にある律法が悲鳴を上げている。助けてくれ、助けてくれと叫んでいる。この叫びに本人自身が耳を傾けねばならない。少なくとも自分らがいかに卑劣なことをしているかを自ら告白しているのである。自らで認識できていることを示す。骨の髄は今なお腐ることもなく健在であると判断される。かくて数や色による種々の企ては自分らの行っている不当な行為を自己自身に対して、自分の心の律法に対して正当なんだといい聞かせるための手続きであると思われる。自分の心を欺いている。ここにも辛うじて心の律法の残滓、生き残りを感得しうる

のである。それらを使った良心免責システムとでも称すべきものである。自己にとって好都合な結論が出て良心に基づいた判断を回避させてくれるように作用する性格のものである。

　自己自身がまずは個の主体性の欠如した、差別的考え方に立っているのであろう。数や色を使っての企画をまず止めねばならないであろう。それをせずして他人に向かって差別をなくすよう求めることは自己矛盾であろう。かえって逆に差別を招くであろう。多くの他の人々から毛嫌いされる事態が生じるからである。これは個としての主体性確立欠如と一の事態である。ここは主体性確立によって克服する以外道も方法もありはしない。この点を肝に銘じねばならない。国際的に広い視野で考えればこのことは当然過ぎるほど当然のことである。もし仮にこれに反対の心が生じたら、それは個がその中に埋没した集団的存在への甘え以外の何ものでもない。一日でも速くそういうあり方から脱却せねばなるまい。さもないと日本は世界の僻地となろう。同和ということで本来教えねばならないことは民主主義を前提とする限り、異和ということでなくてはならない。かくて実際にそれに則って行われていることはそれに相反している。なぜならそういう方向へ歪められる可能性を教え自体が内包しているからである。つまり個の主体性を確立することを前提としていないからである。これが欠けていては烏合の衆に過ぎない。民主主義など夢のまた夢である。個の主体性という契機が入ることによって良心が機能するようになり、愛とか哀れみを自分にとって好都合に解釈することが防止される。同和とか差別とか謳えば主張が通るというのは異常事態、さらには非常事態であると判断されるのではないであろうか。

（六）

　平安時代の貝合せは優雅でよいが、例えば新聞でのテレビ番組表、広告、チラシなどに出ている数字を使って、人のマインド・コントロールを行い、人を動かそうという方法は人の人格を無視した仕方であり、良心を持ち合わせている人間にとって調子を合わしうるはずのないやり方である。倫理観の影すら見ることはできない。メディアなどの公的性格を有する機関は、そういう特別

扱いは結局彼ら自身のためにならぬことを認識せねばならない。民主主義社会では特別扱いはその対象となっている人々の自己鍛錬を排する、少なくとも遅らせることとなるからである。漫才ではないが、冗談は顔だけにしてくれといいたくなるのではあるまいか。人格に向かって新聞広告や差込み広告のいわば操り人形になるよう要請するとは。抱腹絶倒というほかないのではあるまいか。笑止千万とはこのことではあるまいか。人格を何と心得ているのであろうか。こういう方法ではせっかくの善意に基づいたことであっても無駄になりかねないであろう。ものにはすべてそれ相応の方法というものがあるであろう。もっともこういう方法は必ずしも本人にとって不都合なことを伝えようとするばかりではない。好・不の判断は別問題である。数などの使用は先に述べたように一般的なので、その使用の良し悪しはその目的によって決まる。もっともこのことはすべてのことについていえようが。だが一方でこういう行いをしていて他方で差別などと叫んでみても、それは残念ながら空しい遠吠えに終わるであろう。誰も聞きはしないであろう。平素から社会的良心に従った言動をしていることが不可欠の要件となろう。そういう不当な方法への同調はそういう仕方の承認を意味しよう。そこで同調すべきではない。さらには無視すべきであろう。そうでなくてはならない。相手方を甘やかしいわば治外法権のままにしておくことになろうからである。

　数、色などによるいわば一種の連想ゲームはいわゆるいじめに相当すると考えることができよう。そのような性格の企ては自分自身に対して免罪符を発行するための手続きともいえる。煙幕を張って良心の働きを撥無させるのである。そうして人の心の混乱を狙う場合、まずは自分の心を汚すことが第一に問題である。自分自らで自らを貶めている。さらに周囲の人々をも自分と同じ方向へと引きずりこむ力として作用する。ブラックホールである。そして相互に作用しあって悪いほうへ、悪いほうへと悪のスパイラルが形成される。自己自身が数などで無意識のうちに狂ってしまっているので、他人をもそのようにしようとする心が働くのである。狂いの二乗である。否、狂いのＮ乗である。全体主義的なものの考え方が背景にあるのでこういうことが可能となっている。わけの分からぬ数合わせに狂奔して社会的に種々の迷惑をかけ放題とはま

さに社会のダニと呼ばれるにふさわしいのではあるまいか。狂った面々に自己申告による数字を入れてもらったほうがより適切であろうか。心の病者の増殖を計っている。反対にいわば"ホワイトホール"としてよいほうへ、よいほうへとスパイラルを形成しなくてはならない。他人に数などへのこだわりを持たそうとしての数などへのこだわりは自分自身の良心をごまかすためである。かくてこういうこだわり自体が良心の潜在を示唆している。良心のうめき声とも聞こえる。良心はそういういわば一種の真っ暗な洞窟から逃れて明るい場所へ出たいのである。数などを使ったまやかしは多方面での自己の行いから自分の心の中に生じる呵責を免責するシステムといえる。つまり自己の心に書かれた律法をはぐらかすための方策といえる。数などによる人権侵害的行いは自らの人格を貶めるのみなので、そういう対策が要請されるのである。数などに元来意味のないことは、彼ら自身の行い自体が顕にしている。つまり通常以上の価値ありと一般に受け取られているものがちょうど反対のものと同じ数字で現されている事実を指摘している。当然過ぎるほど当然のことであろう。数については電車の時刻表、日時、血圧の数字などあらゆる生活上の数値が利用される。数を利用するとはいえ、すべて他の事柄に関係しての数利用なので客観的に見れば何の証拠も残るわけではなく、極めて巧妙といえる。数、あるいはそれらの組み合わせに特定の意味を付与し、その後例えば新聞広告やテレビなどを利用してそれらの意味が有効のままか無効になったかを示唆して、対象となっている人間の心の安定を試みる。そこでそこへ心がかかっていると平衡を失う。ここから種々の副作用も結果しよう。

　数のうちでは特に１という数字が特別視されているごとく感じられる。だが１とか３とかいっても何ら客観的基準は存しない。まったく恣意的である。無数の人や団体に自分らのいうことを聞き入れてもらったとして、それで自己が一とは途方もなく過った認識に陥っている。それは無数の人々に依存してのことでしかない。つまり一ではなくて無限大である。自己は無数プラス一の場にある。無数の後にある一に過ぎない。一方、ゼロの隣の一は正真正銘の一である。先の一とでは天地の相違である。無限大の開きがある。こちらのほうはたとえ無数の人が受容拒否であっても一が一であることには何の変更もありえ

ない。ゼロの次の一とはそういうものである。無数プラス一での一とは人として無碍即良心に生きるという意味での主体性欠如の最たるものである。一とはゼロの次のことである。ゼロつまり神の隣である。そこで無数への依存からなどありえない。一とはそれ自体がゼロ、つまり神から生まれねばならない。一切の依存は排除し、真の個、主体でなくてはならない。キリスト秘的あり方こそそういうものである。双方の一の混同と人を引きずりおろす結果を期した企画の心情とは一体であろう。先のようなものは無限大の更にその次のものでしかない。無限大プラスＮということにでもなろう。無限大にいくら加えても同じである。一とはゼロから直に生まれたもの以外にはありえない一である。先の如きものを一だと考えてはならない。このことと「全体」主義的考え方とは一体であろう。「全体」つまり無限大を優先するので、そういう判断がそこからいわば系として生じるのであろう。そういう全体とは一顧にさえ価しない。良心的判断と一にはなりえぬから。無限大とは仮にそう表象したにすぎない。実体はそうではない。このことと真の「全体」とが同じではないこととは平行する。無限大とゼロとは専門的なことは分からぬが、回りまわって一つになるかもしれぬから。この場合は決してそういうことはありえない。いわば無限大という仮の表象はどこまでもゼロからは離れていく一方なのである。厳しい倫理規範の欠如もこのことと一体である。どのような事柄においてもトップでありたいと感じるのは主体性欠如の表明と同じである。その分余計にそうでありたがることとなるのである。人は各々固有な存在であり、序列など付けえない。個々の事柄においては、あるいはそういう可能性はありえよう。だが全体としての人間存在についてはそういうことはできない。各々の人についてある部分以外のすべてを無視することとなろうから。人間についてそういう見方自体を転換せねばならない。何かにつけトップでありたがるような生き方をしていて自己自身を哀れだとは感じぬのであろうか。まったく自主性を欠いており、振り回されているわけであるから。人を支配していると思っているのかも知れぬが、自己自身が最も他から支配されているのである。"自己"自身がまったく欠如しているほどまでに。数字を使ったゲームではいつも自分を一としているところが、キリストの復活以上の不可思議である。こういうわけの分からぬ

企画の主が世間でのトップとは笑止千万ではあるまいか。神を恐れぬ所業そのものであろう。こういう企てを徹底的に無視することが唯一つ人が良心的判断を貫く道である。ただそのことはそこでの企てとはいつも反対のことをすることを意味はしない。なぜならあくまで自分自身の価値判断に従って個々の事柄において何が正しいかを判断し問うていくことを意味するからである。

（七）

　この項では異和への転回という観点から少々批判面を強く出すことをお許し願いたい。以下に示されている考え方は、決して特定の局面へのみではなく、より広い視野へ向けて普遍的に適用しうると考えられるのである。

　さて、数や色を何らかの目的で使用する場合は、まずそれらを何回か使ってそれらへの特別な意識を持たせることから始める。その後テレビや新聞の番組や広告を意図的に出すか、利用するかして人の意識を操作しようとする。きわめて卑劣な方法であろう。こういう事情は経験してみて初めて分かることである。経験のない人にはまさかと思われるのも無理からぬことであろうと思う。人は通常同じようなことが一回、二回はもとより三、四回ぐらいたとえあったとしても、気にはしない。だが同じようなことが五回、六回と生じると、これはおかしいと思う。まずそう思わせる。ここがスタートである。数や色に対して敏感にならせる。これはおそらく長い年月をかけて開発されてきたプログラムなのであろう。ここには一種のダブルスタンダードが生まれる。次に自分らにとって好都合ではないと思われる人の前に何らかのお好みのもの——これは相手の弱みをつくものなのでこういう表現は必ずしもよくはないが世俗的"えさ"ということもできよう——を提示して誘惑する。これら人と物との双方を操作して人を精神的混乱に陥れることを狙う。そのためには当人の周辺にいる人々へも種々の依頼をする必要があろう。さもない限り偶然に生じるはずのない同じことが何回も生じたりするのである。このように見てくると、何かが透けて見えてこよう。これ以上いわなくても読者各位の心の中の網膜には既に映っていることであろう。

　こういう小さい問題はすべて大きい問題と結びついている。すなわち人を

引きずりおろして誤った方向へ向けしめるという目的である。つまり自分ら自身と同じような考え方へと同化させようとしているのであろうか。そのための手段なのである。数にこだわるとしても、それは自分にとって好都合な場合に、好都合な仕方でそうしているに過ぎない。都合が悪くなると自分が作ったそういうルールにさえ従いはしない。単なる恣意へと転落する。仕掛けをして相手が自分の思い通りの反応をしないとそれをすべて恣意的なことを行う口実とする。正気の沙汰とは思われない。信仰は苦境にあればあるほどその輝きを増す。その輝きによって照らされ目が見えなくならぬよう周囲の人々は気をつけねばならない。

　例えば1から9までの数字に各々固有な意味を持たせて、それらを適宜組み合わせて1〜3桁程度の数字を作り、それを相手方の人間に伝える。その伝える方便として各種の本人が関係している施設（そのうちには医療機関も含む）へ仲介を依頼していると推測される。さもない限りそういうことは不可能としか思われぬ事柄が生じている。もっともこうして伝えようとしている事柄はすべて本人にとって不都合なことでそれにより本人が困窮した事態に陥るとばかりは限らない。だがいずれにしろこういうことは止めなくてはならない。どこでどのようにしてこういう仕方が開発されたのかは知る由もないが、日本社会の最暗部の一つといえよう。実体を伴わない数のゲームに意味はない。例えばカレンダーの日付の数に一体何の意味があろうか。単なる順番に過ぎない。それを意味があるかのように思うのは迷信であり、信仰に背く。数への偶像崇拝であろう。そういうものを作り上げているのである。もっとも4は死を連想さすので避ける。またキリスト教国なら13はキリストを裏切ったユダを連想さすので避ける。かくてそういうことは一般的には行われているともいえる。しかしそれはただ連想で強く心が囚われてはいない。だがもしそのようなことに憂き身をやつしていたら、その人間の人間性がいかに低級であるかを顕にするのみである。ユダヤ的世界とは似ても似つかぬものである。文字通り天地雲泥の開きがあるといわざるを得ない。

　新聞、テレビなどでの広告というメディアを利用する。それを情報伝達のための手段として使う。証拠は残らない。方法としてはきわめて巧妙である。

だがしかしこういう態度の反面は自分より強い者に対しては何一ついうことができないという事実である。ここには良心の欠落を見うる。キリスト信仰を持ち出すまでもなく、人としてそうである資格を欠いているのである。日本では国始まって以来例えば聖書のような強い倫理規範を伴っている文書が存しないことが影響して先のような点が極めて曖昧なままに見過ごされている。「世の屑」（1 コリント 4,13）とはこういうものであろうか。それ自身のうちには義のかけらも存していない。その反面として世俗での強弱が唯一の原理なのである。義・不義という観点は頭の隅にもないのであろう。これでは猿の集団と選ぶところはない。

　ところで、四葉のクローバは通常は幸せを表示する。誰でも子供の頃に例えば学校からの帰りに道端で探してあったらそれを摘んでお互いに見せ合って喜んだものである。誰でも覚えていることであろう。だがそれを逆手に取る人々もいる。つまりそれは不幸の象徴であるとするのである。そういう考え自体が自分らが人に対して不幸をもたらす存在であると自己認識していることを露呈している。従来の状況への反発なのであろう。この一事にも数自体に意味はないことが顕われている。こういう状況でどうして無関係の第三者の人々がそういう人々を素直に受け入れることができるであろうか。まずは自分たちは人に不幸をもたらす存在ではないと第三者が認識できるように自らの襟を正さねばならぬであろう。その大前提として自分たちは人へ幸をもたらす存在であると自己認識できなくてはならない。そういう良心的判断が要求される。

（八）

　信仰的真実は常に挑まれる宿命にある。それを受容しえぬ人間が自己の主張する正義を振りかざして挑むのである。そして自己と同じ低次元のところへ引きずりおろそうと企てる。そこで真紅の大義のためにも引き下がることはできないといえる。

　それがどういう種類のものであれ、社会的公正を意図的に歪めるような行いをしている個人、集団がもしあれば、そういう存在を嫌悪するのは人としての義務といわねばならない。そういう点で決して怠慢があってはならない。そ

うして初めて社会的公正が維持されるからである。公正維持のためには各個人の注意が不可欠なのである。しかもこのことはまず第一にそういうことを企てる人々の良心のためであることを銘記せねばならない。彼らの良心こそ第一の犠牲者であるからである。彼らの良心は瀕死寸前の状態に置かれているのではあるまいか。こういう一種の裏社会にあっては良心とは反対の法則に準じる心が支配的であるからである。一般の正常に機能している良心はまさに犠牲者の位置に居らされることになる。

　社会階層、人種などを数などを使って区別していては、そのこと自体が差別意識をそういうことをしている人々の意識の中に生み出すことであろう。このことに気付かないのであろうか。こういう固定観念に囚われている限り、自分自身が被差別意識から解放されることはないであろう。というよりそういう意識の中に安住している。つまりそのほうが居心地がよいからである。悪ければ誰でもそういうものからの自由を求めよう。被差別意識に安住し、差別の責任を他へと付回す―これぐらい気楽なことはないであろう。自己には一切責任がないのであるから。

　恣意的我欲追求のためどれだけ多くの人々が迷惑を蒙っているか考えたことがあるのであろうか。もしあれば先のようなことのできるはずはないのであるが。そういう反省の欠如も甘えの一部を形成してるのであろう。良心の麻痺を結果する。反省どころかむしろそれを誇ってさえいるのではないかと感じられる。許されざる悲喜劇である。信仰的に救いの対象になるのは寄る辺なき者であって、決して権力欲に酔いしれた、いわばサタンに魂を売った人々ではない。こういう者には天国の門は閉じられている。「試練と共に、それに耐えられるよう、逃れる道をも備えていてくださいます。」（1コリント 10,13）という命題を口実にして他人に対して恣意的な種々の試みを発動する。要は何もかもが恣意的行為の口実となっている現実がある。甘やかしがもたらした増長からの効能であろう。いわば裸の王様に近い存在になってしまうのではあるまいか。もっともそういう出来事のうち人為のまったく入らぬ本当の偶然のものがあれば話は別である。もし反対で、本当に恣意的にそうなのであれば中には謝罪の必要のあるものさえあるのではなかろうか。我欲のために他の人々の人生

をその程度はともかく弄んだのであるから。

# あとがき

(一)

　本書は先の書『キリスト『秘』』と一体のものである。もともと一冊のものとして記述していたが、二冊に分けるほうがより適切であると感じたのでそうしたものである。本書はその内容が具体的であるが、先の書はその背景となっている心の中での基本的な信仰のあり方を記している。先の書は個人の救いに関する次元、本書は個人の救いを越えた次元ををそれぞれ扱っているというように区分して考えることも可能であろう。

　古い表現でいえば、「キリスト我が内にありて生く。」(ガラテヤ2,20)とある。信仰的観点から見てキリストがパウロの中で社会的な活動を行っていることを現しているであろう。ただ本書ではキリスト教的観点から見ての対社会的な面を主として扱っているので、「我が内にありて」は除いて表題とした。「我が内にありて」については先の書においてその内実を既に記したからである。本書は代わって現実的世界においてのあり方について記したものである。先の書はむしろ「我が内にありて」の部分を表わしていると考えることもできよう。かくて前書と本書とは各々人間の内外二面の在り方に呼応していると考えうるであろう。

　さて、「キリスト生く」という文言は聖書自体の中に見出される。つまりこの語を発言したパウロの当時の「今現在」の状況を表わすのはもとよりとして、その後は普遍的真実を表わす語といいうる。だが本書は今ここでのことを述べており、それでは適合しない。そこで「キリスト」と「生く」とを逆にして、今現在の感じ方としては「生くキリスト」というように観念したほうが、今現在という時間的な感覚がひしひしと伝わってくるように思われる。信仰にとっては不可欠である「今ここで」の事柄、内容に関しての記述という最小限の条件を満たしうるのではないかと思われる。興味本位の考察に陥ってはならないから。もっともどこまでそういう努力が成功しているかは読者各位の判断に委ねるほかはない。

　さらに、『個の主体性による『日本』創造』と『キリスト『秘』』とは表裏

一体であるが、一方、前者と本書『キリスト『生く』』とはいわば表表一体ということもできよう。なぜならともに現実的世界の中でのことに関わっているからである。ただ、本書はキリスト教に関係する観点に基本的に立っている。そこで前者より本書のほうがキリスト教に関する記述という観点からはより上位に位置づけられようと思う。観点を変えて、前者と後二者とは出版の順番は時間的には前者が先になったが、即事的には後二者のほうが先であろう。なぜなら前者は後二者があって初めて可能であったからである。また、前者の中の注においては他の人々が日本の教育から政治、経済、社会各方面にわたって記述した書物を読み、それらをも参考として記しておいた。一方、後二者ではそういう意味での注は存在していない。キリスト教中心に宗教について著わしてきた今までの書物がすべて後二者にとっての注という位置づけ、意味合いを持っている点をお伝えしておきたいと思う。

（二）

　ただ、信仰には世からの離脱という面があるが、先の書を離脱上編、本書を離脱下編というように考えることもできようかと思う。両書を各々まったく別次元のことを記述していると考えることはできないからである。両面は思索、反省の対象としては一応区別はしうる。だが真には一体であり、決して別個に存しうるものではない。一方がなければ他方も存しえぬのである。したがって両者一体とはいえ、その一体はまさに一体のものである。一般に一体というと何か他なる存在が間に介在して、その存在が仲介して初めてそうなりえているという印象が沸く。だがここではそうではない。いわば裏も表もありえぬところの表裏である。裏も表もあり、裏も表もない。どちらがより重要というように価値的に差もない。相互が相互を生み合っている。支えあい、刺激し合っている。

　本書を離脱下編という場合、そのときの「下」とは多様な意味を有している。まず天上の世界に対しては下界を指している。ただこの場合単なる下界をではない。下界ならざる下界である。信仰の世界にあってはもはや通常の意味での下界など存しえぬのである。そうあって初めて世俗界へ世俗を超えた世俗界と

して対応することができることとなろう。そうしているときには、超越的世界は自己がその中にあることにより世俗界を自己とは別個の世界としてはもはや認識することはあると同時になくなっている。そこで人は死を超えているということもできるのである。

(三)

　今までに著わした書物はいわば木の実のようなものである。自分でいうのもどうかと思うが、よい実もあれば未熟の実もあるかもしれない。だがしかしそれらの実がそこになるところの木そのものについてはどこにも何も書かれてはいない。先の書と本書はそういう位置づけにある本、つまり木についてのものである。実がなることについては木の成長がなくてはならない。実ばかり見ても、それが生っている木を見ずしてははなはだ一面的であるといわざるをえない。これら二書、これらには限らぬが、はそういう一面性を除去するために少しでも役に立つことができればと思う。信仰という、同じような事柄に関心を持たれている人々にとっては役立つのではないであろうか。今までに著わした、あるいは今後著わすいずれかの書に触れて同様な志を持つようになる、あるいは少なくともそういう気持ちを少しでも感じるようになる人が生まれることを期待したい。

　信仰は点から点へと連なっていく一点鎖線である。いつか将来やっぱり昔宗教的な事柄にのめりこんだ人がいたのかと思い、何かの参考にしていただければ大変有難いことである。

　本書の原案は先の二書の原案とほぼ同時期にできていたのであるが、都合により今回出版することとなった。原案に多少付加、訂正したものである。

2015年10月　著者

## 著者紹介

### 名木田　薫（なぎた　かおる）

| | |
|---|---|
| 昭和 14 年 | 岡山県に生まれる |
| 昭和 37 年 | 京都大学経済学部卒業、その後三年間武田薬品工業（株）勤務 |
| 昭和 40 年 | 京都大学文学部学士編入学　基督教学専攻 |
| 昭和 47 年 | 京都大学大学院博士課程単位取得退学、和歌山工業高専講師 |
| 昭和 60 年 | 岡山理科大学教授 |
| 平成 5 年 | ドイツ・チュービンゲン大学神学部へ留学（一年間） |
| 平成 7 年 | 倉敷芸術科学大学教授 |
| 平成 15 年 | 同大学退職（3 月末） |

### 著書

『信仰と神秘主義』（西日本法規出版、1990）
『救済としてのキリスト教理解』（大学教育出版、1995）
『東洋的思想への問い』（大学教育出版、2001）
『パウロと西洋救済史的思想』（大学教育出版、2004）
『旧約聖書での啓示と受容』（大学教育出版、2006）
『西洋キリスト『教』とパウロ的『信仰』』（大学教育出版、2008）
『東西の表裏一と聖書的思考』（大学教育出版、2009）
『東西両宗教の内実の同異』（大学教育出版、2009）
『現代の知的状況とキリスト信仰』（大学教育出版、2010）
『ヨハネによる啓示のイエス』（大学教育出版、2011）
『個の主体性による『日本』創造』（朝日出版社、2012）
『キリスト『秘』〜捕らえられ自由〜』（朝日出版社、2015）

キリスト『生』く 〜現実での相〜

2016年2月5日 初版発行

著　者　　名木田　薫
発行者　　原　雅久
発行所　　株式会社　朝日出版社
　　　　　〒101-0065　東京都千代田区西神田 3-3-5
　　　　　電話（03）3263-3321（代表）

装　丁　　カズミタカシゲ（こもじ）
DTP　　　こもじ
印　刷　　協友印刷

万一落丁乱丁の場合はお取替えいたします。　　　　　Printed in Japan
　　　　　　　　　　　　　　　　　　　　　　ISBN978-4-255-00908-7 C0095